# 越语

冯建荣 著

中华书局

**图书在版编目（CIP）数据**

越语 ／ 冯建荣著． — 北京 ：中华书局，2018.6（2019.7重印）
ISBN 978-7-101-13004-1

Ⅰ．越… Ⅱ．冯… Ⅲ．绍兴－地方志 Ⅳ．K295.53

中国版本图书馆CIP数据核字(2017)第315742号

| | |
|---|---|
| 书　　名 | 越　语 |
| 著　　者 | 冯建荣 |
| 封面题签 | 冯雨菲 |
| 责任编辑 | 朱振华　李晓燕 |
| 装帧设计 | 许丽娟 |
| 出版发行 | 中华书局 |
| | （北京市丰台区太平桥西里38号 100073） |
| | http://www.zhbc.com.cn |
| | E-mail:zhbc@zhbc.com.cn |
| 印　　刷 | 天津艺嘉印刷科技有限公司 |
| 版　　次 | 2018年6月北京第1版 |
| | 2019年7月北京第3次印刷 |
| 规　　格 | 开本787×1092毫米　1/16 |
| | 印张29¾　字数300千字 |
| 国际书号 | ISBN 978-7-101-13004-1 |
| 定　　价 | 118.00元 |

# 绍兴,真好!

在中国的东部沿海地区,在长江三角洲的南翼,有一座独具魅力的城市。她的名字,叫绍兴。

## 绍兴是充满韵味的山水城

这里山明水秀。山的代表,有在先秦典籍上排位中华九大名山与四大镇山之首的会稽山,有唐代大诗人李白由梦游而四游的天姥山,还有峰峦叠嶂、层林尽染的四明山与龙门山。

水的代表,有以东汉时孝女曹娥命名的曹娥江与千百年来多颂歌的浦阳江,有作为世界文化遗产中国大运河组成部分的绍兴运河,有筑于东汉时期、堪称当时中国最大人工湖泊的鉴湖。

绍兴真不愧为典型的江南水乡。8279平方公里的大地上,密布了总长10887公里的6759条河流。其中的绍兴平原,有水面107平方公里,占了平原总面积的13%。

绍兴也真不愧为名副其实的东方水城与中国桥乡。中心城区的水面,竟占了14.64%。清朝光绪年间,8.32平方公里的府城内,有37.07公里长的河道与229座石桥。而今，全绍兴尚存百年以上古桥703座。

这真是一方山水相融、城水相依、人水相乐的风水宝地。难怪一千六百多年前，书圣王羲之发出了"山阴道上行，如在镜中游"的赞叹；也难怪18世纪法国传教士格罗塞发出了"使人感到宛如在威尼斯一样"的赞美；更难怪当代桥梁大家茅以升先生发出了中国古桥"几尽见于此乡"的赞誉。

## 绍兴是没有围墙的博物馆

早在一万年前，这里便已经栽培水稻，是中华稻作文化的发源地。

四千年前，立国始祖大禹在这里治水成功，会稽诸侯，安葬长眠。大禹陵由此而成了历代中华儿女的祭祖朝圣之地。

两千五百多年前，越王句践在这里卧薪尝胆，筑城强国，终于成为春秋霸主。

秦始皇一统天下后，在越地设立了会稽郡，还不远千里，巡越祭禹，留下了不朽的《会稽刻石》。

汉晋南朝时期，这里因诞生了"天下第一行书"《兰亭序》而成为书法圣地，因诞生了越窑青瓷而使中国成为世界上发明瓷器最早的国家，还是江南的佛教传播中心与全国的铜镜铸造中心。

隋唐五代时期，这里是文人墨客趋之若鹜的好地方。《全唐诗》的2200多位作者中，有400多位慕名而来，流连忘返。

南宋时，宋高宗赵构曾将这里作为临时首都，1131年又将自己的年号赐给这里，升越州为绍兴府，绍兴之名由此而始。

元明清时期的绍兴，一直是江南的人文荟萃之地，还诞生了闻名全国的两大剧种——婉转缠绵圆润的越剧与高亢苍劲激昂的绍剧。

如今，绍兴有国家级重点文物保护单位30处。数量之多，殊为全国罕见。

## 绍兴是群星璀璨的名士乡

一方水土养一方人。明代文学家袁宏道誉这里"士比鲫鱼多"，毛泽东主席称绍兴为"名士乡"。

从中华商圣范蠡，到东方哲圣王充；从书圣王羲之，到诗圣陆放翁；从三不朽王阳明，到民族魂鲁迅；从学界泰斗、人世楷模蔡元培，到鞠躬尽瘁、死而后已的周恩来，可谓才俊辈出，数不胜数，绍兴俨然成了圣人、伟人、名人的摇篮。

整个科举时代，绍兴走出了2238位进士，其中文武状元27位。有清一代，以绍兴命名的特殊人才群体"绍兴师爷"，遍涉中央朝廷到地方衙门，以至于形成了"无绍不成衙"的美谈。时至今日，绍兴籍的中国工程院、中国科学院院士有69位之多，在全国省辖市中独占鳌头。

这些名人，是时代天空的彩虹，历史长河的砥柱，社会公众的偶像。他们属于绍兴，属于中国，甚而属于世界。

## 绍兴是物阜民安的伊甸园

五千年前，越人就开始饲养家蚕、织造丝绸，使越地成了丝绸文化的发源地与纺织之乡。而今，绍兴化纤面料的年产量与纺织品的出口额，均占了全国的近十分之一；印染布的年产量占了全国的近三分之一，领带的年产量更是占了全国的十分之九。

这里在两千五百多年前，便已酿出了堪称国酿、天下独绝的黄酒，是中国黄酒的故乡。而今，每年的立冬，还会举行隆重的"黄酒节"。

这里在东汉时便开始产茶。而今，绍兴茶叶远销海内外，年出口量占了全国的近三分之一。

这里生长的数万棵千百年树龄的香榧，既是绍兴的市树，也是全球重要农业文化遗产。

绍兴还是中国春兰的故乡。养兰品兰，弘扬兰文化，已经成为绍兴人的日常生活。兰花因此而成了绍兴的市花。

绍兴还有名闻遐迩、流芳千年的酱与酱油，还有新昌小京生花生、嵊州小笼包、诸暨西施豆腐、上虞崧厦霉千张与章镇小酱瓜等。

这些既充满独特地方风味、又富有深厚文化底蕴的特色产品，是绍兴人奉献的物华天宝，越来越受到消费者的青睐。

今天，作为历史上一直闻名神州的鱼米之乡，绍兴的人均生产总值已达1.6万美元，进入了世界高收入水平；人均预期寿命更是已经超过了80周岁。

山水信是会稽美，无穷胜景君难绘。晋唐心印遗风在，逍遥越中不须回。

绍兴，真好！

2015年12月24日晨，于旅途。原载香港《凤凰周刊》2016年第1期（总第566期）

# 目 录

绍兴，真好！ …… 1

## 第一编 记

建秋瑾小学记 …… 3
书法教学要从青少年抓起 …… 5
放翁碑记光孝寺 …… 11
文化是一条源远流长的河 …… 16
从来悠游数越中 …… 19
心游龙门 …… 25
让事业更成气候 …… 27
一日千载 …… 38
越医长青 …… 46
让书艺馨播神州 …… 49
会稽古村冢斜 …… 52
书乡绍兴 …… 61
记住老师 记住兰亭 …… 69

皓月千里 …… 72
会稽陶堰钟氏宗谱序 …… 75
乡愁平水 …… 79
让青铜文物活起来 …… 102
方兴未艾 …… 105
从鸟图腾到鸟图鉴 …… 107

## 第二编 咏

仰望名人 …… 121
斯兰馨香 …… 124
存史 资治 教化 …… 128
缅思往绩而开来 …… 130
历史的活化石 …… 133
会稽掇英 …… 136
绍兴摩崖碑版颂 …… 138
越中四库赞 …… 140

书画继世长 143

黄酒礼赞 148

森林礼赞 151

求是精神永存 153

咏龙山 156

香榧礼赞 160

爱国 敬业 尚和 162

茶叶，您好！ 169

伟哉，越水！ 175

香榧，您好！ 187

舜者，圣也！ 189

成人之美 196

会稽麟颂 200

绍兴恩公 203

一木一石 207

好运之河 211

马臻太守的遗产 219

古甓新功 227

贺《中国文物报》创刊30周年 233

会稽镜颂 236

未名斋藏镜选拓序 240

第三编 论

秦会稽刻石考论 246

绍兴师爷考论 267

铜镜三章 291

绍兴佛教源流考 325

瓷源 366

越王句践改革论 417

自跋 459

补跋 463

第一编

记

稽山鉴水灵气浓代有名士出其
中侠骨犹在示此诗不情且看钗
项凤万诗言志无人越一生尚和令成
风燕饮颓诞终无奈放浪形骸稱
老翁
甲午秋月　雨菲

◇
冯雨菲书

# 建秋瑾[1]小学记

历览古今，崇教者兴。今改革开放，经济向上，更赖教育之兴旺发达。大年刚过，福全镇人民政府倡议建造秋瑾小学，以扬女侠遗风[2]，促后人奋进，社会各界莫不响应。老至古稀长者，幼白童稚小儿，皆慷慨解囊，克尽心意；各村各厂，各行各业，均竭其所能，力表至诚。经月有余，计得个人捐款七十二万元、村厂捐款七十七万元、政府拨款三百余万元，足见斯地重教风气之浓厚。三月二日奠基，九月一日开学，一百八十余天，平整土地二十六亩，建筑校舍三千平方米，足见民众与政府兴学愿望之迫切。重教重师即重己，兴学兴镇亦兴民。一流设施，当有一流管理；一流师资，当有一流质量。果如此，便可得民众素质之大提高。此乃福全人之希望也。

1994年8月6日。系为浙江省绍兴县（今绍兴市柯桥区）福全镇秋瑾小学落成撰写的碑文

**注释**

1　秋瑾（1875—1907），原名秋闺瑾，小名玉姑，字璇卿，又字竞雄，自号鉴湖女侠、汉侠女儿，中国近代著名的民主革命家、妇女解放运动的先驱。今浙江省绍兴市柯桥区福全镇之福全山有秋瑾祖居。绍兴市越城区和畅堂有秋瑾故居，解放路轩亭口有蔡元培与于右任分别撰写与书写碑文之秋先烈纪念碑；卧龙山上建有"风雨亭"，亭柱上刻有孙中山联语："江户矢丹忱，感君首赞同盟会；轩亭流碧血，愧我今招侠女魂。"

2　1939年3月29日周恩来回绍兴省亲扫墓、宣传抗日时，曾书赠其表妹王去病一幅斗方册页："勿忘鉴湖女侠之遗风，望为我越东女儿争光！"现藏于绍兴鲁迅纪念馆。

# 书法教学要从青少年抓起

　　在青少年中广泛地组织开展书法艺术的教学，是我多年来的愿望。教学，首先要有教材。在有识之士的共同努力下，绍兴县地方课程教科书《书法》终于出版了，这是很值得庆贺的。也正因为如此，我很乐意应编者的要求，写下一些我对青少年特别是绍兴的青少年学习书法的认识，算是作为本书的序言。

　　在所有的艺术门类中，书法恐怕是最具中国特色的。作为民族文化的精华之一，它集中地承载着中华民族的传统文化，集中地反映了中华民族的审美情趣。沈尹默先生说："世人公认中国书法是最高艺术，就是因为它能显出惊人奇迹，无色而具图画的灿烂，无声而有音乐的和谐，引人欣赏，心畅神怡。"[1]鲁迅先生认为，中国的书法是一种"饰文字为观美"[2]的独有的民族艺术。

　　然而，现代社会的滚滚红尘大有毫不留情地将这一古老艺术淹没的趋势，众多的人又因其实用性的逐渐减弱而淡化了对她的热情。书法，正在慢慢地变成一种可学可不学的"摆设"。

　　从某种意义上讲，书法的延续是中华民族延续的一种方式。而书法的延续是通过代代传授与学习实现的，青少年是承载这一延续的主要对象。如何使民族长盛不衰、继往开来，如何使教育更好地继承传统、面向未来，如何把广大青少年培育成为德智体美全面发展的高素质建设者，这是家庭、学校、社会，特别是广大教育工作者所面临的重大问题。显然，在中小学阶段广泛开展书法教学，应该是一条有效的途径。

学习书法有利于锤炼良好品行。书法艺术在我国源远而流长，各朝各代都涌现出了不少书体不同、风格迥异、品学兼优的大书法家。羲之池水尽墨[3]，智永退笔如冢[4]，怀素蕉叶作书[5]，虞世南被中画腹[6]，颜真卿刚正不阿[7]，柳公权心正笔正[8]，等等。他们的好学精神，他们的坚韧毅力，他们的处世准则，他们的行为规范，堪为后人楷模，对培育人的品德、磨练人的意志具有很强的感染力，是对青少年进行思想品德教育的生动教材。

学习书法有利于培养创造精神。篆隶行草，欧颜柳赵[9]，书风的演变，流派的崛起，无不是书家创新创造的结果。王羲之在前人的基础上开创了不同于汉魏的草、行、楷等新的书体样式，使书法的笔意、体势、结构、行款与章法更为错综变化，丰富多样，完成了书法史上一次最伟大的革新，书法艺术的独立品格由此确立。从这个意义上说，书法艺术的实质就是创新，就是创造。青少年学习书法，正是一个体会创新、孕育创造的过程。

学习书法有利于促进身心健康。从练正楷到写草书，从练小字到写榜书，指、腕、肘、肩、臂都随笔画的变化而有节奏地运动，身体的各种器官都能得到相应的锻炼，调理经络，匀畅呼吸，进而促进健康。一幅精美的书法作品，往往是作者精神风貌的体现，细细品味其中蕴含的个性品质、创作意念和思想情感，静静体会用笔的起与收、粗与细、曲与直，结构的平与奇，章法的疏与密，墨色的浓与淡，线条的柔与刚、收与放，可以使青少年在心态、性情、认知、意趣等诸多方面得到美的享受，进而陶冶心灵。

兰亭是书法圣地，绍兴是书法之乡。《中国书法大辞典》共载录绍籍人士一百四十三人，如王羲之、王献之、孔琳之[10]、智永、虞世南、贺知章、陆游、杨维桢、徐渭、倪元璐[11]、赵之谦[12]、陶浚宣[13]、罗振玉[14]、蔡元培[15]、徐生翁、陈半丁[16]、经亨颐、鲁迅、马一浮[17]、吴隐[18]、周恩来等，或出自会稽，或名于越地，真是灿若群星。延之当代，依然俊彦迭出。继承发扬这一悠久的民族文化传统，使书乡后继有人，使书艺代代相传，使同学少年通过学习书法怡情、养性、修德、明志，这是先人对我们的嘱托，也是后人对我们的企盼。从这个意义上讲，结合绍兴实际编写书法教材，在整个义务教育阶段普遍地开设书法课程，实在是一件功在千秋的大好事。

书法教学需要探索。书法艺术永无止境。让我们一起努力吧！

2004年7月15日。系为浙江省绍兴县〔今绍兴市柯桥区〕教育局教研室组织编写，陈敏华、洪钰铨主编，浙江科学技术出版社2004年8月出版的绍兴县地方课程教科书《书法》撰写的序言。为庆祝第27届中国兰亭书法节开幕，以《书法礼赞》为题，转载于《绍兴日报》2011年4月19日号外

## 注释

1　沈尹默《历代名家学书经验谈辑要释义》（上），上海教育出版社1963年版。

2　鲁迅《〈蜕龛印存〉序》。

3　〔宋〕曾巩《墨池记》："羲之尝慕张芝，临池学书，池水尽黑。"

4　智永，南朝陈僧，俗姓王，王羲之七世孙。出家住永欣寺，称永欣禅师。擅书法，诸体咸善，草书尤妙。唐张怀瓘《书断》："永公住吴兴永欣寺，积年学书，后有秃笔头十瓮，每瓮数石。人来觅书并请题之额者如市。所居户限为之穿穴，乃用铁皮裹之，人谓为'铁门限'。后取笔头瘗之，号为'退笔冢'。"

5　怀素（737—799），俗姓钱，字藏真，湖南零陵郡人，史称"零陵僧"、"释长沙"。因家贫，植芭蕉万余株，以其叶替纸练字，终于大成，其草书称为"狂草"，与张旭齐名，世称"张颠素狂""颠张醉素"。

6　虞世南（558—638），字伯施，越州余姚人。相传习书颇勤，睡眠时在被中用手指画腹，揣摩笔意，时日长久竟将被子划破了。据《冢斜余氏宗祠》载：虞世南后被奉为南镇（会稽山）永兴神。唐贞元间（785—805），于今浙江省绍兴市柯桥区稽东镇之冢斜村初建永兴公祠，现存主体建筑为清道光二十七年（1847）重建。

7　颜真卿，唐代著名书法家，创"颜体"。为官以直不容。

8　柳公权（778—865），唐京兆华原人，字诚悬。宪宗元和（806—820）进士。工书，正楷尤知名。与颜真卿并称颜柳。有《玄秘塔碑》。

9　即唐代的欧阳询、颜真卿、柳公权和元代的赵孟頫，世称"楷书四大家"。楷书又称正书、真书，因其形体方正，笔画平直，可作楷模，故名。

10　孔琳之（369—423），南朝宋会稽山阴人，字彦琳。好文义，解音律，善草隶。

11　倪元璐（1593—1644），明浙江上虞人，字玉汝，号鸿宝、园客。书画俱工。天启二年（1622）进士，官至户部尚书兼翰林学士，勤于政事。人耿直。李自成克京，自杀。

12　赵之谦（1829—1884），清浙江会稽人，字益甫，号梅庵。咸丰九年（1859）举人。主修《江西通志》。历署鄱阳、奉新、南城知县。诗文书画篆刻无所不能，尤以书画篆刻自成一格，别出时俗，名满海内。有《国朝汉学师承续记》《梅庵集》等。

13 陶浚宣（1846—1912），清浙江会稽陶堰人，字心云、心耘、文冲，号稷山、稷叟，别号东湖居士。以工北碑而名闻一时，今江南多有其题刻，光绪时所铸银圆、角子、铜圆上"光绪通宝"模字，亦为其书。筹款与人共筑东湖园林，人誉为山水大盆景，并于其中建东湖通艺学堂，聘周作人等为教席，竺可桢、刘大白、陈仪等尝学其间。

14 罗振玉（1866—1940），祖籍浙江上虞永丰，自号永丰乡人，所著之书多署"上虞罗振玉"，字叔言，号雪堂。在甲骨、简牍、敦煌诸学方面有开创性研究，为中国现代学术之重要奠基人之一，与观堂王国维、彦堂董作宾、鼎堂郭沫若合称现代甲骨学界"四堂"。是甲骨文书法之首创者，所书甲骨文一改钟鼎文与秦汉以圆势为主的笔意，结体趋方。1925年著《集殷墟文字楹帖》一书，并有篆书，共420联，为我国最早之甲骨文书法集，实乃甲骨文书法开天辟地之大事。

15 蔡元培（1868—1940），字鹤卿，号孑民。祖籍诸暨，生于清浙江绍兴府城内笔飞弄，今其故居已成国家级文物保护单位。光绪十六年（1890）进士，授编修。1898年回乡办教育，倡新学，任绍兴中西学堂监督。为中华民国首任教育总长。1916年起任北京大学校长，成绩卓然。他提出"书法专科"概念，使书法进入了北京大学的研究视野。其书法亦旧亦新，兼容并包，线条粗细变化自然，善以笔提按顿挫、徐疾有致体现作品的节奏感；布局虚实结合，疏密得当，行气连贯，顾盼生姿。

16 陈半丁（1876—1970），浙江山阴人，名年，又字静山、静庐，号竹环居士，因孪生自号半丁，后以此号行。擅长花卉、山水。书法以行草见长。篆刻得缶翁"秘诀"而又自具独特之艺术风貌。

17 马一浮（1883—1967），祖籍浙江省绍兴市上虞区东关街道长塘后庄村，字一佛，号湛翁。博古通今，学贯中西，称一代儒宗，书法大家。

18 吴隐（1867—1922），绍兴人，字石潜，号潜泉，别署遁庵，居所名竹松堂。1913年，与叶铭、丁辅之、王福庵等推选吴昌硕为西泠印社首任社长。与夫人调制之"潜泉印泥"闻名中外。刻碑、治印皆擅。书法擅长篆隶入古。

◇ 光孝寺

# 放翁碑记光孝寺

2011年4月2日晚，我应江苏省泰州市人民政府的邀请，参加了第三届中国泰州国际水城水乡旅游节的开幕式。

回到入住的泰州宾馆，已是晚上10时许了。因大家都在等电梯，我便读起了翻刻在酒店大堂照壁背面的赵朴初先生填写的一阕词："州建南唐，文昌北宋，名城名宦交相重。月华如练旧亭台，清词范晏人争诵。　朗润明珠，翩仙彩凤，梅郎合受千秋供。重光殿宇古招提，放翁大笔今堪用。"结尾处，朴老又自叙："一九九三年上元日访泰州，参观梅兰芳公园及史料陈列馆，明日将往视光孝寺修复情况，有作。调寄《踏莎行》。"

时任光孝寺修复委员会名誉主席的朴老填的这阕词，从昔日辉煌写到近日重光，对江淮名城泰州的历史文化与现代文明作了极好的解读与阐发。而我的眼睛为之一亮的，更在于词的最后一句，"重光殿宇古招提，放翁大笔今堪用"。于是，我决定次日离泰返绍前，去谒拜光孝寺。

这里先解释下"招提"之谓。"招提"，梵语的音译全称叫"拓斗提奢"，意为四方。后省作拓提，误为招提。四方之僧称招提僧，四方之僧住处称招提僧坊。后以招提为寺院的别

◇ 光孝寺藏经楼

◇ 光孝寺最吉祥殿

称。光孝寺有一千六百余年历史，故称古招提。

在当地政府有关方面人员的陪同下，年轻的住持热情地接待了我们，一边给我们介绍寺院的历史、特色，一边引我们上了藏经楼。这里藏有清代乾隆年间刻印的《大藏经》，它静静地躺在挤满了二楼整整一个楼面的一排排整齐的书柜里边，据介绍完好程度为海内仅有。住持在其中的一个柜子前停下，郑重其事地取出钥匙，戴上手套，虔诚地用双手捧出其中的一册，供我们稍事瞻仰后，又轻轻地放回原处，关门，上锁。

光孝寺的最大特色，要数最吉祥殿了。传统的寺院，第一进的建筑布局，正面是弥勒佛迎香客施主，背面是韦驮菩萨作安全保卫，然后就是四周的"风、调、雨、顺"。第二进，是大雄宝殿，是主殿，也是整座寺院的主体建筑。而光孝寺并无大雄宝殿，只有最吉祥殿。然从布局及功能来看，最吉祥殿当属传统的大雄宝殿。据住持介绍，此殿之名出自《华严经》；我国大陆寺院中，有此殿名的，仅此一家而已；光孝寺的分支——台北华严莲社以及美国的旧金山、德州寺院的大雄宝殿，也都称为最吉祥殿。

朴老词中的"重光殿宇古招提"，讲的正是光孝寺兴废重光的历史、最吉祥殿的来历以及与我们绍兴人陆游的一段佳话。

光孝寺始建于东晋安帝义熙年间（405—418），初名已不得而知。北宋崇宁二年（1103），宋徽宗赵佶赐名"崇宁万寿寺"；政和元年（1111），改赐名为"天宁万寿寺"，并赐田五千亩。南宋绍兴七年（1137），宋高宗赵构为超度父皇之灵，诏令这座由父皇两度赐名的古寺启建道场，并御敕名为"报恩光孝禅寺"；绍兴三十一年（1161），金兵

南下，光孝寺毁于战火。光宗绍熙年间（1190—1194），
蜀僧宝印率徒德范来寺任住持，寺院陆续复建。宁宗庆元二
年（1196），时任住持的德范和尚开始大规模修复光孝寺。
庆元五年（1199）大殿落成，取《华严经》句名"最吉祥
殿"，沿用至今。建成时，重屋八檐，东西百三十六尺，南北
九十六尺，高一百一十尺，置佛、菩萨、罗汉塑像三十一尊。
次年（1200），德范派弟子、书记僧祖兴赴绍兴，请陆游撰
写《泰州报恩光孝禅寺最吉祥殿碑记》。

陆游因祖父陆佃曾在泰州任州官多年，对泰州一直怀有
深厚的感情。德范是陆游至友蜀僧宝印的徒弟，祖兴是德范的
徒弟，他们三人是师傅、徒弟、徒孙的关系。所以，面对故人
相请，陆游即以76岁的高龄，激情满怀，大笔横陈，借以韵
文，详记寺史，讴歌礼赞，表达祝愿。碑铭如下：

> 海陵奥区（腹地）名寰中，长淮大江为提封。
> 於（wū）皇徽祖御飞龙，臣民荐福遐迩同。
> 是邦巍然千柱宫，中有广殿奉大雄。
> 瑰材蔽江西徂（cú，往，到）东，波神呵护如云从。
> 璇题藻井翔虚空，丹碧髹堊（xiū è，犹涂饰）无遗工。
> 劫火不能坏鸿钟，雷震鲸吼声隆隆。
> 层阁（同闼）奉龙鸾踪，荣光夜起腾长虹。
> 徽祖圣德齐天崇，泽覃（延及）草木函（包含、容纳）昆虫。
> 咨尔梵众极严恭（庄严恭敬），熙运共庆千载逢。
> 余福渐被兼华戎，长佑农扈（古代各种农官的总称）消兵烽。

碑铭前四句是赞此地，以磅礴气势写出了"奥区"的广阔和非

凡。后十句，是赞此刹：其规模，"巍然千柱"；其重建，瑰材蔽江西来，波神如云相护；其装饰，璇题藻井，精益求精；其洪钟，经劫火而不损坏，声仍如雷震鲸吼；其层阁，日闭龙鸾之踪，夜腾荣光长虹。再后四句，是赞皇恩浩荡，熙运空前。末两句，是美好祝愿：广被余福，长佑太平。

这一碑铭，字字在理，句句押韵，气势恢宏，禅意隽永，使古刹生辉，为名城增色，诚如朴老所言，堪称"大笔"。

光孝寺是幸运的，当年因陆游的美文而名扬寰宇。而今朴老妙词加佳联——为最吉祥殿撰写的楹联："慈光照三界庄严，化导芸芸，实相是禅，行是道；大孝报四恩深厚，护持恳恳，虚空无尽，愿无穷"，大笔不让前贤，风流文采与端雅书艺交相辉映，更是为古刹重光锦上添花，充满了对古刹和万众的殷切期望。

古寺曰光孝，初建在晋朝。殿称最吉祥，经藏世上好。成坏几多时，废兴不计较。慈光照千载，大孝看今朝。

妙哉，光孝禅寺！

2011年6月5日，星期六

# 文化是一条源远流长的河

　　杨旭先生是我十分尊敬的老一辈文化工作者，他的不少著作我都用心拜读过，印象深刻，受益匪浅。杨伟春先生是我上个世纪八九十年代的同事，待人诚恳，处事严谨，勤奋好学，我们在共同的工作岁月中，结下了深情厚谊，成了要好的朋友。今天上午，两位专程而来，送上他们合编的《典故与逸闻》一书的清样，谓"数易其稿，行将付梓"，并嘱我作序。这使我感到十分为难。如推辞，似乎不合常理，有损情谊；如接受，又怕词不达意，有负所望。不过，在两位的执意要求下，我还是感到盛情难却，盛意难违，应承了下来。

　　当晚回到家里，匆匆翻阅样书，第一感觉便是耐细读、多趣味、长见识，称得上是一本知识性、趣味性、实用性都很强的"百科全书式"的工具书。我想好在没有推辞掉，否则就失去了这一"先睹为快"的良机。

　　中国历史悠久，文化博大精深。瓷石鼎器、四书五经、唐诗宋词、琴棋书画、民俗礼仪等等，无不诠释着国人思想的高度和生活的情趣。面对源远流长、丰富多彩的文化知识，人们欲把它全部印入脑际、装入脑海，常常会感到力不从心，而真正能够接触到的更是不及其凤毛麟角之万一。如今，社会日新

月异，人们更多的是去接受新事物、新知识、新文化，这在很大程度上也自觉不自觉地疏远了先人留下来的文化遗产，而这对于文脉的传承、国粹的弘扬，显然是极为不利的。

杨旭、杨伟春两位先生，本着让国人沐浴灿烂的传统文化、珍视宝贵的文化遗产的良好愿望，置身于浩瀚的文化海洋，从典故、逸闻入手，辛勤采撷，好中选优，编写成12章，33节，1000余个条目，简明扼要、通俗易懂地回答了诸如皇帝为何称"九五至尊"，何谓"兵学圣典"，"包龙图"官名是怎么来的，古代"四大美人"与"四大丑人"的雅号分别是什么，长城到底有多长，"楚河汉界"在哪里，绍兴风俗知多少之类的问题，使人们在时间有限的情况下，了解传统文化的精华；在忙于接受新知的情况下，增进对文化遗产的情感。从这个意义上讲，两位先生所做的，实在是一件功德无量的大好事。

文化是一条源远流长的河，流过昨天，流到今天，还要流向明天。她告诉人们，自己从何而来、为何而来、向何处去。而这条波澜壮阔的历史长河，正是由包括典故、逸闻在内的涓涓细流汇聚而成的。文化如春风化雨，润物无声。愿与广大读者一起，爱读书，多读书，读好书，在无声细雨的潜移默化与洗礼滋润中，让精神世界之花更加红艳欲滴、生机盎然。

　　　　2011年6月9日。系为杨旭、杨伟春编著，现代教育出版社2012年5月出版的《典故与逸闻》撰写的序言

# 从来悠游数越中

　　旅游作为一种社会现象，古已有之。孔子曾经说过，"父母在，不远游，游必有方。"说明那时候就有出游。然而，作为一种产业，那是近代产业革命以后的事情。

　　从来悠游数越中。绍兴古代的旅游，主要有八种形式，在我国旅游史上很具有代表性。

　　一是帝王巡游，以舜、禹、秦始皇、康熙皇帝、乾隆皇帝等为代表。"古有三圣，越兼其二。"舜避丹朱之乱，来到这里。禹在此治平洪水，开启夏朝。秦始皇在公元前210年，千里迢迢而来，"上会稽，祭大禹"。康熙来绍兴，临兰亭序；乾隆到绍兴，作七律诗。现在我们去兰亭景区，就可以看到刻有康熙临书、乾隆作诗的"祖孙碑"立在那里，一睹这两位"千古一帝"书法的神韵。

　　二是谋士说游，以孔子的学生子贡等为代表。子贡当年来绍兴游说，做越王句践的思想工作，请越王句践帮助吴王夫差去攻打齐、晋两国。其结果，典籍上记载是"子贡一出，存鲁，乱齐，破吴，霸越"。子贡此行，对春秋后期的军事政治形势产生了十分重大的影响。

　　三是策士幕游，以文种、范蠡、计然等为代表。文种、

◇ 康熙南巡图

◇ 乾隆南巡图

范蠡是楚国人，计然的祖先是晋国的流亡公子。文种向越王句践献了"灭吴九术"。范蠡帮越王句践组织生产，训练士兵，还身先士卒，冲锋陷阵，后又经商致富，"三散其财"，号称"陶朱公"，成为"中华商祖"。计然帮助越王句践改革政治，发展商业，促进农业。他们为越王句践成为"春秋五霸"之一，立下了汗马功劳。

四是猛士壮游，以项羽等为代表。项羽是楚国人，当年与其犯事的叔叔项梁一起来到了绍兴，绍兴今天还有"项里"等地名。秦始皇巡游绍兴，他跟叔叔一块去看热闹，面对秦始皇的气派仪仗，感慨得情不自禁地脱口而出，"彼可取而代之"。成语"取而代之"即源于此。项羽后来果然成就了一番伟业，为灭秦立下了头功。从古到今，都以成败论英雄。项羽是个唯一的例外，失败了，但千百年来人们还是把他当成英雄壮士。正如李清照所说的那样，"生当作人杰，死亦为鬼雄。至今思项羽，不肯过江东"。

五是方士隐游，以梅福、葛洪、陶弘景等为代表。历史上，很多名人都慕名到绍兴来隐游、隐居。绍兴现在有很多地名，如梅里、梅墅、梅山、诸葛尖、陶宴岭等都与他们有关。

六是僧士云游，以东汉时安息国高僧安世高、印度高僧康僧会及三国时印度高僧支谦、唐代诗僧皎然等为代表。安世高是江南佛教的第一传播者。皎然与"茶圣"陆羽是忘年交，多次来到绍兴，流传至今的他的25首茶诗，不少便是在越中写就的。

七是文士漫游，以司马迁、李白、杜甫等为代表。司马迁为了写《史记》，"登会稽，探禹穴"。有学者考证，李白三次来过绍兴，也有说四次的，赏越景，咏越史，歌越贤，颂越俗，写下了100多首与绍兴相关的诗，占了他诗文总数的十分之一。全唐诗的2200多位作者，有400位左右游历过绍兴。

八是商贾行游，以风胡子等为代表。商贾行游，相当于现在的商务旅游考察、购物游。当年，楚王令风胡子来绍兴求购诸侯国中制作最为精良的越剑，因为当时绍兴的制陶、青铜冶炼、纺织、种植等，已是较为发达的了。

2011年9月20日

◇ 春意浓 俞小兰绘

# 心游龙门

　　肖慧要出书法作品集了，来函让我作序，我是十分乐意的。这其中的理由有三：一是为他独辟蹊径的求索精神而感动；二是为他夙兴夜寐的创作激情而感奋；三是为有他这样的书乡传人的成长而感喜。

　　绍兴是书法故乡，兰亭是书法圣地。使书乡后继有人，使圣地辈出大家，是我梦寐以求的夙愿。有感于此，我在绍兴县工作的时候，对书法艺术的普及与提高，多有关注。2004年，我倡议编写出版了我国第一套九年制义务教育阶段的《书法》教材，并为之作序，率先在全国设立了义务教育阶段的书法课程。而今，国家教育部明文要求全国的中小学都设立书法课程，这是很值得欣慰的。当年虽然工作很忙，但县书法家协会编印的《山阴翰墨》，我基本上每期都阅览；县书法家协会组织的书法展览，我基本上每次都参观。其中肖慧的作品，当时就因其不同一般的书风，给我留下了深刻的印象。

　　绍兴书家，自清代中后期碑派书法崛起后，不乏从碑者。除赵之谦、陶濬宣外，还有徐生翁、鲁迅等。而当今绍兴书坛纯学碑者，实属少数。客观而论，学碑学帖，各有所长，关键是要善于师古，敢于创新，推陈出新。书有流派，艺多相通。

颜真卿既学北碑，又习右军，线质很厚古，用笔多灵活。赵之谦的帖学功底很深，后期重碑，化帖入碑，成就非凡。其实，王羲之也是学了古法再创新体的，他对书法的不朽贡献就在于创新。肖慧气养山阴，心游龙门，累年如日，钟情碑版，尤爱魏碑，以造像书法为主，旁涉其他书体，已经卓然有成，走上了一条适合自身笔性爱好的书法之路，堪称碑派新家，这是很值得庆贺的。

绍兴是中国书法传统主流——以王羲之为代表的帖派书法的发源地，这种优良的传统，有赖于绍兴书家们的传承弘扬。同时，我也以满腔的热情，期待着在清代碑学实践的基础上，有更多的碑派大家诞生，有更多的碑帖相融、碑帖兼善的大家出现。我想，肖慧是一定会有这个信心的。

2011年11月7日。系为肖慧著，河北美术出版社2012年8月出版的《心游龙门——肖慧书法作品集》撰写的序言

# 让事业更成气候

一

2009年5月的一天，我与绍兴市人民政府陈志庆副秘书长等一起走访绍兴市气象局时，曾经与孔学祥局长等谈到，绍兴这一方风水宝地，必定有气候方面的原因；绍兴这一座千年古城，必定有气候方面的优势；绍兴这一个名士之乡，必定有气候方面的影响。为此，建议他们结合文献档案和考古发掘等资料，对绍兴成百上千年的气候变迁情况进行研究总结，以便使人们在更好地认识过去的基础上，更好地走向明天。

我所谈的这一些想法，提的这一个建议，并非信口开河，也并非心血来潮，而是基于平时对三个问题的经常性思考。这三个问题，一是在适应和延缓气候变化方面，一个地区、一个个人，如何有所作为；二是绍兴历史上的地区性气候变迁，有些什么东西可以为今人提供借鉴；三是绍兴作为我国现代气象学的奠基人竺可桢先生的故乡，如何在自然气象万千、社会日新月异的新情况下，弘扬先生的精神，加强气象工作。

这里，不妨做些展开，来谈谈我对这三个问题的一些具体思考。

二

当今地球，气候多变，气象万千。如何有效地应对多变的气候和防御由此而引发的日益加剧的自然灾害，越来越成为人类共同关注的焦点。在这样一种大背景下，气象工作的任务也是越来越光荣而又艰巨。气象，望文生义，就是大气的现象。气象工作正是围绕大气的现象、大气的运动变化及其规律来展开的。气象工作有三大基本内容：一是准确及时发布气象预报，二是防御避免减轻气象灾害，三是科学保护利用气象资源[1]。

从气象工作的三大基本内容中，我们可以看到气象工作的三大基本特征：第一，气象工作是经济建设、国防建设、社会发展和民生改善的基础性工作；第二，气象工作是为公众带来利益的公益性事业；第三，气象工作有服务社会公众、服务政府决策、服务经济发展的多样性功能[2]。

由气象工作的三大基本内容、三大基本特征，我们还可以看到气象工作的三大基本意义。首先，气象工作关系着经济的科学发展。加强气象工作，有利于防范、减轻气象灾害对已有发展成果的损害；有利于以变应变，趋利避害，优化经济结构，转变经济发展方式。其次，气象工作关系着社会的和谐稳定。古今中外社会的动荡，往往是与天灾相关联的。历史已经证明，天灾的周期性、群发性和链条性，决定了它的危害性及其危害的严重性，天灾甚至还会成为政权更替的导火线。天时、地利、人和，是事业成功的三大要素。天时，既是指时势机遇，在很大程度上也是指气候。没有气候的帮助，地利难以实现，人和同样也是难以实现的。再次，气象工作关系着民生的幸福安康。这是因为气象灾害往往破坏生产力，进而破坏社会秩序，影响人民生活。特别是这些年频发的异常气候事件，已经给人类敲响了警钟[3]。

三

绍兴有着一万年的人类活动史[4]，2500年的城市建设史[5]，是中华文明的重要贡献地。

我们不妨先追溯一下遥远的历史。其实，绍兴这方水土，本身就是气候变迁的结果。地质时期的第四纪晚更新世，我国东部地区的自然界发生了频繁而剧烈的变迁，那就是星轮虫、假轮虫和卷转虫这三次大海侵与大海退[6]。根据陈桥驿先生的考证，"宁绍平原在当时是一种温暖湿润的亚热带季风气候"[7]。其中的最后一次卷转虫海侵始自1.5万年前，"大约从距今5000年前起开始海退，海面逐渐达到与现代海面相似的高度"。"距今约4000年前的海岸线已推进到柯桥—绍兴—上虞一线"[8]。这与大禹治水成功，在会稽山大会诸侯的时间是吻合的。正是这种"天翻地覆"、"沧海桑田"的大变迁，才成就了今天的虞绍平原。

然而，这时的越地，仍然咸潮直薄。即使到了春秋末期，也还是"越之水浊重而洎，故其民愚疾而垢"[9]，人们"随陵陆而耕种，或逐禽鹿而给食"[10]，被动地适应环境，无奈地等待天机。

天机终于来了。公元前496年，雄心大志、雄才大略的越族领袖句践即越王位。公元前490年，句践依照范蠡的建议，开始了"处平易之都"、"据四达之地"、"立霸王之业"[11]这一"筑城立国"的伟大壮举。"越国都城在古代城市建筑中，以其记载之完整，数据之可靠，规模之宏大，历史之悠

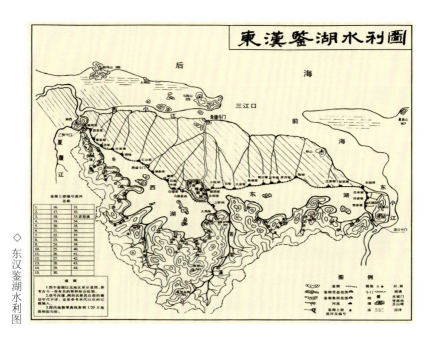

◇ 东汉鉴湖水利图

久而闻名中外"[12]。绍兴城"自从春秋于越以来，一直在原址上屹立未动。因此，他的历史悠久，实为其他古城所无法比拟"。"一座城市，在原来的地理位置和基础上持续存在达到如此长久的，不仅在江南绝无他例，从全国来说亦属罕见"[13]。

这座城市之所以能够经历2500年而岿然不动，当年选址的科学，无疑是十分重要的基础。而这一科学选址，应当是以越人对越地气象规律的最初认识和把握为前提的。我们可以从记载越国历史的重要典籍《越绝书》当中，看到大量有关句践君臣讨论季节、气候与农业生产、军事行动的关系及其规律性总结等方面的记载。除此之外，句践还在龟山（一名怪山，今称塔山，在绍兴市区）建了一座怪游台，以"仰望天气"[14]，观察天上出现的怪异现象。根据孟文镛先生的考证，"这是世界上较早建筑的天文台和气象台之一"[15]。

正是从越王句践开始，建"富中大塘"[16]，劝民农桑，发展工商，越地出现了"田野开辟，府仓实，民众殷"[17]、"国富"[18]、"炽富"[19]的局面。也正是在这一具有里程碑意义的基础上，经过一代又一代先民与气候、地理等自然环境的适应、调节，越地的经济得到了持续不断的发展。

到了东汉时期，绍兴再一次时来运转。因为这时绍兴来了一位有远见、有魄力，为了众人利益而不顾个人得失的英明太守马臻，他组织带领人们，于永和五年（140）筑成了长江以南空前绝后的巨型水库鉴湖。

鉴湖的筑成，进一步极大地改善了越地的农业生产基础、水上交通条件、逐地气候状况、生态环境面貌乃至人们的精神风貌，使得"山会平原南部的自然面貌顿时改观。而且'水之孕'不仅孕育了自然，同时也孕育了人文。立竿见影的是东晋永和九年（353）的兰亭修禊。集全国第一流文人学士四十二人于天柱山下的鉴湖湖口，饮酒赋诗，中国以前的历史上无此先例。这一次空前的文化活动，不仅让一个小小兰亭扬名后世，而且更获得了《兰亭》这种在中国书法史上的极品"[20]。从此以后，绍兴成了风调雨顺、旱涝有收的鱼米之乡，成了"千岩竞秀，万壑争流，草木蒙笼其上，若云兴霞蔚"[21]的江南胜境，成了"士比鲫鱼多"[22]的"名士乡"[23]。

平心而论，绍兴先民这种对自然的适应与改造，是建立在气候、地理等本身较为理想的基础上面的，这是上苍对越人的眷顾与恩赐。

从地质来看，越地地层发育比较完善，结构比较稳定，这

◇ 绍兴卫星图

就为绍兴古城两千余年不受破坏奠定了最为重要的基石。

从地貌来看，越地丘陵山地占十分之六强，生物资源丰富，生物多样性明显，水能蕴藏量较大；平原水面占十分之四弱，地势平坦，土地肥沃，水网密布。这种地貌，为农、林、牧、副、渔各业的发展，提供了有利条件。

从地形来看，在梅雨期间，越中西北的丘陵山地成了天然的屏障，使得降水到达绍兴后，不会因过强而引发大的灾害。在台汛期间，台风登陆前，绍兴东南方向的山区对台风所产生的强风和强降雨有削弱作用；台风登陆后，又因山区地形不均匀，摩擦作用强，使得台风强度及雨量迅速减弱。

越地的这些气候、地理与人们生产、生活的关系，是很值得研究的，也是很有现实的借鉴意义的。

# 四

一方气候、地理等自然环境养育一方人，使得绍兴古往今来，名人辈出，真所谓"海岳精液，善生俊异"[24]。"中国常有'人杰地灵'一句俗调，把人放在地的前面，这或由于尊人起见；但绳之以科学眼光是不合的。因为地灵随有人杰，我们何尝听见过南北极和赤道里边出过人杰呢？"人文地理的鼻祖德国地理学家Ratzel在十九世纪末叶，曾著《人文地理》一书，"把地理与人生之关系，讲得很透彻。里面大意是：地面上有各种地形，各种气候；无论哪一种地形或气候，对于人生必有一定的影响"，"地形、气候二种对于人生的影响，很是显而易见"。[25]竺可桢先生正是绍兴特殊的"地灵"环境中产生的一位"人杰"，正是绍兴众多的"俊异"当中的一位杰出代表。

2010年6月24日，浙江大学党委王玉芝副书记率领师生代表，来到在绍兴市气象局内的绍兴竺可桢纪念馆，举行"浙江大学'求是精神'教育基地"的揭牌仪式，我应邀出席，并即兴作了《"求是精神"永存》的致辞。致辞要点如下：

竺可桢先生是绍兴人民的骄傲。我们从他的身上，看到了绍兴无数的先贤一直有一种精神相传，那就是爱国、爱乡；一直有一股激情相连，那就是创业、创新；一直有一条文脉相承，那就是"万卷"、"万里"，"读万卷书，行万里路"，知与行相结合，理论与实践相结合，个人与社会相结合。正是这样一种精神的生生不息、一股激情的续续不衰、一条文脉的源源不断，才铸成了古往今来绍兴的成就与辉煌。

竺可桢先生也是时代天空的明星。他创建了我国大学当中的第一个地理学系，创立了中央研究院气象研究所，是我国现代气象学和地理学的奠基人，是中国科学院和中国科学院学部的奠基人。他担任浙江大学校长13年，呕心沥血，被尊称为"中国四大校长"之一，是我国现代教育的先行者和实践者。他毕生从事科学研究，取得了丰硕的科研成果，培养了大批的栋梁之才，这些成果与人才影响中国，惠及人类，其中不少具有里程碑的意义。正是因为如此，先生是20世纪天空当中璀璨夺目的星星，照亮了时代大地，推动了时代前进。

竺可桢先生还是当今社会的至宝。斯人已逝，而其神永存。先生的人品、精神、学术，今天仍然是至为宝贵的社会财富。有人议论，当今社会红尘滚滚、人心浮躁，而先生倡导、践行的"只问是非，不计利害"的"求是精神"和"一丝不苟"的座右铭，正是医治这一社会病的良药。有人猜测，"钱学森之谜"的谜底究竟是什么，而先生丰富的教育思想，正是揭开这一谜底的最好途径。有人感叹，气候变化，可奈之何，而先生的《气象与农业之关系》《中国历史上气候之变迁》《日中黑子与世界之气候》《中国历史上之旱灾》[26]，《中国气候区域论》《航空与天气》《天时对于战争之影响》《中国历史时代之气候变迁》《天气和人生》《气象与航空之关系》《气候与人生及其他生物之关系》[27]，《人力能克服冰雹吗？》《要开发自然必须了解自然》《让海洋更好地为社会主义建设服务》[28]，《历史时代世界气候的波动》《一门丰产的科学——物候学》《论我国气候的几个特点及其与粮食作物生产的关系》《物候学与农业生产》《中国近五千年来气候变迁的初步研究》[29]等著述和成果，正是为人们指点了迷津，指明了方向。

作为竺可桢先生的家乡，在适应和缓解气候变化方面积极有为，在创新和加强气象工作方面大胆探索，这是对先生的最好纪念。

## 五

现在，在孔学祥局长持之以恒的精心组织与领导下，经过项目组同志历经两年零七个月的艰苦努力，《绍兴两千五百年气候变迁》一书就要正式出版了，这是多么令人振奋和鼓舞。

马克思和恩格斯曾经说过，任何人类历史，都要"研究人们所遇到的各种自然条件——地质条件、地理条件、气候条件以及其他条件。任何历史记载都应当从这些自然基础以及它们在历史进程中由于人们的活动而发生的变更出发"。"历史可以从两个方面来考察，可以把它划分为自然史和人类史。但这两个方面是密切相联的，只要有人存在，自然史和人类史就彼此相互制约"[30]。我相信，这本书的出版，对于当代的绍兴人，乃至更广大的人，以史为鉴，正确处理人与自然的关系、正确处理当代人与后代人的关系、正确处理此地发展与彼处发展的关系，从而真正实现以人为本的全面协调可持续的发展，一定会起到积极的作用。

> 气象万千冬响雷，一年四季百花开。
> 奇迹创造由人类，仰天欢呼自然回。
> 气候多变奇迹来，丹桂腊月又重开。
> 福兮祸兮且不评，惟请人类多自爱。

我愿把我的这两首小诗，送给本书的读者朋友。

本书出版之际，恰逢联合国气候变化框架公约第17次缔约方会议于2011年12月11日在南非德班落下帷幕。会上，经过艰难的谈判，与会的一百九十多个国家终于达成一致意见，共同削减温室气体的排放量。作为历史上耗时最长的气候大会，德班大会为人类应对气候变化描绘了详细图景，因而具有里程碑的意义。

在此，我以满腔的热情，期待着人类在科学应对多变的气候中，让自己的文明事业更加形成气候；在科学应对万千的气象中，让自己的幸福生活更加气象万千！

2012年元月8日,星期日。系为孔学祥、陈红梅等著,浙江大学出版社于2012年7月出版的《绍兴二千五百年气候变迁》撰写的序言

## 注释

1　2《中华人民共和国气象法》第一章第一条、第三条。

3　参见拙文《让事业更加气象万千》,《中国气象报》2010年6月30日。

4　张恒、王海明、杨卫《浙江嵊州小黄山遗址发现新石器时代早期遗存》,《中国文物报》2005年9月30日。文章称小黄山遗址面积50000平方米,是目前长江中下游发现的同一时代中规模最大的新石器时代聚落遗址。据北京大学考古文博院年代测定和推断,小黄山文化距今约10000—8000年。

5　《吴越春秋·句践归国外传》。《越绝书·记地传》。

6　王靖泰、汪品先《中国东部晚更新世以来海面升降与气候变化的关系》,《地理学报》1980年第4期。

7　陈桥驿《越族的发展与流散》,《东南文化》1989年第6期。

8　12　15孟文镛《越国史稿》,中国社会科学出版社2010年版,第34页、433页、239页。

9　《管子·水地》。

10　11　19《吴越春秋》之《句践伐吴外传》《句践归国外传》《句践阴谋外传》。

13 陈桥驿《论绍兴古都》，《吴越文化论丛》，中华书局1999年版，第385页。

14 16《越绝书·记地传》。

17《国语·越语下》。

18《史记·货殖列传》。

20 陈桥驿《水之孕——绍兴县水文化遗存撷英》序，西泠印社出版社2009年版。

21〔南朝·宋〕刘义庆《世说新语·言语》，浙江古籍出版社1998年版。

22〔明〕袁宏道《初至绍兴》。

23 毛泽东《纪念鲁迅80周年寿辰·七绝诗二首》，《人民日报》1996年9月20日。

24《三国志·虞翻传》注引虞预《会稽典录》。

25 竺可桢《地理对于人生之影响》，《竺可桢全集》，上海科技教育出版社2004年版，第一卷第369页。

26 27 28 29《竺可桢全集》，上海科技教育出版社2004年版，第一卷、第二卷、第三卷、第四卷。

30 马克思、恩格斯《德意志意识形态》，《马克思恩格斯选集》，人民出版社1972年版，第一卷第24页、26页。

# 一日千载

　　绍兴钟灵毓秀，地灵人杰，历史悠久，文化灿烂，为中华文明做出了重大的贡献，书法艺术即是其中的典型代表。

　　汉字作为中华文明的基本载体，到了秦代，产生了两大历史性的飞跃：一是书写字体的规范划一，如"小篆"，意味着秦对六国旧字体的整合一统；一是书法艺术的开启新风，如"隶书"，在一群无名无姓被称之为"隶"的书写者手中被创造、被实验。而李斯[1]作为中国书法史上第一位有名有姓的书法家，第一位有明确记载而且至今仍可见到其作品的书法家，无疑为此做出了不可磨灭的贡献，堪称中国的第一位"书法圣人"。尤其值得称颂的是，2222年前的秦始皇三十七年，即公元前210年，李斯随始皇"上会稽，祭大禹，望于南海，而立石刻颂秦德"[2]。这就是千古绝石——《史记》记载的始皇外出巡游时所立的九块刻石当中的最后一块刻石——《会稽刻石》[3]。这一由李斯文并书的刻石，成就了古越大地上的第一篇美文、第一品美书。

　　560多年后的东晋永和九年，即公元353年，王羲之[4]于"天朗气清，惠风和畅"的"暮春之初"，在"有崇山峻岭，茂林修竹，又有清流急湍，映带左右"的"会稽山阴之兰亭"，写下了千古绝唱《兰亭集序》，成就了古越大地上的又一美文、又一美书。"后之视今，亦由今之视昔"。想必王羲之当年醉意微浓、思绪翩跹、兴笔挥毫《兰亭集序》时，是想到了昔之《会稽刻石》的。因为有了"天下第一行书"《兰亭集序》，王羲之成了书法圣人，兰亭成为了书法圣地。"后之览者，亦将有感于斯文。"王羲之果然言中了。

《会稽刻石》与《兰亭集序》，文辞宛若天成，堪称文章"双绝"；书艺精美绝伦，堪称书法"双绝"；文辞与书艺珠联璧合，堪称文、书"双绝"。这是越乡人民的骄傲，也是民族文化的瑰宝。有了这千古绝石与千古绝唱，有了与之相关的李斯与王羲之这两位"开天辟地"——开辟了书法艺术新天地的书法圣人，将绍兴称为书法之乡，理所当然；将绍兴称为书法故乡，也未尝不可[5]。

正是基于这样一种无可争议的历史事实，让书乡后继有人，让书风世代相传，让书艺锦上添花，成了绍兴人义不容辞的义务和责无旁贷的责任。也同样基于这样一个共识，1985年1月24日，绍兴市第一届人民代表大会常务委员会第八次会议，郑重地做出了将每年的农历三月初三——当年王羲之作《兰亭集序》的时间，作为绍兴市"书法节"的决定。

屈指数来，绍兴的中国兰亭书法节，已经一以贯之地成功举办了27届。

27届，27年，书法节与绍兴乃至我国的改革开放相伴而行，书法艺术与绍兴乃至我国的现代化建设成就相得益彰。

27届，27年，书法节已经远远地超越了当年的地区性局限，正在吸引越来越多的海内外书法家、书法爱好者、书法研究者参与，正在向着名副其实的中国乃至国际书法艺术盛会的

於所遇暫得於己快然自足不
知老之將至及其所之既惓情
隨事遷感慨係之矣向之所
欣俛仰之間以為陳迹猶不
能不以之興懷況脩短隨化終
期於盡古人云死生亦大矣
不痛哉每攬昔人興感之由
若合一契未嘗不臨文嗟悼不
能喻之於懷固知一死生為虛
誕齊彭殤為妄作後之視今
由今之視昔悲夫故列
敘時人錄其所述雖世殊事
異所以興懷其致一也後之攬
者亦將有感於斯文

◇ 《兰亭集序》

永和九年歲在癸丑暮春之初會
于會稽山陰之蘭亭脩禊事
也群賢畢至少長咸集此地
有崇山峻領茂林脩竹又有清流激
湍暎帶左右引以為流觴曲水
列坐其次雖無絲竹管弦之
盛一觴一詠亦足以暢敘幽情
是日也天朗氣清惠風和暢仰
觀宇宙之大俯察品類之盛
所以遊目騁懷足以極視聽之
娛信可樂也夫人之相與俯仰
一世或取諸懷抱悟言一室之內

◇ 曲水流觞 明 拓片

目标迈进。

27届，27年，沙孟海、赵朴初、启功等大师虚怀若谷，为书法节增光添彩；沈鹏、张海等大家满腔热情，为书法节造势鼓劲；朱关田、鲍贤伦、赵雁君等书法家赤诚朝圣，为书法节推波助澜；还有更多的人，默默无闻，为书法节的成功摇旗呐喊，添砖加瓦。他们在兰亭留下的墨宝，无疑是十分珍贵的物质财富；而他们身上所展现出来的对书法艺术的挚爱与追求，则更是十分难得的精神财富。

我十分荣幸地成为第27届书法节筹备工作的主持人和第28届书法节组委会执委会的主任。对以往历届书法节的珍贵、难得的档案资料进行系统的整理，进而让更多的人共享受益，把今后的书法节办得更好，同样成了我与同事们义不容辞的义务和责无旁贷的责任。有鉴于此，我与谢胜等同志商量，决定高质量地编辑出版一套汇集历届书法节精华的丛书。

丛书的编辑出版工作得到了中共绍兴市委张金如书记、绍兴市人民政府钱建民市长的高度重视和直接领导，他们亲自担任了丛书的编辑委员会主任，几次听汇报，作指示，提要求，钱建民市长还在政务十分繁忙的情况下，拨冗撰写了前言。现在，在历届书法节的组织者和参与者的热情支持下，在编委会全体同仁和编辑工作人员的共同努力下，在同样具有丰厚文化底蕴的西泠印社出版社的朋友们的精心工作下，这部由《大家墨韵·承前启后》、《精英墨粹·吐故纳新》、《群星墨华·继往开来》三部分组成的大型丛书，就要付梓发行了，这是多么的激动人心。

此时此刻，我愿以本书主编的名义，谨将此书献给第二十八届中国兰亭书法节，献给为历届中国兰亭书法节做出贡献的人们，献给所有热爱中国书法的人们。

由于时间仓促，也由于水平所限，书中或有差错纰漏，谨请读者朋友见谅宽容、批评指正。

壬辰年三月初三书法节前十二日

2012年3月12日。系为主编的《中国兰亭书法节·一日千载》撰写的跋语，书由西泠印社出版社于2012年4月出版

## 注释

1　李斯（?—前208），楚国上蔡人，秦代著名政治家、文学家、书法家。早年受业于荀况。入秦后，初为吕不韦舍人，后助秦王并六国、一天下。天下既定，出任丞相，谏立郡县之制，废《诗》《书》，禁私学，又以小篆为标准统一文字，作《仓颉篇》为范。

2　见《史记·秦始皇本纪》。李斯撰并书的《会稽刻石》（又名《李斯碑》），共289字，全文收录于《史记》中。元代照原拓复制之碑，现存于绍兴大禹陵之碑廊内。

3　据《史记·秦始皇本纪》载，秦始皇出巡时所立九块刻石为：始皇二十八年（前219）的《峄山刻石》《泰山刻石》《之罘刻石》和《琅琊台刻石》；始皇二十九年（前218）的《之罘刻石》和《之罘东观刻石》；始皇三十二年（前215）的《碣石门刻石》；始皇三十五年（前212）的《东海上朐界刻石》；始皇三十七年（前210）的《会稽刻石》。参阅《秦〈会稽刻石〉考论》拙序，西泠印社出版社2011年版，第24页。

4　王羲之（303—361，一说321—379），字逸少，曾任秘书郎、右军将军、会稽内史等职，世称王右军。工书法，变汉魏质朴书风，创造新体，自成一家。永和九年三月初三，邀41位文友于会稽山阴之兰亭曲水流觞修禊事时所之《兰亭集序》，被后世誉为"天下第一行书"。与钟繇并称"钟王"，后世尊为"书圣"，兰亭亦因此而成为"书法圣地"。

5　参阅《秦〈会稽刻石〉考论》拙序，西泠印社出版社2011年版，第27—28页。我在文中提出："《会稽刻石》树立了我国的书艺丰碑。"

# 越医长青

　　中华文明，博大精深。中医中药，堪称精华，她是民之良友、国之重宝，是治病良术、文化遗产，是中华民族繁荣昌盛的重要依托，也是整个人类生生不息的重要保障。而越医，无疑是中医药百花园里一朵璀璨夺目、光彩耀眼的奇葩。

　　越医，源于春秋，兴于唐宋，盛于明清，由于其奇特的功效而千年不衰，绵延不绝，传承至今。她是越中先民主动适应越地雨多、水多、自身毛病多——"江南卑湿，丈夫多夭"[1]这一特殊自然环境的必然产物，体现了人与自然和谐相处的思想；她也是越中先民救死扶伤、睦邻友好这一悠久地域民风的集中展示，体现了人与人之间、人与社会之间和谐相处的思想；她还是越中先民耕读传家、尚文好学这一优良人文传统的自然反映，体现了越人强调自我修养、注重自身和谐的思想。

　　千百年来，越医在漫长的发展历程中，出现了专科世家多、临床流派多、理论著述多的鲜明特点，并因此而执牛耳于浙江医界，居前茅于中医中药行列。《中华医学百科全书·医学史》里边，记载了107位中西医名家，其中绍兴籍的占了10位。在我国国民经济和社会经济发展第十个五年规划的重点图书"民国名医精华"项目中，国家计划整理出版的13位医家

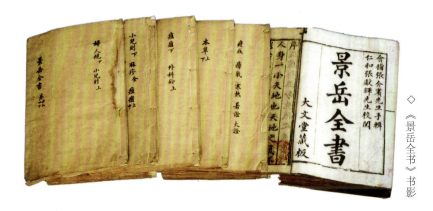

的21部图书，绍兴籍医家撰写的占了7部。由此可见，越医为我国中医药的发展做出了何等重大的贡献，在我国中医药史上占有着何等重要的地位。

越医在千百年发展历程中所崇尚的人物和谐、阴阳平衡的思想，重实践、敢创新、善总结的风格，以及重养生、重防病、"治未病"的主张，是越中先人的生动创造，是中华文化的生动体现，是人类文明的生动代表。这种思想、风格、主张，已经远远地超出了越医、中医本身，对于当今社会、对于整个人类，都具有普世的价值，值得我们很好地继承、弘扬。

我是一名中医药的积极倡导者，也是一名越医的忠实信奉者。我的理解，西医是又快又好，而中医是又好又快。4月24日的《人民日报》第4版，刚刚登载了该报记者王君平采写的文章，题目叫做《中药不良反应远少于西药》。在越来越"人本"的今天，"好"比"快"更有价值，更有意义。更何况，中医药在"好"的同时，也还是很"快"的。中医中的针灸，找准穴位，一针扎下去，立刻见效；中药一剂药对症下去，照样立竿见影。

2008年10月30日，我在向来绍兴考察的卫生部副部长兼国家中医药管理局局长王国强同志汇报工作时，曾经谈到，我相信，传统中医与现代西医联起手来，定可扬长避短，相得益彰，尤可使中医如虎添翼，锦上添花。我也相信，随着人类文明的进步发展，中医药的地位一定会得到进一步的提高，中医药的应用一定会得到进一步的普及。今天，我进一步坚定了自己的想法。

千年越医，兆民景仰；百年震元，万众称颂。创办于清乾隆十七年（1752）的震元堂，堪称越医的集大成者。

堂开乾隆时期，宗旨从未放弃。百年不屈不挠，欲震万众元气。

今天，百年震元与千年越医的紧密结合，我认为是门当户对、珠联璧合，这是为广大黎民百姓所做的一件大好事。

我衷心地祝愿，千年越医，欣欣向荣！百年震元，蒸蒸日上！天下苍生，幸福安康！

2012年4月27日。系在浙江省绍兴市震元堂国药馆建成开放仪式上的致辞

**注释**

---

1　《汉书·地理志下》。

# 让书艺馨播神州

很高兴应邀前来参加今天的活动。见到同学们，自己好像又回到了30年前那个风华正茂的"同学少年"时候。我首先对展览的开幕，表示热烈的祝贺！

展览的开幕与举行，标志着兰亭书法艺术学院的发展又取得了新的成绩。兰亭书法学院创办以来，办学规模不断扩大，科研实力不断增强，受世人瞩目，为各方关注，堪称拔地而起、异军突起，为我国的教育事业、文化事业，特别是书法艺术事业的发展与繁荣，做出了积极的贡献。

书法艺术，是中华民族独创的艺术，是我们伟大民族为人类文明所做出的巨大贡献。绍兴为我国书法艺术的诞生、传承与发展，作出了无与伦比、不可磨灭的贡献，堪称书法故乡。说绍兴是书法故乡，有三个理由。

第一个理由，中国书法史上第一位书法家李斯与绍兴有着不解之缘。2222年前的公元前210年，李斯随秦始皇来到绍兴，留下了《会稽刻石》，也就是李斯碑。它与秦始皇外出巡游时的所立的其他刻石一起，使李斯成了中国历史上第一位有名有姓、文献上有确凿记载、而且今天还能够见到其作品的书法家，堪称中国书法史上的第一位圣人。

第二个理由，书圣王羲之成名成家在绍兴。1659年前的公元353年，那个惠风和畅的日子，王羲之与他的四十一位好友在鉴湖之畔的兰渚山下畅叙幽情、曲水流觞，成就了中国书法史上的第一行书——《兰亭集序》。兰亭这个当年的小小乡里，由此而成为了书法圣地，王羲之也因此而成了中国书法史上又一位具有开天辟地意义的书法圣人。

第三个理由，王羲之以后的绍兴，是书风弥漫、翰墨飘香、代有闻人、绵延不绝。中国书法史上许多有代表性的书法大家，都与绍兴有着千丝万缕的联系。

所以，称绍兴是书法名城、书法之乡，理所当然；称绍兴是书法故乡，顺理成章。不管是书法名城、书法之乡，还是书法故乡，绍兴人都把传承发展书法艺术，作为自己荣耀无比的荣幸、义不容辞的义务、责无旁贷的责任。创办兰亭书法艺术学院，正是这种荣幸感、义务感、责任感的具体体现。

兰亭书法艺术学院办在书法故乡、书法圣地，办在出书法圣人的地方，是名至实归。兰亭书法艺术学院应当有更高的发展目标，那就是要把学院建设成为中国书法艺术的圣校。向着这个目标前进，学校才称得上名副其实。实现这个目标，关键靠三条。第一，是得天独厚的校址环境。第二，是独一无二的深厚的历史文化底蕴，尤其是书法艺术的底蕴。第三，要造就书法艺术的中流砥柱、栋梁之才，培育书法艺术的大家、大师。这一条现在正在努力当中。实现这一条，关键靠教师，因为名师可以出高徒；实现这一条，关键靠学生，因为历史的必然，是长江后浪推前浪，"青出于蓝而胜于蓝"。希望同学们满腔热情地走向社会，满腔热情地服务人民，满腔热情地进行创作、创新、创造，为社会的进步建功立业，为人民的利益成名成家，为母校的建设添砖加瓦。

竹茂林幽，景胜人悠。赋觞咏，鸣鹿呦呦。骋怀方泽，游目平畴。贵适天地，乐山水，写春秋。华夏冀柔，文字如舟。赖书艺，馨播神州。兰亭遗韵，翰墨风流。可观宇宙，展襟抱，任优游。

2012年5月8日。系在兰亭书法艺术学院2012届毕业生书法作品展开展仪式上的致辞

# 会稽古村冢斜

一

冢斜村坐落于非同凡响的会稽山麓，舜江之畔。

说会稽山非同凡响，是因为当年大禹"会诸侯于会稽"[1]，"朝诸侯之君会稽之上"[2]，"道死，葬会稽之山"[3]。所以，会稽山称得上是中华民族的祖山。

会稽山最初位列中华九大名山之首，曾经排名神州四大镇山之先。《周礼》在排列九州、九山时，是这样记载的："职方氏掌天下之图，以掌天下之地……乃辨九州之国，使同贯利。东南曰扬州，其山镇曰会稽"[4]。何谓九山？《吕氏春秋》有云："会稽、太山、王屋、首山、太华、岐山、太行、羊肠、孟门"[5]。何谓四镇？《周礼》又云："四镇，山之重大者，谓扬州之会稽山，青州之沂山，幽州之医巫闾山，冀州之霍山"[6]。

会稽山还是引无数帝王将相、文人墨客竞折腰的神山。距今2222年的公元前210年，千古一帝秦始皇不怕舟车劳顿，"上会稽，祭大禹，望于南海，而立刻石颂秦德"[7]。绍兴的人文历史由此翻开了崭新的一页。

说舜江非同凡响，是因为她是以中华民族的先祖——舜的

名字来命名的。大约在公元前30世纪末，舜避丹朱之乱，来到了越地，越地因此而留下了上虞、百官等地名，舜山、舜井、舜田等遗迹，后人还建舜王庙、大舜庙以纪念他。"宁绍平原有十五处虞舜的重要故迹，在上虞境内有十处"[8]。舜江也因此而成为哺育了一代又一代越中儿女的母亲河。

## 二

坐落于如此非同凡响的山水之间的冢斜村，自然也是非同凡响的。冢斜的非同凡响，表现在几个方面：

第一，冢斜集聚居住的余氏村民是大禹的后裔。

大禹当年治水成功后，在会稽山大会诸侯，论功行赏，开启了中国第一个大一统王朝——夏朝的历史，死后又长眠于此。此后，"启使使以岁时春秋而祭禹于越，立宗庙于南山之上。禹以下六世而得帝少康，少康恐禹祭之绝祀，乃封其庶子于越，号曰无余"[9]。无余也因此而成为越国的开国之君。冢斜余氏与"无余"有否存在着血脉关系？这是很值得研究的。

关于余氏的起源，始编于明崇祯三年（1630）的《冢斜余氏宗谱》是这样记载的："余氏始于夏。禹之三子罕者，时则以地建封。禹娶涂山（氏），因涂有余字，遂赐罕为余氏。则自罕而下，千流万派，宁知天壤间，可以亿兆记耶，然则孰宗之为是也。"这就清楚地告诉世人，冢斜余氏源于大禹三子，为大禹嫡裔。

余一苗先生还从本支37世"由余"开始，考证出了冢斜余氏的地域流变线路，得出了"本支96世余子陵，于明建文三年（1401）由山阴县潘彭坞迁至会稽县二十七都冢斜村，遂为冢斜始迁祖"的结论[11]。

第二，冢斜是越人之重要聚居地。

冢斜的聚落，很有可能起始于守陵。"相传，夏王朝开国元帝大禹王的'禹妃'及越国和唐宋许多宫人都葬于此地。'冢'，坟墓，按冢者大也；'斜'，宫人之坟也。冢斜村名由此而来"[11]。

冢斜可能是越国的开国首都。越国在今之绍兴市区域范围内，先后建过四座都城，那就是越国始祖无余所建的嶕岘故都、越王允常的埤中故都、越王句践时的临时都城平阳故都以及他在今绍兴市区建筑的"句践小城"——"山阴大城"。这后一座始建于公元前490年的都城，即今之越城，"自从春秋于越以来，一直在原址上屹立未动。因此，它的历史悠久，实为其他古城所无法比拟"。"一座城市，在原来的地理位置和基础上持续存在达到如此长久的，不仅江南绝无他例，从全国来说亦属罕见"[12]。埤中、平阳两座都城的位置，学术界的意见，相对也是一致的，分别在今诸暨市东北方向与绍兴县交界处的店口、阮市一带和今绍兴县平水镇的平阳寺一带。惟最早的嶕岘故都的具体位置，争议较大。一种认为，嶕岘在秦望山南面的黄现村，属绍兴县兰亭镇[13]。一种认为，礁岘在会稽山南面的上塘、下塘，属绍兴县平水镇[14]。

著名历史地理学家陈桥驿先生于上个世纪的50年代末，曾带领两个学生，在会稽山进行实地考察，得出了冢斜是越都的论断。"此次入山九日，在冢斜住了三宿，而且当时我的论断是：'此古村必是古代越人活动之地，越代聚落虽已无存，但后来的聚落必在越人聚落的基础上不断更新扩大。'我当时曾论断它是长期越都，但必然在某一个时期成为部族酋长驻地。因为北山（燃料、肥料）南水（灌溉），具有刀耕火种的有利条件。这次看了《冢斜古村》书稿，长期以来无法论定的嶕岘大城，也可能就在这里……当然，所有这一切都是凭古籍研读和现场考察"[15]。

由于古籍文献记载的有限以及对这些有限古籍文献研读的有限，再加上考古发掘、地质勘探、科学测量工作有待展开与深入，冢斜是否的确为无余旧都嶕岘，尚需作进一步深入细致、科学理性的考证。但是，冢斜作为历史上越人的一个大型聚落、酋长驻地，当是确凿无疑的。

第三，冢斜拥有丰富多彩、弥足珍贵的文化遗产，是绍兴历史文化的一个缩影，堪称越中胜地。

冢斜地灵人杰、人才辈出。根据余一苗先生的研究统计，在"官本位"的古代史上，冢斜人担任过从中央朝廷到地方衙门48个级别的官职，其中的余煌、余炳焘两人还分别在《明

◇ 冢斜余氏宗祠戏台

◇ 始建于唐代的永兴公祠

史》《清史稿》中立有专传[16]。他们大多为人正派，为官清廉，尽忠报国，造福为民。譬如本支100世余煌，明代绍兴的最后一位状元，历任吏部、礼部、兵部尚书；他心系黎民，造福乡里，重水利，修城墙，主持重修的绍兴三江闸，至今仍在发挥作用；清军过江后，还以身殉朝，大开九门，使绍兴城内的百姓免遭了伤害。

冢斜至今还保留着很多价值独特的古建筑，如始建于唐贞元九年（793）的"永兴公祠"，建于明清时期的余氏老台门，建于清乾隆二十五年（1760）的"余氏宗祠"等等。这些建筑，布局规整，设计科学，保存完好，天人合一，很值得深入研究，借鉴利用。

冢斜还有很多美丽的民间传说、纯朴的民俗风情、迷人的名胜古迹。这些都是足以令冢斜人自豪骄傲，引外界人心驰神往的。

三

对于这样一个非同凡响的古村，我当年在绍兴县工作的时候，就已经给予了极大的关注。我曾经专门组织带领县里的相关领导与相关部门的负责人，去村里开展调查研究，提出保护要求，安排保护经费。

令人欣喜的是，这些年来，在有识之士的共同努力下，古村的保护利用工作，得到了切实的加强，取得了很大的成绩。2010年7月22日，中华人民共和国住房和城乡建设部、国家文物局正式命名冢斜为"中国历史文化名村"。

去年9月，由冢斜余氏后裔余茂法先生主编的《冢斜古村》一书正式出版发行。这是古往今来第一本全面系统地介

绍冢斜古村历史沿革、村庄风貌、建筑艺术、名人典故、传统文化的好书，也可以说是绍兴历史上第一部以图文并茂的形式、雅俗共赏的内容，全面系统地介绍一个古村落的专门著作，具有划时代的意义。

茂法先生不仅为该书的整理印行尽到了主编之责，更是为古村的保护开发尽了赤子之力。书中收录的《冢斜古村保护与开发的基本思路》，正是他在漫漫九年实际主持古村保护与开发工作的过程中，成功经验的深刻总结与理性思考的必然结果。这九年当中，茂法先生先后担任绍兴县水利局局长和县人大常委会副主任，以满腔的热情、满怀的期待，从事家乡的保护与开发工作。

今年年初，茂法先生从领导岗位上退下来后，又应父老乡亲之邀，回乡担任了村党支部书记，真可谓是众望所归，高风亮节。我理解他的"良苦用心"，所以当他在第一时间告诉我这一消息时，我是击掌称好，举双手支持的。我期待着他的事业取得更加丰硕的成果。

令人欣喜的，还不止这些。耄耋之年的该村村民余雅堂先生，不顾年高，编写成了《会稽古村——冢斜》一书，准备付梓出版。前段时间，先生两次来函，请我作序。我与余老先生素无谋面，只是在此前收到过他的几封来信，从中了解到他对绍兴历史文化的兴趣爱好与研究成果，我也礼尚往来而作过回复。所以，对于作序之请，第一次，我婉辞了。想不到没过多久，先生再次来函，谓出书"一不是为利，二不是为名"，而是"想在有生之年为保护古村、宣传古村、传承古村出一份力"，还将书稿一同寄了过来，并请绍兴文理学院的华小洋副校长出面来做我的思想工作。以先生之年迈高龄，以先生之浓浓乡情，以先生之诚恳相请，我实在是无法再作推辞，只能是勉为其难了。我相信，这一记述了冢斜自然、历史、人文、经济等情况的巨构，将会是大有裨益于冢斜古村的更好保护、更好利用、更好传承的。

历史是一面镜子，可以帮助人们"知兴替"。历史当中有人文，所以以史为镜，在很大程度上也可以帮助人们"明得失"。文化是一条源远流长的河，流过昨天，流到今天，还要流向明天，她正是在这样的流淌不息中，潜移默化，以文化人的。

愿更多的人，更加自觉起来，更好行动起来，来保护、利用、传承好历史文化村落这面帮人"知兴替"、"明得失"的历史明镜，这条滋人心田、净化心灵的文化长河。

2012年9月1日，星期六。系为余雅堂主编，香港天马出版有限公司2013年2月出版的《会稽古村——冢斜》撰写的序言

## 注释

1  《竹书纪年·夏纪》。

2  《韩非子·饰邪》。

3  《墨子·节葬下》。

4  6《周礼·夏官·职方》《春官·大司乐》。

5  《吕氏春秋·有始览》。

7  《史记·秦始皇本纪》。

8  彭尚德主编《上虞市非物质文化遗产集锦》，中国文化艺术出版社
   2009年版，第14页。

9  《吴越春秋·越王无余外传》。

10 11 16 余一苗《古村概述》，余茂法主编《冢斜古村》，西泠印社出版
   社2011年版，第14页、12页、17页。

12 陈桥驿《论绍兴古都》，《吴越文化论丛》，中华书局1999年版，第
   385页。

13 孟文镛、方杰《越国古迹钩沉》，《绍兴师专学报》1993年第3期。

14 葛国庆《越国故都礐岘大城今地考》，《越文化国际学术研讨会论文
   集》，浙江古籍出版社2006年版。

15 陈桥驿《序》，余茂法主编《冢斜古村》，西泠印社出版社2011年
   版，第8页。

# 书乡绍兴

一

以故宫博物院藏历代《兰亭集序》《兰亭诗》的各种摹本、临本、墨迹以及各种版本刻帖为主要内容的《兰亭书法全集》的编辑出版，其意义是自不待言的。

这是因为，汉字乃源远流长的中华文明不可或缺的忠实伴侣，博大精深的中华文明无可替代的基本载体。而书法，既是丰富多彩的中华艺术的典型代表，更是汉字得以绵延不绝的基础前提。讲书法，就不能不讲《兰亭集序》，因为她是行书艺术的最高典范、中国书法艺术的集大成者、中国书法史上一座无可匹敌的丰碑。

所以，在电脑越来越普及，书写越来越被忽视的今天，传承弘扬以《兰亭集序》为杰出代表、作为中华民族优秀传统文化的书法艺术，对于落实中国共产党第十八次代表大会报告中提出的"建设优秀传统文化传承体系，弘扬中华优秀传统文化。推广和规范使用国家通用语言文字"这一要求，不仅具有重大的现实意义，而且具有深远的历史意义。

## 二

编辑出版《兰亭书法全集》，是一代又一代的读书人与书法爱好者的热切企盼。

历朝历代的《兰亭集序》临本、摹本、拓本及相关的诗文墨迹，一则因为珍贵，致使长期"养在深闺人未识"；二则因为分散，难以收集，从而影响了比较研究与欣赏学习；三则因为在社会上流传，大多经过长期的辗转翻刻，免不了有失真变味的情况。

因此，见到更接近《兰亭集序》真迹的唐摹本，见到更具有《兰亭集序》原真性的临本，自然成为古往今来的人连做梦都在想的一件美事，如饥似渴般在期待的一件乐事。

## 三

编辑出版《兰亭书法全集》，同样也是故宫博物院的历史使命。

《兰亭集序》真迹的去向归宿，一直是一个难解之谜。正是因为如此，千百年来，涌现了出自名家大师之手的蔚为大观的《兰亭集序》临摹墨迹。这些弥足珍贵的墨迹，集中收藏在故宫博物院、国家图书馆、港台地区以及日本的博物馆。现今最流行的《兰亭集序》摹本，是唐太宗李世民命冯承素摹的"神龙本"，今藏于故宫博物院。

作为我国收藏《兰亭集序》及相关墨迹数量最多、质量一流的故宫博物院，如何让它们走出"深宫"，走向社会，服务当代，造福子孙，一直是院领导们在思考的一个问题。

# 四

编辑出版《兰亭书法全集》，更是绍兴人的夙愿。

人们常常称绍兴为书法之乡，其实我倒认为，称绍兴为书法故乡更为贴切。这是因为：

第一，中国历史上第一位书法圣人李斯结缘绍兴。

根据司马迁《史记》的记载，千古一帝秦始皇外出巡视期间，共立过九块刻石，其中包括《会稽刻石》在内的六块刻石的内容还被《史记》全文收录。这些刻石，大多已经湮没，仅存《泰山刻石》九字残块与《琅玡台刻石》十三行八十六字残块。所幸的是，由李斯所撰并书的《会稽刻石》，于元至正元年(1341)五月，由绍兴路推官申屠駉据家藏旧拓本重新摹刻。清乾隆五十七年(1792)四月，绍兴知府李亨特再据申屠氏本嘱人复刻于康熙年间被人磨去碑文的元至正碑原石上，并以自跋代原跋；七月，翁方纲补刻短跋。嘉庆元年(1796)、二年(1797)，碑上又分别勒记阮元、陈焯题名。1987年，碑被移置会稽山大禹陵内之碑廊，并置屏壁以得永久保护。

《会稽刻石》是秦始皇所立刻石中的最后一块，虽历尽磨难，几经摹刻，然其书艺灵魂精髓却浑然如一，书体依然明晰端正，清劲圆润。我们依然可以从中感受两千多年前的辉煌书艺，领略千古书圣的书法神韵。这就使得《会稽刻石》较之于其他几块刻石，具有了无可比拟的意义。

汉字到了秦代，产生了两大历史性的飞跃，一是书写字体的规范划一，二是书法艺术开启了新风，而李斯无疑是其中承上启下、继往开来的首功人物。李斯开创了"书家宗法"(清康有为)，是名标青史的"古今宗匠"(明赵宧光)、"小篆之祖"，是书法史上有明确记载且至今仍可见到其书法的最早的书法家，也是中国有史以来第一位有名有姓的书碑名家。

第二，绍兴是"天下第一行书"的诞生地。

王羲之在会稽任上，因书就"天下第一行书"《兰亭集序》而被后人敬奉为书法圣人；兰亭这个当年鉴湖之畔、兰渚山下的小小乡里，也因此而一举成为万众敬仰的书法圣地。《兰亭集序》与《会稽刻石》，文辞宛若天成，一篇324个字，一篇289个字(碑文为288个字，其中始皇"卅有七年"句，《史记》载为"三十有七年")，均字凝思畅，言简意赅，堪称文章"双绝"。两者书艺精美绝伦，前者标志着行书的成熟，成为行书法帖；后者标志着篆书的成熟，成为篆体楷则，堪称书法"双绝"。各自的文辞与书艺，珠联璧合，当称文、书"双绝"。"后之视今，亦由今之视昔。"想必王羲之信笔挥毫之时，是联想到了昔之《会稽刻石》的。

> 三月初三惠风舒，四十二贤多雅趣。
> 崇山茂林映清流，峻岭秀竹观天宇。
> 游目骋怀寄逸兴，列坐其次吟诗曲。
> 而今书圣已远去，难忘仍是兰亭序。

辛卯年的三月初三，第27届中国兰亭书法节与曲水流觞活动如期举行，我有感而发，即兴赋诗。"后之览者，亦将有感于斯文。"王羲之果然言中了。

第三，绍兴涌现出了一大批中国书法史上中流砥柱式的书法家。

> 越地有幸结书缘，翰墨飘香延千年。
> 李斯刻石辟天地，右军临河挥笔椽。

天池自谓四排序，老莲人夸五拈连。

社团从来聚俊贤，书画原本同相源。

这是去年我为祝贺绍兴书画艺术社团——越社成立百年而题写的。这既是绍兴人民的无上光荣，也是绍兴为民族文化做出的巨大贡献。

绍兴真是一方钟灵毓秀、地灵人杰的风水宝地。自李斯、王羲之以后，更是书风盛行，书香弥漫。《中国书法大辞典》共载录一百四十三位绍籍人士，如智永、虞世南、贺知章、徐浩、陆游、王冕、杨维桢、王阳明、徐渭、倪元璐、陈洪绶、赵之谦、徐三庚、任颐、陶浚宣等，真是群星璀璨。而如果加上在绍兴为官、客寓者，则人数更为众多。延至近现代，依然俊贤迭出，尤以罗振玉、蔡元培、鲁迅、马一浮、秋瑾、周恩来、余任天、经亨颐、马叙伦、陈半丁、周砥卿、胡问遂等为杰出代表。

所以，我们完全可以说，中国书法艺术的每一次革新，都与他们的开拓相关；中国书法艺术的每一个进步，都同他们的先行相连。我们也完全可以说，如果没有他们，中国书法艺术的殿堂，就会黯然失色；中国书法艺术的大厦，就会坍塌倾覆。因此，他们是无愧为里程碑式的伟人，指明了中国书法艺术前进的方向；也无疑是时代天空的明星，照亮了中国书法艺术前进的道路。

## 五

两位书法圣人，一批书法伟人，或结缘越地，或成就会稽，或生长其中，这就使得绍兴成为名副其实的书法故乡，更使得传承弘扬书法艺术，成为绍兴人义不容辞的义务和责无旁贷的责任。事实上，当代的绍兴人已经在身体力行了。

从1985年起，绍兴每年举行中国兰亭书法节。今年正值兰亭雅集一六六〇周年，第29届中国兰亭书法节将如期于农历三月初三在兰亭隆重举行。中国兰亭书法节正成为声闻神州、名播海外，群贤毕至、少长咸集，名至实归、名副其实的书艺盛会。

自2004年起，绍兴创全国先例，自编教材，率先在九年制义务教育阶段开设了书法教育课程。近十年坚持下来，收到了学生喜欢、家长满意、社会认可的好效果。

去年，绍兴市人民政府又高瞻远瞩，放眼长远，做出了保护发展书法圣地兰亭的决定，并将建设兰亭中国书法艺术博物馆作为其中的重要内容。年底，中国书法家协会张海主席专程率十二位副主席莅临兰亭，为博物馆挥锹奠基，并欣然命笔，挥就了二百八十八个字的博物馆奠基记，各位副主席也为博物馆奠基留下了十分珍贵的二十米长卷墨宝。

经过绍兴人民孜孜以求的努力，也有感于绍兴人民对兰亭的深厚感情和对书法艺术的卓越贡献，中国书法家协会已经决定，从今年颁奖的第四届开始，将绍兴兰亭作为中国书法艺术的最高奖——中国书法兰亭奖的长期颁奖地。"兰亭"回家，长期安居，这对绍兴来说，是一件多么激动人心的喜事！

## 六

今天，在绍兴市人民政府、故宫博物院以及绍兴市旅游集团公司、故宫出版社等诸多方面有识之士的共同努力下，《兰亭书法全集》就要付梓出版了，读者朋友的期盼与绍兴人民的夙愿即将实现。这是十分令人欣慰的，也是十分值得庆贺的。谢谢本书各位编委的热心参与，谢谢各位编者的辛勤工作，也谢谢出版社各位同仁的倾力支持！

在《兰亭书法全集》（故宫卷）出版之际，我也翘盼着《兰亭书法全集》国家图书馆卷、港台地区卷以及日本等海外卷的早日问世。到那个时候，呈现在世人面前的，定然会是真正名副其实的《兰亭书法全集》。

我相信，这一天一定会到来的。

2013年1月27日，星期日。系为与傅红展、赵国英主编，故宫出版社2013年4月出版的《兰亭书法全集（故宫卷）》撰写的后记

三月初三惠風舒四十二

賢名雅趣崇山茂林映

清流峻嶺秀竹觀天

宇游目騁懷寄逸真

列坐其次吟詩曲而今

書聖已遠玄難忘仍

是蘭亭序

甲子秋月 雨菲

◇ 馮雨菲書

# 记住老师　记住兰亭

去年雨，今年雨，雨中书展，一年一度。晋唐心印，魏晋风度。毕业是福，离别是苦。

时间过得很快，又到了一年一度的兰亭书法艺术学院毕业生书法作品展。我很高兴再次应邀前来参加这个展览的开展仪式。看到同学们已经圆满完成了紧张的学业，取得了优异的成绩，即将投入火热的生活，走上对你们充满期待、你们自己也充满向往的现实社会，感到十分的高兴。我向你们表示热烈的祝贺！

在同学们毕业的前夕，学校举行毕业生作品展，是很有意义的。这既是同学们昨天学习成绩的展示，更是同学们明天大有作为的预告。

去年的展览我看了以后，感到是大开眼界、耳目一新、豁然开朗；感到同学们毕竟是这所书法艺术的圣校规范教育、科学训练造就出来的，毕竟是书法圣地的崇山峻岭、茂林修竹、清流激湍滋养出来的，毕竟是书法故乡的弥漫翰墨熏陶出来的。今年展出的作品，我想一定会与时俱进、更上楼层。

我相信，五年以后、十年以后、二十年以后、三十年以后，同学们一定会成为我们中华民族书法艺术的中流砥柱，你们当中一定会出现书法艺术的大家大师、领军人物。我从你们的身上，看到了民族书法艺术的新希望。

但是，同学们，你们不管今后取得了多大的成绩，请都不要忘记母校，都不要忘记老师。人类漫长的历史岁月，证明两种人是最为无私的，一种是父母，一种是老师。父母希望自己的子女超过自己，老师希望自己的学生超越自己，他们都希望自己的子女与学生"青出于蓝而胜于蓝"，甚至不惜为之而付出自己的一切。这是多么伟大的精神与崇高的境界。如果说父母对子女的无私，是因为有血缘关系而出于本能的话，那么老师对学生的无私，则完全是出于一种铁肩担道义的责任。正是因为如此，老师的无私，更令人敬佩；也正因为如此，我们民族养成了"一日为师，终生为父"的尊师好传统。所以，同学们，当你们取得了更大成绩的时候，请无论如何不要忘记"传道授业解惑、教书育人为国"的老师们。我提议同学们以热烈的掌声，向老师们致敬、致谢！

三月初三惠风舒，四十二贤多雅趣。崇山茂林映清流，峻岭秀竹观天宇。游目骋怀寄逸兴，列坐其次吟诗曲。而今书圣已远去，难忘仍是兰亭序。

同学们，我衷心地祝愿你们心想事成，事业有成！也由衷地希望你们，不管走到了哪里，都请记住老师，记住母校，记住兰亭，记住绍兴！

2013年5月30日。系在兰亭书法艺术学院2013届毕业生书法作品展开展仪式上的致辞

報得三春暉　俞小蘭寫

◇ 报得三春晖　俞小兰绘

# 皓月千里

　　吾越绍兴，倚山濒海，景色常新，可谓风水宝地；历史悠久，人文灿烂，堪称书法故乡。秦皇卅七，李斯立刻石，文录太史公《史记》，碑存大禹陵廊道[1]。永和九年，右军挥笔橡，书行天下第一，亭成书法圣地。兹后千载，世代出巨擘，艺引书界新潮，人居书坛领袖。迨至今日，经济兴旺，文化繁荣，翰墨愈发飘香，书风益加盛行，菁华之彦由是云起泉涌，而梁君浩毓者，实乃其中之佼佼者也。

　　梁君号皓月，世居兰亭，幼敏爱学，修古好书。初拜越中书画前贤钱公彰武先生为师，始得颜体功底。继入中国美术学院专修，得刘江、章祖安、祝遂之、陈振濂诸先生指导，因慕缶老[2]郁勃生动之气，转学石鼓，并参金文，自此而十数年如一日也。近又从心所欲，临右军、鲁公[3]、东坡、涪翁[4]、铁崖[5]法帖，遂渐入诸体皆善之佳境。

　　梁君之书，厚重大中见精致。厚者，谓其字具厚深大地之实，拥厚积薄发之势，喻厚德载物之理也。重者，谓其字书则重规迭矩，合乎法度；形则重峦叠嶂，绵连一体；神则重若泰山，沉着安然也。大者，谓其字以大处落墨为本，展大气磅礴之力，呈大地回春之妙也。精致者，谓其字书之已精而益求其精，似精金良玉，若精采秀发，而尤以精巧细致之小楷为甚也。

窃以为，书法家者，乃书艺之三境界也。书者，善执笔也；法者，娴法度也；家者，成一体也。以此量梁君，俱备也。

昔者，余读范文正公[6]之《岳阳楼记》，同叹"长烟一空，皓月千里，浮光跃金，静影沉璧，渔歌互答，此乐何极"。今余赏梁君之"皓月千里"，又深感"心旷神怡，宠辱皆忘，把酒临风，其喜洋洋者矣"。

冯建荣，癸巳年六月二十日于投醪河畔。

2013年7月27日，星期六。系为"皓月千里——梁浩毓书法作品展"及梁浩毓著、西泠印社出版社2013年9月出版的《皓月千里——梁浩毓书法作品集》撰写的序言

## 注释

1　参阅《秦〈会稽刻石〉考论》拙序，魏阳林主编，西泠印社出版社2011年版。

2　缶老，为吴昌硕（1844—1927）的别号，原名俊，字昌硕，浙江安吉人。西泠印社首任社长，我国近现代书画艺术发展过渡时期的关键人物，诗、书、画、印"四绝"的一代宗师，与任伯年、赵之谦、虚谷并称"清末海派四大家"。

3　鲁公，即颜真卿（709—784），唐琅邪临沂人，字清臣，颜师古五世从孙。玄宗开元二十二年（734）进士。以直不容，屡贬官。历迁尚书右丞、吏部尚书、太子太师，封鲁郡公，世称颜鲁公。工书法，初学褚遂良，后从张旭，创为"颜体"。

4　涪翁，即黄庭坚（1045—1105），宋洪州分宁人，字鲁直，号涪翁、山谷道人。擅长行、草书，楷法亦自成一家。

5　铁崖，即杨维桢（1296—1370），元明间浙江会稽人，字廉夫，号铁崖，晚号东维子，与陆居仁、钱惟善合称"元末三高士"。元泰定帝泰定四年（1327）进士。诗人、文学家、书画家、戏曲家。创龙山诗巢。书擅行草，笔法清劲遒爽，富于个性，自成面貌。

6　范文正公，即范仲淹（989—1052），字希文，谥号文正，宋苏州吴县人。真宗大中祥符八年（1015）进士。少孤贫而力学，有志操，内刚外和。及入仕，以天下为己任。宝元二年（1039）七月知越州，多善政，于卧龙山蓬莱阁西构清白亭，并作《清白堂记》。既去，越人怀其德，建希范亭于卧龙山，建"百代师表"牌坊于郡署前，以志不忘。工诗词散文，晚年作《岳阳楼记》，有"先天下之忧而忧，后天下之乐而乐"句，为后世传诵。有《范文正公集》。

# 会稽陶堰钟氏宗谱序

参天之树，必有其根；环山之水，必有其源；率土之姓，必有其谱。谱者，姓氏宗族之本根、源流也。

夫芸芸姓氏，由来久矣。三皇五帝，部落图腾，姓氏始生。夏商时期，诸侯渐成，姓氏相离[1]。西周东周，裂土分封，"天子建德，因生以赐姓，胙之土而命之氏"[2]。迨至秦汉，天下一统，郡县相承，姓氏混合，绵延至今。

考谱之所自，由是姓氏。殷商之时，"兜"记甲骨[3]。周时置官，掌管谱系。汉时相延，始有谱著。魏晋南北朝时，"人尚谱系之学，家藏谱系之书"[4]。隋唐时期，官谱益盛，民谱萌生。五代之时，取士不问家世，婚姻不论阀阅，官谱式微而民谱渐兴。赵宋一代，民间修谱大兴，欧苏滥觞成例[5]。及至明清，旺族大姓，平民百姓，莫不纂修，遂成风行天下之势。

盖钟氏之姓，源有四也：一云出于子姓，为商汤之后；二云来自嬴姓，为钟离氏所改；三云得自子期，为西周昭王恩赐；四云融合羌、畲、满、蒙古诸族而成。东周之钟仪、钟子期，魏晋之钟繇、钟会、钟嵘，唐之钟绍京、钟传，宋之钟相，元之钟嗣成，明之钟惺，清之钟天纬，皆史上著名之钟姓人物也。沿至今日，钟姓人口462万，居全国第56位[6]。诚可谓源远流长、生生不息，群星璀璨、彪炳华夏哉。

唐时，有钟氏文珍公者，池州铜陵人，尝任严陵太守，传为钟氏僎公之七世祖也。僎公者，宋庆历后会稽钟氏宗谱所载之世祖也，始居会稽学前斗鸡场旁，旋迁会稽太平乡[7]。

陶堰南苑钟氏始祖道十二公，僎公之十九世孙也，明嘉靖后自会稽太平乡之球循迁入。裔孙除世居南苑外，尚流布于杭州、绍兴、嘉善、上虞、诸暨、嵊州等地，可谓四海为家，安居乐业。南苑钟氏，宽厚为人，踏实处事，千百年来，亦是英杰菁彦，代不乏人，各类功名，不可胜计，实乃可歌可贺哉。

今有钟氏裔孙、越中乡贤苞竹先生，经世之余，不忘斯文，老当益壮，躬持雅事，承世列太平本支之先，启独列南苑分支之后，立寓意万众富裕之堂名，续钟氏百年未续之宗谱，善莫大焉。

余尝任绍兴县人民政府县长兼绍兴县地方志编纂委员会主任，于县史、县志及家谱之撰修颇多费心，每见有成，即欣喜不已。尤于家谱之编修，寄以厚望，盖谱可传血脉、增亲情、维家族、系民族，构史志、补籍典，知兴替、明得失，扬传统、向未来也。今又一宗谱行将问世，越地添文化新品，中华增和谐因子，岂不快哉。故欣然命笔，乐以为序也。

癸巳年七月初五，星期日，最高气温41℃。冯建荣于会稽投醪河畔寓所。

2013年8月11日，星期日。系为《会稽钟氏宗谱（陶堰分支）》撰写的序言

**注释**

1 《史记·夏本纪》："中国赐土姓：'祗台德先，不距联行。'"意谓舜于九州之内赐给诸侯百官土地和姓氏，并对他们说，要恭敬、和悦，崇尚天子之德为先，不得违抗我的政令。

2 《左传·隐公八年》。

3 甲骨文档案"库"1506，详记"兜"之家谱，计十一世。

4 〔南宋〕郑樵《通志·氏族略·氏族序》。

5 欧阳修创立之横行体例与苏洵创立之直行体例。

6 袁义达、张诚《中国姓氏：群体遗传和人口分布》，华东师范大学出版社2002年版，第499页。

7 后改称浙江省上虞市（今绍兴市上虞区）汤浦镇店下村，2000年汤浦水库蓄水后，成为该库库区。

◇ 花呈富贵吉祥 人重公道正派 俞小兰绘

# 乡愁平水

前几天，绍兴市柯桥区平水副城与平水镇的主政者专程来访，请我为《平水丛书》写个序言，我当即答应了。为什么呢？因为这件事值得写。浅薄如我所知，以一个镇为单位，来编纂出版此类以地域山水自然、历史人文、风情物产为主要内容的鸿篇巨制丛书，不要说在浙江，就算于全国，恐怕也尚未有过。这实在是一件具有开创意义的新鲜事，或可与汉时同乡先贤袁康、吴平撰写《越绝书》而开方志范例，南朝梁时同乡先贤慧皎撰著《高僧传》而创僧传楷则同俦。绍兴真不愧为是一个才人辈出、文化常新的好地方。而我爽快答应的另一个更重要的原因，则是在于平水值得写。这又是为什么呢？

## 一

**平水是稽山精华。**

中华自古多名山，会稽自昔独灿烂。其理由有三：

第一，会稽山最初位列神州九大名山之首、四大镇山之先，是一座首山。《周礼》在以东南、正南等方位排列九州、九山时，首先指出，"东南曰扬州，其山镇曰会稽"[1]。《吕氏春秋》所排九山，依次为"会稽、太山、王屋、首山、太

◇ 平水江

华、岐山、太行、羊肠、孟门"[2]。"四镇，山之重大者，谓扬州之会稽山，青州之沂山，幽州之医巫闾山，冀州之霍山"[3]。

第二，会稽山早就受到华夏先祖的尊崇，是一座祖山。相传黄帝时，尝于此建馆遗谶。"龙瑞宫在（会稽）县东南二十五里，有禹穴及阳明洞天。道家以为黄帝时尝建候神馆于此"[4]。"《吴越春秋》称，覆釜山之中，有金简玉字之书，黄帝之遗谶也"[5]。舜在会稽留下了舜江、舜井等众多地名遗迹，后人建舜王庙等以志纪念。而作为我国历史上第一个大一统王朝——夏王朝的开启者大禹，更是与会稽结下了生死之缘。"八年春，会诸侯于会稽"[6]。"禹朝诸侯之君会稽之上"[7]。"禹封泰山，禅会稽"[8]。"禹东教乎九夷，道死，葬会稽之山"[9]。"禹会诸侯江南，计功而崩，因葬焉，命曰会稽。会稽者，会计也"[10]。

　　第三，会稽山有着悠久的祭祀敕封历史，是一座神山。最早来会稽祭禹的，是夏王启派遣的使者。最早祭祀会稽山神的，是越王句践。当年文种向句践献的"灭吴九术"，第一术便是"尊天事鬼，以求其福"。"祭陵山于会稽，祀水泽于江州"[11]。最早亲祭大禹的帝王是秦始皇。他不远万里"上会稽，祭大禹"[12]，目的正是为了彰显自己一统九州的雄才大略，表明自己君临天下的正统地位。

　　这样的一座首山、祖山、神山——会稽山，屹立于绍兴的中部，耸峙于越城区、柯桥区、诸暨市、嵊州市之间，呈南西—北东走向，长约90公里，宽约30公里，是浦阳江与曹娥江的分水岭，也是全市地形骨架的脊梁。

　　平水居于会稽山脉北麓的位置，自然是集聚了其中的精华。平水南部崇山峻岭，中部丘陵谷地，北部溪河盆地，会稽山的地形在此一应俱全。刻石山、秦望山、若耶山、云门山、

◇日铸岭

赤堇山等，会稽山的支脉在此一脉相连。日铸岭、陶晏岭、驻日岭、驻跸岭、炭灶岭等，会稽山的古岭在此一辞莫赞。"稽山形胜郁岧峣"[13]。"千峰环拱碧周遭"[14]。"千岩竞秀，万壑争流，草木蒙笼其上，若云兴霞蔚"[15]。古人的这些话，正是对平水风光的形象描写。

二

**平水是鉴水之源。**

有青山必有秀水。平水所拥有的会稽山的精华，造就了若耶溪这条千古传颂的河流。她汇集横溪、桃江、稽江等15条小溪流，成了鉴湖诸多水源中，集雨面积最大的一源。《绍兴县志》列出了古鉴湖上游43条主要溪河的集雨面积，其中若耶溪最大，为136.737平方公里[16]，占了369.820平方公里总面积的36.973%；而居第二位的兰亭溪，则只有56.170平方公里，才占了15.188%。

《绍兴县志》同样列出了30个古鉴湖山区地区的集雨面积，其中今平水境内的横溪、上灶等5个点的集雨面积为112.185平方公里[17]，占了419.596平方公里总数的26.736%；5个点的平均集雨面积22.437平方公里，远远高出全部30个点平均集雨面积13.986平方公里。

"问渠哪得清如许，为有源头活水来"[18]。从这个意义上可以说，是平水成就了鉴湖的清澈与浩渺，是若耶水洗净了山会平原盐渍的土壤，是平水和若耶溪使得绍兴成为闻名天下的江南水乡与鱼米之乡。

## 三

**平水是越国故都。**

越国在其两千余年的漫长历史中，先后于今天绍兴市的行政区域内，建过四座都城，分别是嶕岘故都、埤中故都、平阳故都、句践小城与山阴大城——即今之越城，而其中的两座，都建在今天的平水。

先说嶕岘故都。

"帝禹东巡狩，至于会稽而崩"[19]。"启使使以岁时春秋而祭禹于越，立宗庙于南山之上"，"少康恐禹祭之绝祀，乃封其庶子于越，号曰无余"[20]。"越之先君无余，乃禹之世，别封于越，以守禹冢"[21]。"无余初封大越，都秦余望南，千有余岁而至句践"[22]。"无余都，会稽山南故越城是也"[23]。"秦望山，在州城正南，为众峰之杰，陟境便见……山南有岘，岘里有大城，越王无余之旧都也"[24]。"南山有嶕岘，中有大城，越王无余之旧都也"[25]。"秦望山县南三十里……自平地以趣山顶七里，县磴孤危，峭路险绝。山南有嶕岘，岘里有大城，越王无余之旧都"[26]。

这些文献记载，清楚地告诉我们，大禹是越人的祖先，越建国于夏代少康之时，无余是开国之祖，嶕岘是越国首都。从文献所记地形地貌、地名信息遗存来分析，特别是从这些年来当地出土的越国早期印纹陶片、原始瓷片、大型土墩墓等文物遗存来研判，嶕岘大城很有可能就在今平水镇五星村的上塘、下塘一带。孟文镛先生认为，嶕岘大城在会稽山南今平水镇的上塘、下塘一带之说"较为可信"，而葛国庆先生则考证认为就在这一带[27]。

再来说平阳故都。

"越王句践，其先禹之苗裔，而夏后帝少康之庶子也，封于会稽，以奉守禹之祀。文身断发，披草莱而邑焉。后二十余世，至于允常。允常卒，子句践立，是为越王"[28]。公元前494年，吴军攻陷越都埤中，越王句践败退，"栖于会稽"[29]。"会稽山上城者，句践与吴战，大败，栖其中"[30]。

　　清代学者毛奇龄认为，"会稽山上城"，就是会稽山中的平阳。"平阳即平原也。相传，其地在平水之北，以水北曰阳，故名平阳，越王句践尝都之"[31]。今之平水江在清代已有上下游不同之称谓，其上游"平水，在会稽县东南三十五里，镜湖三十六源之一"；其下游"若耶溪，在会稽县南二十五里，樵风泾在焉"[32]。从这一记载的方位来分析，毛公之论当是可信的。另从地形、环境来分析，平阳为会稽山腹地的一个小盆地，西有秦望山，东有化山，背山面水，两侧山冈高隆，宛若天然城墙，具备了以山代城的"会稽山上城"的地理条件[33]。

　　特别值得重视的是，自上个世纪50年代以来，在平阳附近的上灶、中灶、下灶、平水江等地，出土了大量的春秋战国时期的印纹陶罐、坛，釉陶碗、盉、钵、豆、盅，青铜剑、矛、农具等，进一步为此地是平阳故都提供了有力的佐证。

　　在平阳这个前后不过五年的"临时国都"[34]，句践与他的谋臣们做出了议和存越、复苏经济等一系列决定越国命运的重大决策，使越国度过了生死存亡的苦难岁月，为后来的"徙治于山北"，"立霸王之业"[35]，积累了实力与经验。由此看来，平阳实在也称得上是一个转危为安、反败为胜的好地方。

# 四

**平水是人文重镇。**

作为越国的发祥地，平水文物古迹丰富，文化遗产遍地。其特点有二：一是历史久。以青铜冶铸为代表。上灶、中灶、下灶从南到北，一字铺排，南接日铸岭，西傍若耶溪。而今，物非名存，未免使人浮想联翩，当年那种欧冶子热火朝天为越王铸剑的场面，宛若眼前。与"三灶"隔若耶溪相望的平水赤堇山冶铸遗址，更是越国高超的冶铸技术与成熟的铸剑技艺的集中代表。"赤堇之山，破而出锡；若耶之溪，涸而出铜"[36]。"昔欧冶造剑于此山，云涸若耶而采铜，破赤堇而取锡"[37]。"赤堇山在县东三十里，《旧经》云：欧冶子为越王铸剑之所，一名为铸浦山"[38]。这些文献记载与时有出土的青铜剑、矛、矢等兵器和锄、镰、削等工具，证明这里的确是当年越国的一个典型的冶铸工业基地，代表了当时中国最高的青铜剑冶铸水平。

二是影响大。平水不少遗迹具有惊天动地的长远影响。如公元前210年，秦始皇不怕舟车劳顿而"立石刻颂秦德"[39]的事件，便发生在这里。次年，秦二世又"南至会稽，而尽刻始皇所立刻石，石旁著大臣从者名，以彰先帝成功圣德焉"[40]。秦始皇在他的皇帝生涯中，八次外巡，九立刻石，这《会稽刻石》是其中的最后一块，也是最具历史意义的一块，其全文被太史公经过"上会稽，探禹穴"[41]的实地考察后，收录于《史记》当中，元代据旧拓本重新摹刻此碑，现存置于大禹陵内之碑廊。我曾以洋洋万余言，考论该碑的历史地位与作用，认为其"成就了越地的第一美文"、"宣省了越人的风俗习惯"、"树立了我国的书艺丰碑"、"流衍了神州的刻石之风"、

"初成了独特的碑铭文体"[42]。同时，我也以满腔的热情，期待着原碑能够有朝一日，重见天日。

一方水土养育一方人，一方水土吸引四方人，一方水土同样造就和兴旺一方人文。这方钟灵的山水，毓出了东汉时公道正派、仗义执言、为民请命，累任尚书令、大司农、太尉的郑弘等循吏清官；刘大白、李季谷、孙席珍等诗人、教育家、文学家；孙越崎等企业领袖与陈伯平、祝绍周等志士英烈，实在是"鉴湖越台名士乡"[43]的缩影。

有付出总会有回报。得益于鉴湖的回馈，从东晋南朝时起，平水成了南来北往的文人墨客流连忘返的好地方。《全唐诗》的作者有2200多位，而游过若耶溪与平水的，竟达400位左右。南朝梁代诗人王籍的《入若耶溪》，唐代大诗人李白的《送王屋山人魏万还王屋》，北宋宰相王安石的《若耶溪归兴》，南宋诗人陆游的《平水》《湖上今岁游人颇盛作》等，对平水的人文之盛、景观之美，进行了惟妙惟肖的描绘，发出了欣喜若狂的赞叹。明代大文人、史学家朱右游平水云门，写出了《游云门五记》。而其友人、明代文宗、弘文馆学士、太祖朱元璋的"国师"刘伯温游平水，更是写出了《出越城至平水记》等九篇游记，称平水"多美茶"，主人很热情，摆出了"茶、瓜、酒、食"。这里，刘伯温将茶列为待客第一款，正是平水茶叶生产贸易之旺与品饮风情之浓的真实写照。

早在唐代，以平水当年欧冶子为越王一日铸成宝剑而闻名的日铸岭命名的日铸茶，就已被认定为"越州上"中的绝品[44]。其时的平水茶叶，采用蒸青之法，自成一格，谓之团茶，称龙团、凤团，色、香、味俱佳，实乃制茶工艺上的一大突破，成为朝廷贡品。当年任越州刺史兼浙东观察使的元稹，在为好友、杭州刺史白居易的《白氏长庆集》作的序言中写道，他在平水看到学童们在模习他与白居易的诗，用来换茶叶与酒，这从一个侧面证明了平水茶的影响。与此同时，唐时的平水，也已经成为山阴、会稽两邑的茶叶集散地。

宋代时，平水茶叶更加繁荣进步，改蒸青法为炒青法，改团茶为散茶，改碾碎煮为全叶冲泡，完成了中国制茶、饮茶史上的一场革命。陆游在其《安国院试茶》诗中云："只应碧缶苍鹰爪，可压红囊白雪芽。"诗后自注："日铸则越茶矣，不团不饼，而曰炒青，曰苍鹰爪，则撮泡矣。"时人欧阳修《归田录》中云："草茶盛产于两浙，两浙之品，日注（铸）第一。"杨彦令《杨公笔录》中云："会稽日铸岭……茶尤奇，所收绝少，其真牙长寸余，自有麝气。"吴处厚《青箱杂记》中云："越州日铸茶，为江南第一。"高似孙《剡录》中云："会稽山茶，以日铸名天下。"

明代浙江钱塘人许次纾在《茶疏》中，将日铸茶认定为全国五大名茶之一[45]。神宗万历年间（1573—1620），平水输京茶叶年值银3万余两。

清嘉庆年间（1796—1820），平水绿茶出口美国。道光二十二年（1842）五口通商后，平水珠茶改由宁波而趋上海出口。此时，平水已成为会稽、山阴、嵊县、新昌、上虞、诸暨、余姚、余杭八邑的重要茶市。光绪十二年（1886），平水珠茶与杭茶占了全国茶叶出口量221.7万担的20%—25%[46]。宣统三年（1911）《会稽县劝业所报告册》载："茶为吾国出产之大宗，平水绿茶又为吾绍出产之大宗。查平水地属会邑，其所收之茶赅括八县，且远及杭州四乡，而以平水名者，总汇之区，出口之地也。每岁所出，丰歉不同，平均计之，销于外者约20万箱左右，共计880万斤；销于国内者约180万斤。此外，由各茶号拣出之茶梗、筛出之茶片、茶末约140万斤。三项合计，共1200万斤。"平水茶叶声名之佳，平水茶市规模之大，平水茶文化底蕴之深厚，由此可想而知。

<h1 style="text-align:center">五</h1>

**平水是越中佛国。**

东晋南朝时期，会稽成了我国南方与建康（今南京）齐名的佛教中心；隋唐时期，越州佛教空前繁荣；五代十国时期，越州作为吴越国的东府，与杭州一起成为当时中国佛教的中心。而平水佛教在这一历史时期，因为稽山景色引人入胜，若耶风光甲于越中，以致寺庙庵堂云集林立，宗派领袖竞相弘宗，大德高僧层出不穷，帝王将相护持有加，骚客名流吟咏无数，一度成为浙东佛教的传播中心，在绍兴佛教史上扮演了不同寻常的角色，起到了举足轻重的作用，在中国佛教史上也占有着重要的地位。

这里有世人最为心仪向往的云门寺。云门寺的特点有五：

一是建寺较早，先声突人。其原为东晋中书令、王羲之第七子王献之之宅，义熙三年（407），传现五色祥云，遂诏建并赐名，成为会稽较早的佛寺之一。可见一开始，便是非同凡响。

二是帝王注目，持爱有加。南朝梁武帝为表彰王羲之七世孙、第五子徽之后裔智永禅师等，改赐名永欣寺。唐太宗遣御史萧翼从辩才处"以计取""世传宝藏右军《兰亭修禊序》"[47]。唐宣宗大中六年（852），赐号大中拯迷寺。北宋太宗雍熙三年（986），赐名雍熙院。神宗熙宁二年

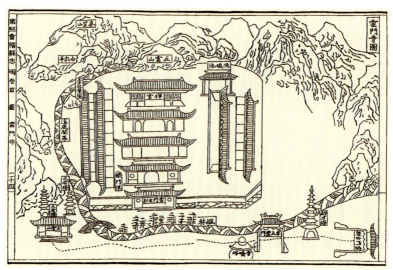

（1069），赐名寿圣寺。南宋高宗绍兴十八年（1148）[48]，高宗御题"传忠广孝之寺"碑额，又题小字"赐传忠广孝寺"，玺文有二：一为"御书之宝"，一为"戊辰"。据此复名云门广孝寺。清世祖顺治十七年（1660），赐帑金五百两。粗略考证，历代赐名题额、给予赏赐的帝王，达十位之多。

三是屡废屡兴，规模庞大。自东晋至隋唐，云门寺几经重修扩建。宋时有地田三百余亩。真宗天禧（1017—1021）中，智图、智瑞大修。仁宗庆历七年（1047）至皇祐元年（1049），造山门。这时的云门寺，"缭山并溪，楼塔重覆，依岩跨壑，金碧飞踊，居之者忘老，寓之者忘归。虽寺中人或旬月不得觌也"[49]。元时，寺分为紫霞、丹井、凝晖、朝阳、长春、云壑、西岩、东隐、东院、东谷、东岩、寂照十二房，推尊宿为主；又择佳处建三庵，分由昙密、善用、允若三人主事，世称"云门三高"。此时的云门寺，实际上已经成为云门寺群，颇有点今天的"企业集团"的味道，云门成了众多寺院的一个总称。明世宗嘉靖十一年（1532），僧法庆于寺内建看竹楼。熹宗天启三年（1623），僧福坤与子敬斋孙王友学等于旧址复建。思宗崇祯三年（1630），寺内立高1.53米、宽0.73米之《募修云门寺疏碑》，文为王思仁仿《圣教序》体例而作，记述云门寺地理环境及募修经过，碑下端有范允临、董其昌、陈继儒题识及董象蒙跋语。1987年7月24日，绍兴县人民政府将其列为重点文物保护单位。现碑尚存于寺内。清顺治间，修建寺塔。

四是高僧云集，三教相融。云门寺一经诞生，便引得四方高僧纷至沓来。高僧帛道猷居寺十数年，与"九州都维那"、般若学幻化宗创立者竺道壹为友，"一吟一咏，有濠上风"，自谓在若耶溪畔、云门山中，"得优游山林之下，纵心孔、释之书，触兴为诗，陵峰采药，服饵蠲疴，乐有余也"[50]。支遁尝住持云门，两次应东晋哀帝之邀赴京师建康讲法，著述甚丰，尤倡"即色本空"之义，为般若学即色宗创立人。高僧洪偃尝住云门，时人称其貌、义、诗、书"四绝"，为南朝梁武帝、简文帝及陈文帝所重，著《成实论》数十卷，弘传成实宗。何胤以会稽山多灵异，往游焉，居若耶山云门寺[51]。智永居寺三十年。

唐时，禅宗慧能说法曹溪时，弟子、云门寺高僧善现住持事之。昙一住持云门，一生讲《四分律》35遍，《删补钞》20余遍，设坛度僧近10万人，云门一度成为般若学幻化宗的传播中心。律宗高僧灵一、灵澈相继主寺，群贤毕至。灵澈讲经不倦，门徒环立如市，于此撰成《律宗引源》二十卷。

明末，圆信游若耶溪、秦望山，瞥见"古云门"三字，豁然开悟，遂卓锡而居，大阐宗风。思宗崇祯十一年（1638），会稽籍高僧弘礼居此，刀耕火种，有古德风，著语录三十卷。湛然圆澄禅师时，云门寺法席大振，威震江南，成为曹洞宗中兴道场，势力与临济宗的天台一系相颉颃，有门人明凡录，丁元公、祁骏佳编之《云门湛然澄禅师语录》等行世。湛然门下出石雨（明方）、三宣（明盂）、瑞白（明雪），"三明"门下亦皆禅宿高僧，均有语录行世。明末云门寺另一住持杉木祖师（原名段兰公），曾去日本弘法三十年之久，为中日佛教交流建立了良好基础。

云门寺不仅集中了历代有影响的大德高僧，也同样吸引了四面八方的文人墨客与士大夫们。

云门寺旁的若耶溪，被道家称为七十二福地之一，排行十七。葛玄、葛洪在云门寺附近留下了炼丹井、炼丹石。

在唐代，到访云门寺的诗人有李白、杜甫、白居易、孟浩然、杜牧、宋之问、崔颢、方干、元稹、韦应物、王维、贺知章等，直接咏及云门的诗作达50余首。"初唐四杰"之一的王勃，更是两次偕同友人修禊云门，留下了《修禊云门献之山亭序》《越州秋日宴山亭序》两篇美文。

宋代，云门仍为文人所重，范仲淹、苏东坡、王安石、欧阳修、辛弃疾、柳永、晏殊等，均访谒过云门寺，并留下佳作。陆游年少时尝于此读书，至今仍有"云门草堂"遗址，直接以云门寺为题的诗有22首。

明代，刘伯温、徐渭、董其昌、刘宗周等留下了不少赞美云门寺的不朽诗文；状元张元忭等辑成了《云门志》五卷；陈洪绶、祁豸佳等十大名人在明亡之后，出家云门，结成了"十子社"。寺僧曾特在寺前建立碑林，名曰"丽句亭"，留下了这些大诗人、大文人的佳作。

云门寺俨然成了千年文人之大客栈，万数游者之大驿站。寺僧们也崇尚咏吟，表达禅意。灵澈从严维学诗，与诗人刘长卿、皇甫曾倾心相交，同诗僧皎然一见如故。他们在这里相会、相友、相歌，谈玄、谈佛、

◇云门寺

谈道，为佛教的中国化、道教的世俗化和儒教的正统化，并进而为儒、释、道三教的融合，最终形成以儒家思想为主体，兼容释、道思想的中华传统文化，起到了历史性的促进作用；为我国山水诗、山水画在江南的首先诞生，起到了历史性的催化作用；为"唐诗之路"的开辟、禅诗之体的形成、诗歌题材与意境的创新，起到了历史性的推动作用。

五是书坛影响，仅次兰亭。这里是王氏书法的重要传承地。王献之尝隐居于此，至今尚存的一泓清泉，传说是他的"洗砚池"。智永驻寺临书，留下了"铁门限"、"退笔冢"

等佳话。其兄子孝宾于此出家，法号惠欣。梁武帝因赏叔侄之才而各取一字，改赐寺门曰永欣。智永与弟子智果皆以书名，隋炀帝称赞智永得右军肉，智果得右军骨。智永于云门寺临成周兴嗣按梁武帝之命、取王羲之书拓一千字编次而成的蒙学教材——《真草千字文》八百余本，分施浙东诸寺，极大地弘扬了王氏书风。

云门寺还是虞世南向智永学习书法的地方。史载"同郡沙门智永善王羲之书，世南师焉，妙得其体，由是名声籍甚"[52]。"释智永善书得王羲之法，世南往师焉。于是专心不懈，妙得其体，晚年正书遂与王羲之相先后"[53]。虞世南由此而成为"初唐四家"之一，并成了唐太宗的书法老师。"太宗力学右军不能至，复学虞行书"[54]。"太宗乃以书师世南"[55]。可见，唐太宗的书法及对王羲之书法的爱好以至极致追捧，是与虞世南紧密相关的。

云门寺更是《兰亭集序》真正进入世人视野之地。唐太宗命萧翼计取《兰亭集序》，使得这一"天下第一行书"的真迹，惊现于世，也使得后人看到了初唐时直接临摹的《兰亭集序》。遗憾的是，此后真迹一直销声匿迹，至今仍无音信。

云门寺在越中佛教史上至高无上的地位，还可以从古人与今人的记载中得到印证。中华书局1999年出版的《绍兴县志》第三册第三十八编《宗教》，收录了清康熙《会稽县志》中两个寺的三幅图，其中一寺两图便是关于云门寺的。浙江人民出版社1996年出版的《绍兴市志》第五册卷四十二《宗教》，收录了明万历《绍兴府志》中的一寺一观图，其中一寺图便是云门寺。浙江人民出版社2003年出版的《绍兴佛教志》第一章《寺院》，收录了清康熙《会稽县志》中的两寺四图，其中一寺三图是云门寺的。这就说明，云门寺的地位是无可质疑与争辩的。

然而，这样的一座名刹，至今仍湮于榛莽，仅见几间近年来修建的小小寺舍，实在是一件遗憾的事情。我曾于今年4月22日，偕同友人娄国忠、阮建康访谒云门寺遗址，作《访云门寺遗址即事》诗三首，今录于此。

诗之一：献之故宅罩五彩，安帝特诏把名改。退笔成冢户限穿，智永临书三十载。圣序曾经长眠此，萧翼奉命赚辩才。王勃修禊仿兰亭，四方士人纷纷来。

诗之二：云门遗址何处寻，越国故都寺前村。当年辉煌闻天下，而今冷清剩烟尘。三教相融无门户，千年不变是人文。借问东风何时来，老牛春耕正精神。

诗之三：缭山并溪覆楼台，依岩跨壑踊金辉。十帝诏赐又题匾，千诗吟咏难释怀。趋之若鹜接踵至，安之若素忘老归。今日尚和正成风，但待云门早重开。

我想，云门重开这一天是一定会到来的。

平水还有越中最为神秘奇特的平阳寺。平阳寺的神奇，主要表现在三个方面：

一是朝廷赏赍优隆，迥非可及。临济宗禅师道忞（1596—1674），字木陈，号木陈老人，晚号梦隐，俗姓林，广东潮阳人。明熹宗天启二年（1622），从憨山德清受具足戒。思宗崇祯十六年（1643）继席天童。尝住绍兴大能仁寺等。清顺治十六年（1659）冬，"奉召入京，进见于万善殿。传谕，免礼赐坐，慰劳叙谭毕，即谕万善憨忠广济三处结冬。帝亲至方丈问法"；"十七年（1660），道忞还山，帝亲送出北门，赐号宏觉禅师"[56]。康熙五年（1666）[57]，奉敕

◇ 平阳寺

在会稽化鹿山平阳兴福观旧址，创平阳寺，建阁七楹，殿宇、僧舍规模宏壮，甲于云门诸刹。殿后为奎焕楼，藏康熙御赐宸章[58]。康熙四十四年（1705），南巡至此，赐额"传灯寺"，并题"名香清梵"一额，又和硕亲王题"拈花正教"一额。康熙五十二年（1713），又赐御书《金刚经》一部，藏于寺后奎焕楼。乾隆五十年（1785），奉颁《大云》《轮祷》两经。如此优待，真是迥非他寺可及。

二是寺之规模宝物，无可匹敌。全寺原占地面积近两万平方米，殿及疗舍近百间，寺地产两千余亩；有长联："庵传积翠，法南老之归休，楼建七楹，檐高八尺，草鞋不用袈裟裹，瀛得闲眠白昼，掠汉还怜红日速；锡指天台，师吾翁之勇退，蓝拖千嶂，月浸一溪，木杓懒将赤手提，从教纵目云霄，卷帘长把好山呼"，署"康熙壬子（1672）季夏宏觉忞老人

题"。另有觉宏禅师血书《法华经》及康熙南巡时御赐禅师之田黄钵、红绸袈裟各一，时人谓之"平阳三宝"。民国三十年（1941）绍兴沦陷前，国民党浙东行署主任杜伟将"平阳三宝"移至天台国清寺收藏。今寺内尚存宏觉禅师圆寂荷花缸，上刻"传临济宗三十一世，平阳开山第一代敕封宏觉国师之塔"字样。宏觉后，本昼、超乘、曼香等继主丈席，声动海内，四远景仰。晚清时，尚有僧百余人。寺另有外经两米余、重约两吨之千人锅及重约3吨、铸有经文之大钟各一，惜均于1958年大炼钢铁时熔毁。

三是其中诸多谜团，令人费解。其一，是清廷如此优隆之谜。

其二，是顺治帝游居之谜。"按绍兴父老祖辈相传，顺治帝出家后，南游至平阳寺居焉，其事虽不见有何志书记载，惟康熙帝两次南巡均止平阳而返，传者谓省亲，道忞联中'归休'、'勇退'显有所指，且顺治御像艺术尤精，非山乡寺院能办，可知古老的传说良非无因"[59]。2010年9月12日，著名清史专家阎崇年先生来绍讲学时，我曾就此传说请教于他。阎先生表示，根据目前的研究结果，顺治帝死于天花，当可作为定论；出家南游，尝居平阳之说，目前尚未见之于正史、方志；但他同时表示，很有兴趣去平阳寺实地看看。只可惜，先生那次行程早已排定而未能成行。

其三，为无尘之谜。平阳寺因清末至民国时期年久失修，到建国初，仅存藏经楼。为何其他殿舍倾圮，独存此楼？这本身就是一谜。尤为称奇的是，藏经楼建造逾三百余年，却至今并无尘埃，洁净如洗。更何妨1951年寺内停止宗教活动后，尚作过茶厂之用。我曾在近十余年间，几次访谒，见其一直一尘不染，墙角、屋顶无蛛网，亦无鸟雀及巢穴，中间栋柱虽已有裂缝，但手指伸去，同样没有尘埃。记得2007年春登平阳山，访平阳寺，曾作上联："平阳山下平阳寺，无尘殿上无尘人"，求请同行友人同作下联，竟数年不得。直至2011年6月18日，应邀去参加上虞大舜庙重光典礼时，忽有所悟，对出下联："曹娥江边曹娥庙，孝敬乡里孝敬人"，与没过几天好友妙华居士书赠于我的此联一字不差，真是舜德神灵感应。有人分析，无尘的原因，是所用建筑材料中有一种散溢异芳之香木，鸟雀、昆虫嗅之即避；或谓楼宇结构科学，以至空气易流通，蛛网不能结，灰尘无法留。更有甚者，传楼藏皇帝所赐吸尘宝珠。2007年，当时的绍兴县平水镇人民政府准备规划重修平阳寺之大雄宝殿时，我曾要求他们与县宗教主管部门一起，好好研究该寺历史及无尘之谜，妥善保护藏经楼及周边环境，以不损害该楼现状、不影响该楼安全、不形成对该楼喧宾夺主的影响为前提，来进行科学的规划与建设。今年4月22日，我再访该寺，见大雄宝殿已巍然而成，便欣然为妙东法师题写"平阳重光，无尘辉煌"八字，以志庆贺。其实，世界上的许多谜，并不一定非要去揭开它。因为谜，事物才更能够迷人。因为谜，事物才更值得迷恋。平阳寺之谜，不正是如此吗？

## 六

在《平水丛书》付梓出版之际，断断续续、啰啰嗦嗦写了那么多，以表达我对这件好事的欢呼祝贺之情与对平水这一方风水宝地的由衷热爱之情。

我相信，当读者诸君读了这套丛书之后，对平水的热爱之情，也是一定会油然而生的。其实，平水作为稽山精华、鉴水之源，作为越人故乡、越国故都，作为文化重镇、越中佛国，不正是充满乡愁的人们虽不能至、心向往之的人间乐土、一方净土吗？！也不正是值得陀螺般工作的人们趋之若鹜、安之若素的休闲胜地、养生福地吗？！

再过一天，人类又将开始新的一年。辞旧迎新，继往开来。这是何其神圣的历史时刻与历史使命。其实，如果放到历史的长河中来看，一个人，一代人，同样也是在特定的历史时刻，承担这种神圣的历史使命。而这种使命的真谛，便是使生活更加美满，让明天更加美好。人类文明，正是在这种历史的担当与期待中，发展与演进的。新年新气象。我衷心地祝愿，平水的明天更好！人们的明天更好！

2013年12月30日晚成稿于越城之投醪河畔。系为邢玉清主编，西泠印社出版社2014年4月出版的《平水丛书》撰写的序言

## 注释

1　《周礼·夏官·职方》。

2　《吕氏春秋·有始览》。

3　《周礼·春官·大司乐》。

4　38〔宋〕嘉泰《会稽志》。

5　24《水经注·浙江水》。

6　《竹书纪年》卷上。

7　《韩非子·饰邪》。

8　《史记·封禅书》。

9　《墨子·节葬》下。

10　19《史记·夏本纪》。

11　《吴越春秋·句践阴谋外传》。

12　39　40《史记·秦始皇本纪》。

13　〔清〕朱彝尊《南镇》，《晚晴簃诗汇》卷四十四。

14　〔清〕孟瑴《南镇松涛》，《笋庄诗草》。

15　〔南朝·宋〕刘义庆《世说新语·言语》。

16　17　46《绍兴县志》，中华书局1999年版，第一册第454页、455页，第二册884页。

18　〔宋〕朱熹《观书有感》，《朱文公集》。

20　《吴越春秋·越王无余外传》。

21　22　30《越绝书·记地传》。

23　《史记·越王句践世家·正义》引《越绝书》。

25　〔清〕康熙《会稽县志》引《太平御览》。

26　〔清〕嘉庆《山阴县志》卷二。

27　孟文镛《越国史稿》，中国社会科学出版社2010年版，第150—153页。葛国庆《越国故都嶕岘大城今地考》，《越文化国际学术研讨会论文集》，浙江古籍出版社2006年版。

28　29《史记·越王句践世家》。

31　〔清〕毛奇龄《重修平阳寺大殿募疏序》，《西河文集》卷十六。

32　《越中杂识》，浙江人民出版社1983年版，第6页。

33　方杰主编《越国文化》，上海社会科学院出版社1998年版，第151页。

34　孟文镛《越国史稿》，中国社会科学出版社2010年版，第226页。

35　《吴越春秋·句践归国外传》。

36　《越绝书·记宝剑》。

37　《太平寰宇记》卷九十六引孔晔《会稽记》。

41 《史记·太史公自序》。

42 《秦〈会稽刻石〉考论》拙序，魏阳林主编，西泠印社出版社2011年版。

43 毛泽东《纪念鲁迅80周年寿辰·七绝二首》，《人民日报》1996年9月20日。

44 〔唐〕陆羽《茶经》。

45 〔明〕许次纾《茶疏》，《四库全书总目提要》卷一百十六。

47 〔元〕虞集《云门广孝寺记》，明万历《会稽志》卷十六。

48 《绍兴佛教志》，浙江人民出版社2003年版，第30页。中华书局1999
年版《绍兴县志》第三册 第1822页，载为"绍兴十四年（1144）"。
从玺文"戊辰"判断，县志所记误。

49 〔南宋〕陆游《云门寿圣院记》，《渭南文集》卷十七。

50 〔南朝·梁〕释慧皎《高僧传》。

51 《南史·何尚之传附何胤传》。

52 《旧唐书·虞世南传》。

53 55 〔宋〕《宣和书谱》。

54 〔宋〕米芾《书史》。

56 蒋维乔《中国佛教史》，上海古籍出版社2007版，第238页。

57 《绍兴佛教志》，浙江人民出版社2003年版，第27页。中华书局1999
年版《绍兴县志》第三册第1826页，浙江人民出版社1996年版《绍兴
市志》第五册第2935页，均作康熙七年（1668）。

58 《绍兴佛教志》，浙江人民出版社2003年版，第27页。中华书局1999
年版《绍兴县志》第三册第1826页，浙江人民出版社1996年版《绍兴
市志》第五册第2935页，均作清世祖顺治御赐。

59 朱关甫编著《绍兴宗教——地方宗教文化研究》，天津社会科学院出
版社1999年版，第40页。

# 让青铜文物活起来

习近平总书记今年3月27日《在联合国教科文组织总部的演讲》中提出，要"让收藏在博物馆里的文物、陈列在广阔大地上的遗产、书写在古籍里的文字都活起来，让中华文明同世界各国人民创造的丰富多彩的文明一道，为人类提供正确的精神指引和强大的精神动力"。习总书记的话，为文物工作，为推动中华文明的创造性转化和创新性发展，指明了方向。我们的任务，就是要让青铜文物中蕴藏的精神鲜活起来，让更多的人去领略其中包含的人文精神。

让青铜文物活起来，需要进一步加强收藏工作。自古以来，收藏、品鉴青铜文物，是上至皇室朝臣、下至黎民百姓，特别是文人、士大夫的一大传统。当今中国，国泰民安，更是应当让这一传统成为一种制度，成为一种风尚，成为一种自觉，以此来不断地壮大青铜器的收藏者队伍。收藏工作应当依法、理性、务实，反对无序考古发掘，反对违法盗墓挖掘，反对纯粹炒作买卖。

让青铜文物活起来，需要进一步加强展览工作。收藏不是为了永远雪藏，不是为了秘不示人，而是应当经常地让这些漂亮的"媳妇"，与人民大众这个"婆婆"亲密接触；让这些

◇ 枝乐铜屋

"旧时王谢堂前燕"，也能够"飞入寻常百姓'眼'"；让社会公众在参观展览的过程中，接受传统文化、人类文明的熏陶。这就要求不断创新展览方式，提高展览水平，重组藏品，优化陈列，进行经常性、不间断的展示。在此基础上，积极创造条件，建设中国青铜文物的"卢浮宫"。

让青铜文物活起来，需要进一步加强研究工作。研究的目的，是为了更好地弘扬青铜文化。在我看来，青铜器与青铜镜作为文物，是人类文脉的脉搏，标志着人类生命的延续；是人类文化的化身，象征着人类心灵的归宿；是人类文明的明灯，指引着人类前行的方向。她能告诉今天的人们，自己从何而来，为何而来，向何处去。这是真正意义上的知"来龙"而明

"去脉"，也是青铜文物永垂不朽的真正原因之所在、永恒魅力之所在。

华夏文明史久远，精微铜镜溯源流。玄光何止正衣冠，文饰依稀纪春秋。富贵吉祥人长乐，避邪镇宅居无忧。神兽龙虎蕴越地，画像规矩鉴沉浮。

我的家乡绍兴，是我国较早生产青铜镜的地区之一，也是我国最重要的青铜镜生产地之一。以画像、神兽、龙虎镜为代表的会稽镜，在我国青铜镜的发展史上，独放异彩，独领风骚。因此，进一步把青铜镜的收藏工作、展览工作、研究工作做好，让青铜文物更好地活起来，同样是绍兴人荣耀无比的荣幸、义不容辞的义务、责无旁贷的责任。

2014年5月17日。系在"中国青铜文化研究——洛阳论坛"上的发言节录

# 方兴未艾

　　朱君勇方者，书法故乡浙江绍兴人也。幼敏好学，乡间邻里享誉。少益喜书，同学老师刮目。及长，尤得碑帖精华，遂"一发而不可收"。

　　君之钟情于书，概与越地书风相关。公元前210年，李斯随秦始皇"上会稽，祭大禹，望于南海，而立石刻颂秦德"[1]，后谓《会稽刻石》，文录《史记》当中，碑存禹陵廊道，越地书风由是而生。东晋永和九年（353），王右军与友人相会兰亭，畅叙幽情，曲水流觞，挥成《兰亭集序》，后称"天下第一行书"，越地书风由是弥漫。兹后，越地名士辈出，人文荟萃，翰墨飘香，书风长盛不衰。及至当代，书乡传人依旧络绎不绝。君生长于斯，耳濡目染，加以刻苦勤奋，终成其中之佼佼者也。

　　朱君之书，尤以小楷见擅，笔短意长、气清骨朗，灵动活泼、雅逸可人，神采飞扬、生意盎然，为寻常同辈所难敌。此一佼佼也。其行书、草书亦独有韵味，于行云流水中，洋清新雅致、质朴雄浑之性，溢放浪纵肆、优游惬意之情，已然别出心裁，自成一体。此二佼佼也。君博闻广记，博采众长，师古创新，推陈出新，落笔即飘书卷之气，每书即蕴人文之华，远非一般书家所能及。此三佼佼也。君之于人，真、善、美，待人以真，与人为善，成人之美；君之于事，正、清、和，为事公正，处事澄清，理事中和。故而，"永和会"中，常高朋满座，群贤毕至；"越社"之内，总鸿儒如云，少长咸集。书如其人、书人合一，书如其事、书事交融，境界堪居常人之上。此四佼佼也。近墨者"朱"、近"朱"者墨，春风化雨、润物无声。君之书佳，其妻其女自不甘居后。闲暇之时，妻临夫摹，红袖添香，不亦快哉；父教女学，举家盈欢，不亦乐乎。夫古之书家，多由世家。今朱君之家，"小荷才露尖尖角"[2]。此五佼佼也。

昔闻东汉时，太中大夫陈韪尝讽孔文举，谓其"小时了了，大未必佳"[3]。所幸未被言中。孔公之能诗善文，已为世所公认。然后人仍时以此语贬人，实乃一概而论之误也。君正当盛年，方兴未艾，以今日之了了，保持谦逊谨慎、虚怀若谷、好学不倦、勇猛精进之本色，必当前途无量、大而更佳、增辉书乡、添彩书界。

是为序。

会稽冯建荣，甲午年端午前一日于投醪河畔。

2014年6月1日，星期日。系为朱勇方编著，西泠印社出版社2014年9月出版的《近墨者朱——朱勇方的书法生活》撰写的序言

## 注释

1 《史记·秦始皇本纪》。

2 〔宋〕杨万里《小池》。

3 〔南朝·宋〕刘义庆《世说新语·言语》。

# 从鸟图腾到鸟图鉴

一

鸟类是地球上出现最早、历史最久的动物之一，也是人类最初生、最普遍、最重要的图腾之一。

中华民族形成时期的重要图腾，便是鸟。

远古时期，黄河下游的少昊部落，就以鸟为图腾。

新石器时代，最引人注目的艺术之一的彩陶上面，就有鸟纹。

殷商的图腾，也是鸟。"天命玄鸟，降而生商"[1]；"殷契，母曰简狄……三人行浴，见玄鸟堕其卵，简狄取吞之，因孕生契"[2]。"凤是玄鸟，是殷民族的图腾"[3]，是殷代"文化的形象化"；"麟、凤、龟、龙，谓之四灵"[4]，就是说，凤是中华先祖的四大图腾之一。

二

鸟图腾最有代表性的，是为中华民族的形成、中华文明的发展作出了重大贡献的于越族。于越是远古时期便已生活在太湖和钱塘江流域，后来以会稽为中心建立了国家，至春秋末年越王句践成为霸主时，达到了发展高峰的古老民族。

越人以鸟为图腾，文献有大量记载。

越人对鸟的崇拜，写入了先秦文献与儒家经典。"禹别九州，随山浚川，任土作贡……淮海惟扬州……厥贡惟金三品，瑶、琨、篠、簜、齿、革、羽、毛、惟木"[5]，说明大禹时，属于扬州的越地，将神圣的鸟羽作为贡品。"东南曰扬州，其山镇曰会稽……其畜宜鸟兽"[6]；"东南曰扬州，其山镇曰会稽……其畜宜鸡狗鸟兽"[7]。鸟的地位由此可见。

有关"鸟田"的大量记载，最能说明越人对鸟的图腾崇拜。大禹在越地治水巡狩时，"教民鸟田，一盛一衰"，"大越海滨之民，独以鸟田，大小有差，进退有行，莫将自使"[8]。大禹在世时，"凤凰栖于树，鸾鸟巢于侧，麒麟步于庭，百鸟佃于泽"。"禹崩之后，众瑞并去。天美禹德而劳其功，使百鸟还为民田，大小有差，进退有行，一盛一衰，往来有常"[9]。"昔大禹即位，十年，东巡狩，崩于会稽，因而葬之。有鸟来，为之耘，春拔草根，秋啄其秽，是以县官禁民，不得妄害此鸟，犯则刑无赦"[10]。

这种"鸟田"，一直到了大禹的第六世孙时，还继续存在并发挥作用。"禹以下六世而得帝少康。少康恐禹祭之绝祀，乃封其庶子于越，号曰无余。余始受封，人民山居，虽有鸟田之利，租贡才给家庙祭祀之费"，即以"鸟田之利"，保障了"祭祀之费"[11]。

无余传世十余代后的无壬时，"复夏王之祭，安集鸟田之瑞，以为百姓请命"[12]。显然，越人视鸟为祥瑞，将鸟看成是上天派降福人的神灵，加以崇拜。

对于"鸟田"究竟是怎么回事，东汉时王充就已经给出了科学的解释。"雁鹄集于会稽，去避碣石之寒，来遭民田之毕，蹈履民田，喙食草粮，粮尽索食，春雨适作，避热北去，复之碣石"[13]。"会稽众鸟所居"[14]。可见，这其实是一种至今仍然南来北往的候鸟。不管怎么样，"鸟田"说明了当时越地良好的生态环境，说明了鸟在越人心目中的神奇地位与作用，这或许是鸟对崇拜它的越人的一种善有善报吧。

春秋时期，越人仍以鸟为图腾。越王句践"长颈鸟喙"[15]。在常人看来，身为国君，一付鸟相，很不得体，但越人却以此为荣，引以为傲。不仅如此，"越王入国，有丹鸟夹王而飞，故句践之霸业。越望鸟台，言丹鸟之异也"[16]。"越王入吴时，有鸟夹王而飞，以为瑞也。因筑望鸟台，属山阴"[17]。"越王入国，有丹鸟夹王而飞，故句践起望鸟台，以纪其瑞"[18]。句践既有鸟相，又有丹鸟之瑞，甚至筑望鸟之台，可见越人对鸟的崇拜之深。

晋时的会稽，"山有金木鸟兽之殷，水有鱼盐珠蚌之饶。海岳精液，善生俊异"[19]，说明鸟与万物、人与万物的和谐相处。有个成语，叫做"越鸟南栖"[20]，说的是从越地飞来的鸟，巢总是筑在南边的树枝上，这大概是越鸟留恋、难忘故乡良好的生态环境吧。

## 三

越人以鸟为图腾，考古有经常发现。

在距今六七千年前的河姆渡遗址中，发现了61种动物遗骨，其中包括鸟类[21]；特别是出土了一批雕刻或堆塑鸟图像的器物，质料有象牙、骨、木和陶等，其中包括双鸟朝阳（一说双鸟朝卵）纹象牙雕刻蝶形器一件、圆雕象牙鸟形匕五件、连体双鸟纹和钻刻鸟纹骨匕各一件、堆塑双飞燕器盖一件、木雕鸟形蝶形器二件。这些"河姆渡鸟形器……与他们的信仰图腾是分不开的"[22]。"就制作精细的双鸟朝阳象牙雕刻蝶形器、圆雕象牙鸟形匕、连体双鸟纹匕骨等等，均足以表明鸟是河姆渡人的图腾崇拜"[23]。

距今四五千年前的良渚文化先民，也以鸟为图腾。1986年，杭州余杭反山良渚文化墓地中发掘出大批玉器，其中的四件玉琮、玉钺和三叉形冠状饰物上，均雕有鸟图形；另外还有四件则直接就是玉雕鸟。1987年，余杭瑶山良渚文化祭坛遗址中也出土了玉雕鸟；在冠状饰物的神兽合体图像的两侧，也发现了雕有鸟的图案。另外，宁波奉化茗山良渚文化遗址出土的黑皮陶豆上的细刻鸟头蛇身和鸟纹，嘉兴吴兴钱山漾良渚文化遗址出土的陶刀上的鸟纹，余杭庙前良渚文化遗址出土的陶壶上的双头鸟首和盘绕的蛇身图案，舟山白泉良渚文化遗址出土的鸟形盉，都证明了良渚人对鸟的图腾崇拜。

越国时期盛行鸟崇拜，也有考古为证。1982年，绍兴坡塘狮子山西麓的绍兴306号越国墓中，出土了一座铜质房屋模型，屋顶立一7厘米高的八棱形柱，柱顶塑一大尾鸠。"这个铜房屋模型，应是越族专门用作祭礼的庙堂建筑的模型"，"屋顶有图腾柱，柱端蹲一鸟，应是某种鸟图腾的象征"[24]。1976年，宁波鄞县甲村石秃头出土一件春秋战国时期的铜钺，正面有四个鸟首人身的泛舟图案。1990年，绍兴漓渚中庄村坝头山北坡出土一件青铜鸠杖，杖首顶端立一短喙、昂首、翘尾、展翅的大尾鸠。另外，今绍兴市柯桥、上虞等处出土的春秋战国原始青瓷鐎盉钮上，也均有昂首挺立的飞鸟。

越人鸟图腾崇拜的影响，在汉晋文物上也有反映。在今绍兴市上虞、柯桥，宁波市余姚，杭州市富阳等地出土的汉晋青釉陶器上，大多见有鸟纹装饰。1984年，上虞蒿坝严村凤凰山出土的西晋青瓷谷仓罐，堆塑有众多飞鸟。上虞还出土有西晋鸟形青瓷杯。

## 四

越人以鸟为图腾，文字有确凿证明。

古代越族有没有文字，是什么样的文字，文献缺乏记载。后来在越地青铜器上发现了一种叫"鸟书"的特殊文字，被认为是春秋战国时越人使用的文字。这方面的研究成果，代表性的，有容庚的《鸟书考》[25]、马国权的《蛇虫书论稿》[26]、曹锦炎的《鸟虫书通考》[27]、王士伦的《越国鸟图腾与鸟崇拜的若干问题》[28]等。

"鸟书"有多种称法。"秦书有八体……四曰虫书"[29]；新莽"时有六书……六曰鸟虫书"[30]；"上文四曰虫书，此曰鸟虫书，谓其像鸟或像虫，鸟亦称羽虫也"[31]。上古时代，"虫"的含义一度很广，包括了鸟在内的所有动物，所以这三种称法，实际上是一回事。"鸟书"又称"鸟篆"，汉灵帝"本颇以经学相招，后诸为尺牍及工书鸟篆者，皆加引召"[32]。

"鸟虫书主要流行于长江中下游地区，影响波及中原一带。以先秦国别而言，见于越、吴、蔡、楚、曾、宋、齐、徐等国"[33]，其中以越国青铜器、石器上出现的鸟虫书为最丰富、最多样。目前已经出土发现的鸟虫书器物共131件，其中越国60件，占53%；其他依次为楚国34件、蔡国19件、吴国9件、曾国5件、宋国3件、徐国1件[34]。特别是越国兵器上的铭文，全部都是鸟虫书；而礼器上的鸟虫书铭文，更是迄今仅见于越国。所以，越国是鸟虫书最为发达与流传的地区，充分表明了越人对这种文字的情有独钟。

鸟虫书带有明显的艺术装饰性质。"到了春秋末年，特别是南方的吴、越、蔡、楚诸国，竟出现了与绘画同样的字体，或在笔画上加些圆点，或者故作波折，或者在应有字画之外附加以鸟形之类为装饰"[35]。"中国以文字为艺术品之习尚，当自此始"[36]。所以，可以说"鸟虫书"实际上是以篆书为基础，仿照鸟的形状施以笔画而写成的艺术性、美术化字体。这是越人对中国古代文化的一大贡献，充分展示了越人的爱美之心与创造精神。从这个意义上，我们可以说，中国文字从单纯的记事工具变为多彩的书写艺术，是由越人首创的，是从越地开始的；因而我们也可以说，越地是中国书法艺术的故乡。

鸟虫书还具有"书幡信"的作用。"鸟虫书，所以书幡信也"[37]；"鸟书，所以书幡信也"[38]；"书幡谓书旗帜，书信为书符节"[39]。大概是由于鸟虫书盘曲、繁复的笔法字体，难以作伪，所以被用在传达命令和出入门关的凭证上。

鸟虫书大体上流行于越国兴起和强盛时的二百年间。它在越地的衰落与停用，或许与秦始皇一统天下后"书同文字"[40]的决策有关。特别是"三十七年（前210）十月癸丑，始皇出游……上会稽，祭大禹，望于南海，而立石刻颂秦德"[41]，无疑对中央政府加强对越地的管控，促进越文化与中原文化的融合，起到了极大的作用。

越人对鸟虫书的钟爱，正是鸟图腾崇拜的生动而又具体的体现。

## 五

人类在图腾崇拜、珍惜爱护鸟类的同时，对鸟类的不怀好意、打击伤害，也是自古以来的事。

早在人类的起步阶段，先人们为了获得食物，便产生了最原始的狩猎行为。这一方面，是用来直接食用的，以解决眼前的饥饿问题；另一方面，是用来饲养繁衍的，以解决来日的温饱问题。毕竟"人以食为天"、"食以肉为上"，是人类先天就获得的本能与常识。中国的家养动物最早出现在距今10000年左右，"六畜"[42]一词的出现也已经有了2600多年的历史。

如果说古老的捕猎行为还不至于把鸟类斩尽杀绝的话，那么伴随着产业革命而来、人类用现代科技手段破坏自己的生存环境的行为，真的已经使鸟类处于满门抄斩、灭顶之灾的危急境地。

现代环保运动的先驱、美国学者蕾切尔·卡森1962年出版的名著《寂静的春天》，正是在这方面向人类发出的第一声警报。书中写道，"如今在美国，越来越多的地方已没有鸟儿飞来报春；清晨早起，原来到处可以听到鸟儿的美妙歌声，而现在却只有异常的寂静。鸟儿的歌声竟然沉寂了，鸟儿给予我们这个世界的色彩、美丽和乐趣也在消失，这些变化来得如此迅速而悄然，以至在那些尚未受到影响的地区的人们还未注意到这些变化。"[43]

# 六

鸟类碰到的生存问题，人类也已经碰到了。如果把地球的年龄变成是24小时的话，那人类的出现只相当于1分钟，而工业革命以来的时间还不足1秒。然而，就是在这短暂的1秒钟当中，人类极大地改变了地球的面貌：全球森林已减少一半，不可再生的煤炭、石油等自然资源被大规模、快速度消耗，气候变化正成为现实的威胁，水资源短缺影响着全球40%的人口，大量污染物排放使得今天的地球净土难寻。

现在，我们已经完全可以说，如果卡森在书中讲的还只是化学助剂，主要是农药，特别是杀虫剂对环境的污染问题的话，那么事实上，人类长期肆无忌惮的行为，已经造成了包括水、土壤、空气在内的全方位、立体式的环境污染，甚至对全球气候的"变坏"，也起到了推波助澜的作用。由此，我们可以说，现在的环境问题，已经远不止是什么听不听得见鸟鸣的问题，而是人类能不能正常生存、人类与鸟类会不会同生死的重大问题。

其实，对于鸟类与人类的关系问题，我们的先人们早已有过十分深刻、富有哲理的思想。"鸟尽弓藏"[44]，所表达的，正是一种前因后果的辩证关系。因鸟尽而弓藏，因弓藏而人亡，这是最合乎逻辑的。鸟都没有了，还要你这个弯弓的人干啥呢？你这不是自作自受、自食其果吗？生态环境都被你自己破坏了，你还能独善自身、得以生存吗？

柳宗元的《江雪》，一般理解为是一首励志诗，诗人通过这幅幽僻清冷意境中的渔翁寒江独钓图，表达自己在永贞革新失败后，虽处境孤独，仍傲岸不屈的品格。但诗贵直白，诗无达诂，我们也可以从另外的角度来对这首诗进行解析。连"千山"都"鸟飞绝"了，那结果自然只能是"万径"的"人踪灭"。既然到了这般境地，那就只能是"孤舟"、"寒江"、"独钓"，而且还说不定连一条鱼都钓不到。环境恶劣得鸟都没了，鱼还会有吗？

# 七

人类终究是动物世界中智商与情商最高，且最富有理性的一员，在丰富的经历中获得了丰富的经验，在深刻的教训中受到了深刻的教育，最终达成了对自然的科学认识与应有态度。这便是，绿水青山就是金山银山，植物动物、世间万物、山水林田湖是一个生命共同体，清新空气、清洁水源、美丽山川、肥沃土地、生物多样性是人类生存必需的生态环境。

1972年6月16日，人类第一次专门为环境问题而举行国际大会——斯德哥尔摩会议，133个国家的1300多名代表出席了会议。会议达成了人类"只有一个地球"、人类与环境是不可分割的"共同体"的共识。这是人类环境保护史上的第一座里程碑，在人类的生存发展史上也具有里程碑意义。

1992年6月4日，在巴西里约热内卢举行的全球首脑会议上，通过了《联合国气候变化框架公约》，并于1994年3月21日正式生效。目前，公约已经拥有了189个缔约国。1995年，在德国柏林，召开了第一次缔约方会议。今年11月30日，第21次缔约方大会在法国巴黎开幕，国家主席习近平发表了讲话，指出"中国把应对气候变化融入国家经济社会发展中长期规划，坚持减缓和适应气候变化并重，通过法律、行政、技术、市场等多种方式，全力推进各项工作"，"面向未来，中国将把生态文明建设作为'十三五'规划重要内容……形成人和自然和谐发展现代化建设新格局"[45]。

环境问题、气候问题，归根结底是个生态问题。生态问题，归根结底是人类对生活的态度问题。对生活的态度，最基本的，应当是：提高自己的生活品质，尊重他人的生活环境，维护后代的生活权益。

中国共产党第十八次全国代表大会提出，"必须树立尊重自然、顺应自然、维护自然的生态文明理念，把生态文明建设放在突出地位，融入经济建设、政治建设、文化建设、社会建设各方面和全过程，努力建设美丽中国，实现中华民族永续发展"[46]。

2015年10月29日中国共产党第十八届中央委员会第五次全体会议通过的《中共中央关于制定国民经济和社会发展第十三个五年规划的建议》提出，要"坚持绿色发展，努力改善生态环境"，"推动形成绿色发展方式和生活方式"，"推进美丽中国建设，为全球生态安全作出新贡献"[47]。

这是伟大的中国共产党向国人与世界表示的鲜明态度，作出的庄严承诺。

## 八

《绍兴野鸟图鉴》，是在全球越来越重视野生动物保护、生态环境保护的大背景下，应运而生的；图文并茂，雅俗共赏，是绍兴鸟类的百科全书，在绍兴鸟类保护史上具有开天辟地的意义。

本书的作者们栉风沐雨寻鸟，披星戴月观鸟，精益求精摄鸟，咬文嚼字写鸟，几十年如一日，精神难能可贵，事迹感人至深。这种爱鸟类、爱环境、爱自然的慈悲情怀，这种爱岗位、爱工作、爱生活的人生境界，是值得发扬光大的。

从鸟图腾到鸟图鉴，沧海桑田，初心不变。如果说古人的鸟图腾未免带有鸟迷信色彩的话，那么今天的鸟图鉴向人们预示的，是一个鸟正信时代的到来。

"鸟类人类是同类，源近流相随。一室操戈几多泪，相煎究可哀。携手行，比翼飞，万物正葳蕤。从此笙歌长自闲，与君双双醉。"这是今年4月11日，我参加浙江省暨绍兴市野生动物保护宣传月与爱鸟周活动启动仪式时，作的即事调寄《阮郎归》。我愿将此作为我这篇拙序的结束语。

此时此刻，我仿佛感到，人类明天的崭新曙光已经初见，一轮红日即将喷薄而出。

2015年12月10日凌晨定稿。系为浙江省绍兴市林业局编著、赵锷主编，中国科学技术文献出版社2016年3月出版的《绍兴野鸟图鉴》撰写的序言

### 注释

1　《诗经·商颂·玄鸟》。

2　《史记·殷本纪》。

3　《关于晚周帛画的考察——及补充说明》，《郭沫若全集·考古编》，科学出版社2002年版，第十卷第295页。

4　《礼记·礼运》。

5　《尚书·夏虞书·禹贡》。

6　《周礼·夏官司马·职方氏》。

7　《逸周书·职方》。

8　《越绝书·记地传》。

9　11　12　《吴越春秋·越王无余外传》。

10　〔北魏〕郦道元《水经注·渐江水》。

13　14　〔东汉〕王充《论衡》卷三《偶会篇》、卷四《书虚篇》。

15　《史记·越王句践世家》；《吴越春秋·句践伐吴外传》。

16　〔东晋〕王嘉《拾遗记》。

17　〔清〕陶元藻、凫亭《广会稽风俗赋》。

18　〔南宋〕嘉泰《会稽志》。

19　鲁迅《会稽郡故书杂集》辑录晋虞预撰《会稽典录·朱育》，李新宇、周海婴主编《鲁迅大全集》，长江文艺出版社2011年版，第21

卷379页。

20 〔南朝·梁〕萧统编《古诗十九首》："胡马依北风，越鸟巢南枝。"

21 浙江省博物馆自然组《河姆渡遗址动植物遗存的鉴定研究》，《考古学报》1978年第1期；魏丰、吴维棠、张明华、韩德芬《浙江河姆渡新石器时代遗址动物群》，海洋出版社1990年版。

22 宋兆麟《河姆渡遗址出土蝶形器的研究》，《中国原始文化论文集——纪念尹达八十诞辰》，文物出版社1989年版。

23 林华东《河姆渡文化初探》，浙江人民出版社1992年版，第234页。

24 牟永杭《绍兴306号越墓刍议》，《文物》1984年第1期。

25 《中山大学学报》1964年第1期。

26 《古文字研究》第10辑，中华书局1983年版。

27 上海书画出版社1999年版。

28 《浙江学刊》1990年第6期。

29 30 37 〔东汉〕许慎撰、〔宋〕徐铉校定《说文解字》第十五上。

31 39 〔清〕段玉裁《说文解字注》。

32 《后汉书·蔡邕传》。

33 曹锦炎《鸟虫书通考》，上海书画出版社1999年版，第5页。

34 罗卫东《鸟篆与东周南方文化》，《中国文化研究》2008年第2期。

35 郭沫若《古代文字之辩证的发展》，《考古学报》1972年第1期。

36 郭沫若《周代彝铭进化观》，《青铜时代》，科学出版社1965年版。

38 〔晋〕卫恒《四体书势》。

40 41 《史记·秦始皇本纪》。

42 《左传·僖公十九年》。

43 〔美〕蕾切尔·卡森著，吕瑞兰、李长生译《寂静的春天》，上海译文出版社2008年版，第101页。

44 《淮南子·说林训》："狡兔得而猎犬烹，飞鸟尽而良弓藏。"《史记·越王句践世家》："蜚鸟尽，良弓藏；狡兔死，走狗烹。"

45 习近平《携手构建合作共赢、公平合理的气候变化治理机制——在气候变化巴黎大会开幕式上的讲话》（2015年11月30日），《人民日报》2015年12月1日。

46 胡锦涛《坚定不移沿着中国特色社会主义道路前进为全面建成小康社会而奋斗——在中国共产党第十八次全国代表大会上的报告》（2012年11月8日），《人民日报》2012年11月18日。

47 《人民日报》2015年11月4日。

第二编

咏

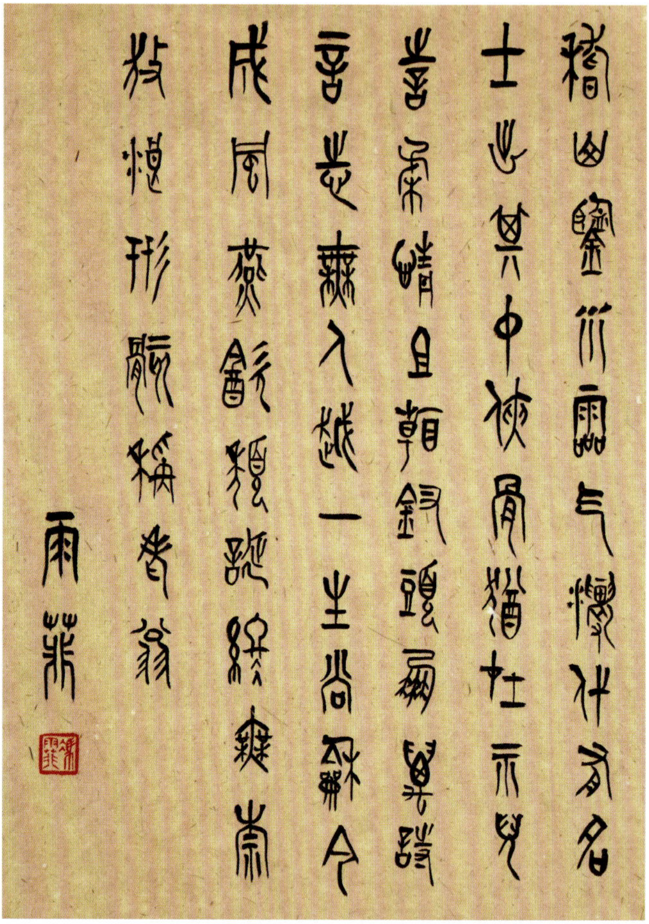

◇ 冯雨菲书

# 仰望名人

绍兴历史悠久，名人辈出。明袁宏道誉绍兴"士比鲫鱼多"[1]，毛泽东称绍兴为"名士乡"[2]。二十五史为绍兴人作传二百六十二篇[3]，数量之多，国内罕见。

观绍兴历代名人，特点有三。其一，史不绝书，历历可证。夏商春秋，及至明清，载籍所纪，未曾间断；其二，三教九流，各类俱备。宋王十朋谓绍兴有"孝者悌者，忠者义者，廉者逊者，智者健者，优于文词者，长于吏事者，擢秀科目之荣者，策名卿相之贵者，杀身以成仁者，隐居以求志者，埋光屠钓之微者，晦迹佛老之异者"[4]；其三，群星灿烂，各领风骚。"守斯土者，皆辅相之才；生斯土者，多菁华之彦"[5]。诸多名人，功绩彪炳当时，精神流芳后世。

析绍兴名人现象，成因有四。绍兴乃天地钟灵之风水宝地。晋人赞绍兴"千岩竞秀，万壑争流"[6]；"山川映发，应接不暇"[7]。稽山鉴水赐予越人自然之灵性、特有之气质，亦使四方人士乐而忘返，由寓而籍。此其一。绍兴素称经济繁华的鱼米之乡。此乃人才集聚涌现之基础。诚如吴晗所言，"大抵一地人文之消长盛衰，盈虚机绪，必以其地经济情形之隆诎为升沉枢纽"[8]。此其二。绍兴向为区域建置中心。句践[9]筑城郭为都，郡州作治所相沿，及至宋高宗[10]驻跸龙山，升州为府，冠以年号，绍兴地位更见显要，这于人才集聚涌现颇有益处。此其三。绍兴代有耕读传家之民风。魏晋以降，民间藏书蔚然成风，私塾书院遍及城乡，书香门第受人羡慕，尊师重教几成时尚。"人才盛衰，系学术之明晦"，李道传所言信也[11]。此其四。凡此四者，使绍兴名人蔚为大观，并终成独特之名人现象。

绍兴名人属于绍兴，属于中国，甚而属于世界。搜集整理其史料，研究借鉴其思想，今之越人尤义不容辞。辑录此书，意固然也。书中人物，或功大于过，或过大于功，或善，或恶，或是，或非，此乃历史所致，故编者未作褒贬。然其所言所行，对于来者，或可鉴也。

是为序。

2003年11月18日。系为浙江省绍兴县地方志编纂委员会组织编纂，傅振照主编，中华书局2003年12月出版的《二十五史中的绍兴人》撰写的序言

**注释**

1　袁宏道（1568—1610），明荆州府公安人，字中郎，号石公。万历二十年（1592）进士，知吴县，官至吏部郎中。与兄袁宗道、弟袁中道称"三袁"，主张诗文以抒写灵性为主，时称"公安体"。有《初至绍兴》诗："闻说山阴县，今来始一过。舫方草履小，士比鲫鱼多。聚集山如市，交光水似罗。家家开老酒，只少唱吴歌。"

2　毛泽东《纪念鲁迅80周年寿辰·七绝二首》，《人民日报》1996年9月20日。

3　此处的绍兴人，系指历史上的山阴、会稽两县（相当于今浙江省绍兴

市越城区与柯桥区）籍人士。因古代籍贯，往往承袭三代以至五代以上，故一些虽书客籍，但已定居山、会，死葬山、会的，如东晋王羲之、唐代贺知章、明代王守仁；或虽系客籍，但在山、会出生的，如南宋理宗赵昀、度宗赵禥等，均包含其中。二百六十二篇、人当中，唯南朝四书与《南史》、《旧唐书》与《新唐书》、《元史》与《新元史》中有三十五篇、人重复，故实际为二百二十七篇、人。

4　〔宋〕王十朋《会稽三赋·会稽风俗赋·志人》。

5　《越中杂识》西吴悔堂老人序，浙江人民出版社1983年版。

6 7　〔南朝·宋〕刘义庆《世说新语·言语》："顾长康（即东晋画家顾恺之）从会稽还，人问山川之美。顾云：'千岩竞秀，万壑争流，草木蒙笼其上，若云兴霞蔚。'""王子敬（即王羲之之子王献之）云：'从山阴道上行，山川自相映发，使人应接不暇。若秋冬之际，尤难为怀。'"

8　吴晗（1909—1969），中国著名历史学家。语见其《江苏藏书家史略》序，中华书局1981年版。

9　句践（约前520—前465），越国国君，"春秋五霸"之一。《史记》有《越王句践世家》。公元前490年，命大夫范蠡筑城，为今之绍兴城奠定了基础。

10　宋高宗（1107—1187），即赵构，宋徽宗第九子。宋钦宗靖康二年（1127）即帝位，为南宋第一位皇帝，在位36年。1131年改年号为绍兴。

11　李道传（1170—1217），宋隆州井研人，字贯之，一字仲贯。宁宗庆元二年（1196）进士。官太学博士、著作郎、兵部郎，知真州、果州。正直多政绩，研二程朱熹之学，谥文节。语见《宋史·陈亮郑樵林霆李道传》。

# 斯兰馨香

　　《大山之子》一书的出版，可喜可贺，她不仅为丰富的绍兴地方文献增添了一份好资料，而且为学校的乡土教育提供了一个好蓝本。这对于弘扬中华民族优秀传统文化，促进教育事业的改革发展乃至整个精神文明建设，都是很有意义的。

　　绍兴是国务院首批公布的二十四座历史文化名城之一，历史文化积淀厚甲江南。绍兴县南部山区既拥有林山泉水之秀，又富有历史文化之盛，是镶嵌在绍兴这方神奇土地上的璀璨明珠。这里，峰峦叠嶂，山河锦绣，会稽山像一条巨龙蜿蜒横亘，若耶溪如一条彩带飘逸其间。这里，历史悠久，人才辈出，曾养育了刘大白[1]、陈伯平[2]、祝绍周[3]、孙越崎[4]、李季谷[5]、董秋芳[6]、曹素民[7]、孙席珍[8]等诸多名人志士，舜帝、大禹、句践、秦始皇、李斯、王羲之、李白、杜甫、白居易、元稹、陆游等也留下了诸多足迹。但是，在林林总总的绍兴地方文献中，却至今没有一本专门记述南部山区人文的书籍。

　　《大山之子》的编成，正好填补了这一空白。编者在广泛查找、搜集、整理资料的基础上，按照尊重历史、实事求是的原则，选录了出生或者原籍在平水、王坛、稽东三个镇的数十位现当代名人，或作生平简介，或记创业经历。这种打破行政

区划的限制，将人物与某一特定的地理形势挂钩的编辑体例，在近几年出版的绍兴地方文史书籍中，似乎还没有过，称得上是一种创新。书中所收的人物，虽时代、出身、遭遇各不相同，但有一点是共同的，这就是他们都爱乡爱国，都为人民、为祖国做了好事，都具有伟大抱负、坚韧毅力、敢闯勇气和律己精神。

一年之计在于春，一生之计在于青。青少年时代的志向言行，往往会影响整个人生。文天祥"自为童子时，见学宫所祠乡先生欧阳修、杨邦乂、胡铨像，皆谥'忠'，即欣然慕之，曰：'没不俎豆其间，非夫也。'"[9]以前辈贤人为榜样，文天祥以后的功绩人所共见。所以，将乡贤名人的事迹、业绩汇编成册，教之于后生，使他们感受家乡文史之盛，借鉴先贤成才之道，以激发其爱乡爱国的浓烈感情、成才成功的强烈愿望，是很有裨益的。

绍兴是一座举世公认的没有围墙的历史博物馆。几千年来，发生于此间的政治、军事、文化事件，城邑、山水、风尚演进，均历历镌刻于历代的正史、别史、舆地记以及名家的诗文著述当中。她们汇成了绍兴地方文献的丰富宝藏，是绍兴历史文化的珍品。如何结合各地的实际，进行挖掘开发，推陈出新，古为今用，应该是我们这些后辈义不容辞的责任。这本书的编成，正是在这方面所作的有益探索。

感谢编者做了一件大好事！愿这本书如春天的兰花，受到老师和同学们，乃至更多社会人士的喜爱！愿更多的"兰花"开放在稽山镜水，馨香于中华大地！

2003年12月25日。系为浙江省绍兴县〔今绍兴市柯桥区〕越崎中学校本课程编委会组织编写，任雪明主编，中国教育出版社2004年2月出版的《大山之子》撰写的序言

## 注释

1　刘大白（1880—1932），原名金庆，字伯桢，后复刘姓，名靖裔，字大白，号白屋，今浙江省绍兴市柯桥区平水镇人。"五四"运动期间，与经亨颐、陈望道、夏丏尊并称"浙江四杰"。长期从事报刊编辑与教育工作，力倡新文化、白话文，是中国现代著名诗人。

2　陈伯平（1885—1907），原名师礼，字墨峰，号白萍，今浙江省绍兴市柯桥区平水镇人。秋瑾、徐锡麟的战友，辛亥革命烈士。

3　祝绍周（1893—1976），字芾南，今浙江省绍兴市柯桥平水镇祝家村人。中国同盟会会员。

4　孙越崎（1893—1995），原名毓麒，今浙江省绍兴市柯桥区平水镇同康村人。有"煤油大王"、"工矿泰斗"誉称，我国现代能源工业的创办人和奠基者之一。曾任民革中央副主席、全国政协常委。1997年9月，地方政府在平水建成"越崎中学"，李瑞环题写校名。

5　李季谷（1895—1968），原名宗武，今浙江省绍兴市柯桥区平水镇横路村人。尝留学日本，游学西欧，长期于南开大学、北京大学、中山大学、台湾师范学院、华东师范大学从教，著述甚丰，有《西洋近百年史》《日本通史》等。

6　董秋芳（1898—1977），笔名冬芳、秋芬、秋舫，今浙江省绍兴市柯桥区王坛镇青坛村人。现代翻译家、教育家、著作家。

7　曹素民（1901—1930），字兰芬，又名子明，化名一平，今浙江省绍兴市柯桥区王坛镇青坛村人。1928年11月至1930年8月，任中共浙江省绍兴县第一任县委书记。1956年11月，被中央人民政府追认为革命烈士。

8　孙席珍（1906—1984），今浙江省绍兴市柯桥区平水镇人。长期从事诗歌、小说等文学创作和大学教育工作。美国著名作家、记者埃德加·斯诺曾著《孙席珍小传》，称其是"中国最有才华的年轻作家之一，写了一批关于中国农村的出色的小说"。

9　《宋史·文天祥传》。

# 存史 资治 教化

　　绍兴乃华夏古都，江南名城，历史悠久，文化灿烂。数千年来，虽历经山川变异，城邑沿革，社会更迭，但遗迹可据，文献可徵，文脉传承，绵延不绝。

　　集中体现绍兴丰厚历史文化积淀的绍兴县档案馆馆藏档案，总数逾十万卷，计二百七十余个全宗。这些档案资料，涉及范围广，可谓无所不有，特别是商会、教育、金融、契约等方面，量大质优，颇具系统性；珍品数量多，唐宋以来名人字画碑拓，清王朝奉天诰命、朱批奏本、兵部翎照、海关宪牌，有关孙中山、周恩来、马寅初等名人的档案等，在全国同级档案馆中凤毛麟角；地方色彩浓，所藏府志、县志及民间宗谱、家谱，各种名优特产科技档案，近现代各类报刊、民众运动档案等，均具鲜明绍兴特色；利用价值高，所存多为原件，内容原始，记录清晰，加上规范保存，精心呵护，不但保持了真实的史料价值，而且具备了良好的整理基础。

　　修志编史是绍兴人的传统。自汉朝袁康、吴平编纂《越绝书》[1]迄今，绍兴的历史文献编纂工作，成果宏富，影响巨大。但编辑出版档案资料丛书，恐怕还是第一次。丛书以馆藏档案资料为本，系历史于档案，角度新颖，资料独特；繁体直排，辅以影印，存原貌，显真迹，溯本追源，客观真实；于浩如烟海之馆藏资料中精挑细拣，博观约取，分门别类，择善而用；一年一辑，五年成套，印制精美，可分，可合，可藏，可赠。可以相信，丛书必将在绍兴文史书籍之林中脱颖而出，受各界重视，被读者青睐，为方家肯定。

档案是人类实践活动的真实记录，是社会的宝贵财富。档案事业是以存史、资治、教化为宗旨的永恒的事业，在建设人类文明中的作用，显得越来越重要。挖掘丰富的档案宝库，将其精华辑录出版，这对于弘扬传统文化，发展地方经济，推动社会进步，是大有裨益的。

在阅读历史的基础上，传承历史，进而创造历史，这是每一代人的使命。

让我们共同努力吧！

2004年7月8日。系为浙江省绍兴县〔今绍兴市柯桥区〕馆藏历史档案精品丛书编纂委员会组织编纂，蒋长生（第一辑）、李阿阳（后四辑）主编，中华书局出版的《绍兴县馆藏历史档案精品丛书》撰写的总序

**注释**

1 历来有一种说法，认为《越绝书》是我国现存最古老的地方志，为以后大量出现的地方志开创了范例。最早著录此书的正史是《隋书·经籍志》，新、旧《唐书》也都有著录，只是对于作者及此书来历，历来多有争议。陈桥驿先生认为："《越绝书》是战国后期的作品，经过后汉会稽人袁康、吴平的编辑增删。"不过，对于该书的文辞，历来评价颇高。《四库全书总目提要》誉其"纵横曼衍，博奥伟丽"。

# 缅思往绩而开来

绍兴山明水秀，物阜民康，素称鱼米之乡；骚人辈出，文风鼎盛，向誉文化之邦。涂山《候人》[1]，于越《弹歌》[2]，滥觞中华诗情；会稽经学，柯亭笛韵[3]，声振华夏诸郡；魏晋风骨，兰亭修禊[4]，流传千载不竭；李杜元白[5]，纵情越地，开启唐诗之路[6]；沈园遗恨，北伐豪情，成就放翁万诗[7]；殆至明清，弦诵吟咏，绵延相继，诗书画文，俊彦迭出。至于名不见经传而著述宏富者，尤比比皆是。《四库全书总目提要》[8]录山会两县[9]一百一十二人著述一百六十四种，一千七百九十五卷[10]，举凡经史子集，医卜星相，无所不包。然以所录之巨，终亦不及越人著述之万一。昔人云，越地"尚风流而多翰墨之士"，"好吟咏而多风骚之才"[11]，文章典籍几比沙于恒河，诚可信也。《四库全书》乃民族文化之瑰宝，人之不易，读之亦不易，故而提其要者，殊为可贵。今欣逢盛世，政通人和，辑其所录山会人士著述于一书，以承历史文脉，促后人奋进，不亦快哉！捧读文稿，感慨良多。仰怀先贤而思齐，缅思往绩而开来；"绍奕世之宏休，兴百年之丕绪"[12]，人之所愿也！

甲申荷月廿九冯建荣谨识。

2004年8月14日。系为浙江省绍兴县〔今绍兴市柯桥区〕地方志编纂委员会组织编纂，黄锡云主编，中华书局2004年9月出版的《〈四库全书〉中绍兴人著录提要》撰写的序言

# 注释

1 《吕氏春秋·音初篇》："禹行功，见涂山之女。禹未之遇而巡省南土，涂山氏之女乃令其妾候禹于涂山之阳。女乃作歌，歌曰：'候人兮猗。'实始作为南音。"此乃禹时诗歌之雏形。

2 鲁迅《会稽郡故书杂集》辑录晋代贺循《会稽记》云："少康封其少子，号曰'干越'。越国之称始于此。"《弹歌》，古史所记之原始诗歌。

3 柯亭，在今浙江省绍兴市柯桥区融光桥东侧之运河畔，三面临水。原有"古柯亭"三字石牌坊及亭宇建筑，20世纪70年代被拆。2003年原址复建。清嘉庆《山阴县志》载："汉末蔡邕避难会稽，宿于柯亭，仰观椽竹，知有奇音，因取为笛。"

4 兰亭，在今浙江省绍兴市柯桥区兰亭镇兰渚山麓。东晋王羲之邀友于此修禊，人各赋诗。王羲之欣然作序，即《兰亭集序》，后人誉之为"天下第一行书"，并尊王羲之为书法圣人、兰亭为书法圣地。今兰亭为国家级重点文物保护单位。

5 李杜元白，即唐代著名诗人李白、杜甫、元稹、白居易，均曾到过或为官越中，并留下佳作。

6 越地自魏晋以来，文风丕盛，俨然成为文人雅士的一方乐土。及至唐代，前往游历的诗人如过江之鲫，形成了一条承载着诗意、性情与精神的历史文化之路，对中国山水诗、书画艺术及至宗教思想的发展，产生了重大影响。其主脉是一条水路，起于钱塘江南侧的西兴渡口，过浙东运河西段，经鉴湖，东至上虞，南入曹娥江、剡溪，到天姥山、天台山，其两翼几乎遍及钱塘江以南的整个浙东地区。参阅竺岳兵主编《唐诗之路综论》，中国文史出版社2003年版。

7 陆游，南宋著名诗人，工诗、词、散文，亦长史学。作诗万余，今存九千余，为我国历史上作诗、存诗最多诗人。今浙江省绍兴市越城区有以陆游与唐琬的爱情故事为主题之"沈氏园"。

8 《四库全书》，清乾隆三十八年（1773）开馆纂修，经十年左右时间完成。共收书3503种，79337卷，分经、史、子、集四部，故简称《四

库》。《四库全书总目提要》，清乾隆四十六年（1781）由永瑢、纪昀主编，经三年时间，将纂修《四库全书》时抄录入库和仅存卷目图书的内容提要，分类编排，汇成一书，故谓，亦称《四库全书总目》《四库全书提要》《四库提要》。

9　清时，绍兴府辖山阴、会稽、萧山、诸暨、余姚、上虞、嵊、新昌八县。

10　根据中华书局1964年影印出版的《四库全书总目》，山阴、会稽两县（相当于今浙江省绍兴市越城区与柯桥区）籍绍兴人的入库书有54种、765卷；存目书有110种、1030卷。合计164种、1795卷，分别占《总目》种数的1.6%、卷数的1%。

11　〔宋〕王十朋《会稽风俗赋并序》。

12　宋高宗建炎四年（1130）四月十六日至绍兴二年（1132）正月初十，高宗驻跸越州一年零八个月。1131年正月初一，宋高宗改元，敕曰："绍奕世之宏休，兴百年之丕绪……可改为绍兴元年。"同年十月十一日，宋高宗升越州为绍兴府，是为绍兴名称之始。引自《绍兴市志》，浙江人民出版社1996年版，第一册第40页。

# 历史的活化石

　　古树名木，堪称树中明珠、国之瑰宝、活的文物，是自然生态演变进化的缩影，源远流长历史文明的见证，也是中华民族不屈精神的象征。美国前国务卿基辛格在参观北京天坛公园时，曾经对着公园里的柏树群大发感慨：以美国科技实力，我们可以在很短的时间内很容易地复制出你们的圜丘和祈年殿，但复制这些古树，却必须用上千年的时间才能完成。这是对我国古树名木保护工作的赞誉，更是对中华民族悠久历史和文化底蕴的赞叹。

　　然而，由于自然灾害、事故灾难等原因，古树名木正在遭受不同程度的毁坏。现代城乡建设中的无视生态保护、野蛮违章施工，更是直接导致众多古树名木被损被毁。因此，加强对古树名木的有效保护和管理，实在是一件刻不容缓的急事，更是一件功在当代、利在后世的实事。

　　保护古树名木是保持生态平衡的需要。古树名木是一个自然的生态加工厂，可以涵养水源，防止水土流失；可以吸收尘埃，提升大气质量；可以降低噪音，美化生活环境。

　　保护古树名木是传承历史文化的需要。古树名木是历史的活化石，是绿色的古董，它见证了历史的变迁，传递着文化的

◇ 绍兴市柯桥区王坛镇停岙村的千年古柏

信息。从这个意义上说，一棵树就是一部历史，一部传奇，一种文化，一种精神。

保护古树名木是促进科学研究的需要。古树名木是环境的产物，也是环境变迁的见证者。至少到目前为止，人们从树的年轮可推知本地历史上的气候、水土等许多自然环境的演变。相信随着科学技术的进步，一定能从它们身上找回更多自然甚至人类当年的景象。

绍兴古树名木品种繁多，数量丰富，代有记载。虽然历史上损毁了不少，但仍有大批百年以上树龄的老树饱经风霜，历经磨难，郁郁苍苍扎根于稽山镜水之间。2002年，绍兴县绿化委员会、绍兴县林业局根据浙江省绿化委员会、浙江省林业厅的统一部署，对全县19个镇街的古树名木分布情况和生长状况进行了全面普查，查实全县共有各类古树名木6921株，其中国家一级保护古树119株，国家二级保护古树805株，国家三级保护古树5997株。这实在是一笔巨大的自然遗产和历史文化遗产。

◇ 会稽山局部

　　依法保护和科学管理古树名木，社会义不容辞，政府更是责无旁贷。普查只是迈出了保护和管理工作的第一步，今后要做的事情还有很多，譬如发布保护名录，设立保护标志；完善资源档案，实行动态监测；采取有效措施，加强复壮护理；培育后备资源，种植长生树种等等。现在，绍兴县绿化委员会、绍兴县林业局运用普查成果，为古树名木建档立册，可以说在保护和管理工作方面又迈出了可喜的一步，这对于让更多的人一睹它们的风采，进而加深对它们的了解和感情，一定是很有意义的。

　　保护古树名木就是保护人类自己。让我们行动起来吧！

2005年2月1日。系为历史的活化石——绍兴古树名木编辑委员会组织编辑，章生建、孙光荣、孙胜利主编，北京出版社2005年3月出版的《历史的活化石》撰写的序言

# 会稽掇英

　　于越吾乡，钟灵毓秀。翰墨吟咏，声闻华夏。文事之盛，历千年而不衰；益世之作，经百岁而不绝。然时移世易，人谢代变，随珠和璞，流落冥昧，深惜矣！

　　宋尚书司封郎中孔公延之，熙宁四年（1071）四月知越州，恨诗书之阙亡，痛赋咏之散佚，乃以德识才情，搜岩剔薮，翌年手订而成《会稽掇英总集》[1]。书录始皇三十七年（前210）至熙宁五年（1072）名人集外之诗文八百五篇，举凡山水风物、寺观祠庙，涵盖几尽，诗词歌赋、碑铭志序，囊括殆遍，遂成吾越今存最早之诗文总集。遗篇获传，文脉赖继，功莫大焉！

　　总集既成，士林称誉，然《宋史》《明史》仅作题记。《四库全书总目提要》谓："其书世鲜流传，藏弄家多未著录。此本乃明山阴祁氏澹生堂旧钞，在宋人总集之中，最为珍笈，其精博在严陵诸集之上也。"李慈铭《越缦堂日记》[2]同治甲戌二月初十记："是书向无刊本，四库据祁氏澹生堂旧钞本录入。嘉庆丙子，予姻山阴杜明经丙杰从文澜阁转钞付刻。"陈桥驿《绍兴地方文献考录》[3]曰："李氏所云，即山阴杜氏浣花宗塾道光元年（1821）刊本，为此书仅有刊本"，"杜刻本与澹生堂原本尚有区别"。高堂之书，常人难觅，异时之本，差错未免，尤惜矣！

邹公予师，德劭声隆，文史淹通，著述宏富。今据以杜本[4]，校以《四库》，检核他书，焚膏继晷，匡误订讹，再墨诸纸，稽山镜水由是益现灵气，越中文化以此愈显神光。存史资治，传承文明，夸示来世，教泽万众，庶几无负孔公之用心，善莫大焉！

敬从师命，恭记雅事，岁在乙酉，教师之节也。私淑冯建荣。

2005年9月10日。系为邹志方点校，人民出版社2006年6月出版的《〈会稽掇英总集〉点校》一书撰写的序言

## 注释

1　孔延之（1014—1074），字长源，孔子四十七代孙，北宋仁宗庆历二年（1042）进士。曾以度支员外郎知越州军州事领浙东兵马铃辖。他在越州共18个月，仅用一年左右的时间就编成《会稽掇英总集》。这是绍兴现存的最早一部文学总集，前十五卷为诗，后五卷为文，具有很高的文学价值。

2　李慈铭（1830—1894），室号越缦堂，世称越缦先生，浙江会稽人，光绪六年（1880）进士。学识渊博，为文深沉，工诗，于史功力尤深。日记三十余年不断，详载政情民俗、读书心得，乃至人际交往、饮食起居，积数百万言，经蔡元培等人襄助刊为《越缦堂日记》六十四册。

3　陈桥驿《绍兴地方文献考录》，浙江人民出版社1983年版。书中将绍兴地方文献分为方志、名胜、古迹等十八类。

4　杜本，即"山阴杜氏浣花宗塾藏板"、刻于清道光元年（1821）的《会稽掇英总集》。

# 绍兴摩崖碑版[1]颂

惟吾越地，上应牵牛之宿，下当少阳之位，山有金木鸟兽之殷，水有鱼盐珠蚌之饶。海岳精华，善生俊异[2]。讽诵不辍，弦歌不绝，载于典籍，铭于金石。摩崖题刻，琳琅满目，源远流第；碑版勒石，俯拾皆是，遐迩闻名。观其作者，帝王将相，乡牧里吏，蟾宫折桂，点缀其间；志士仁人，骚人墨客，草野隐逸，丛集于内。察其文辞，颂功歌德，抒写心志，概叙生平，应有尽有；弘佛扬道，恭录祭祀，告示民众，不一而足。究其形式，寻丈巨碑有之，盈尺小碣亦有之；精雕细琢有之，粗凿犷刻亦有之。考其法书，隶篆真草，诸体杂陈；古拙朴讷，若痴若稚；俊逸洒脱，龙飞凤舞。诚可谓吉光片羽，皆可宝也。然世异时移，凄风冷雨，或斑驳难辨，或断裂毁坏，或明珠暗投，漫漶湮灭者众矣。忝为主政，每念及此，汗不敢出。遂与同人，身体力行；风餐露宿，搜寻拓印；夙兴夜寐，考释训证。鸿编终成，可补档案之不足，证文献之真谬，赏书法之多姿，知乡史之兴替，益后世之教化，不亦乐乎。大雅所尚，众皆称善，所谓经世之外，不忘斯文者也。是为序。

2005年12月18日。系为绍兴摩崖碑版集成编纂委员会组织编纂，陈五六主编，中华书局2005年12月出版的《绍兴摩崖碑版集成》撰写的序言

## 注释

1 此处的绍兴，系指古代绍兴之山阴、会稽两县，相当于今浙江省绍兴市越城与柯桥两区。书中收录该区域内1949年10月1日前，字面基本完好，具有一定历史、艺术、科学价值的摩崖94幅、碑版121通、墓志20方（合），凡235品。
2 鲁迅《会稽郡故书杂集》辑录晋虞预撰《会稽典录·朱育》：（虞）"翻对曰：'夫会稽上应牵牛之宿，下当少阳之位……山有金木鸟兽之殷，水有鱼盐珠蚌之饶。海岳精液，善生俊异。'"引自李新宇、周海婴主编《鲁迅大全集》，长江文艺出版社2011年版，第21卷第379页。

# 越中四库赞

　　绍兴，古谓之越，其地背山面海，襟带三江[1]。自句践筑城，迄今已二千余载。九州鼎定以降，渐成"海内剧邑"[2]。南宋高宗绍奕世之宏休、兴百年之丕绪，改元绍兴，升越州为绍兴府，所谓"控四郡而势雄，布八邑而地广"[3]。其治或郡、或县、或州、或府、或路、或市，应时而设；其名则会稽、山阴、越州、绍兴，随时而变。民国肇元，并会稽、山阴，置绍兴县。

　　稽山鉴水，钟灵毓秀，文化灿烂，辉映千年。有尧之壤，舜之耕，禹之封，秦汉之石刻，南朝之碑版，黄老之题记，浮屠之造像，星沉珠落，散处其地，不知凡几。汉之经学，虞贺孔[4]三家齐秀。晋迄南朝，多有词赋，王谢[5]为个中圣手。唐宋诗词，贺陆[6]称雄。有明一代，阳明心学，知行合一[7]；青藤四绝，书诗文画[8]。及至清时，文士辈出，卷帙浩繁，更不可胜数。尚有流寓寄籍优游之骚人，歌咏吟唱，不绝于途。士比恒沙，多如过江之鲫；籍具四部，堪称汗牛充栋。孝悌忠信，礼义廉耻，文昌吏治，折桂擢秀，求志成仁，隐逸晦迹，莫不悉备[9]，胪列二十五史者二百有二十七，入《四库提要》者凡一百一十二，民国肇元前之县人备考书目近五千种。尚有随珠和璞，零落尘泥，俯拾掇摭，皆成珠串。

今之绍兴，经济昌盛，社会谐和。有司深感文教之功，民生素存向学之志，稽古掇文，当其时也。

今丛书[10]甫成，余观是书，庋藏、研读、资治、教化四美悉具，兼以赓续文脉，景行前贤，泽被后世，善莫大也。故乐为之序。

2006年9月28日。系为与詹福瑞、李岩主编，中华书局2006年12月出版的《绍兴丛书》撰写的序言

## 注释

1 三江，指钱塘江、曹娥江和钱清江。明代绍兴太守汤绍恩主持兴建三江闸，越民大利。

2 《宋书·顾觊之传》："山阴民户三万，海内剧邑，前后官长，昼夜不得休，事犹不举。"

3 〔清〕陶元藻《广会稽风俗赋并序》："维吾绍郡，古曰会稽。地名由禹，城传自蠡。列指宿以鼎分，位少阳其独朗。控四郡而势雄，布八邑而地广。为天南之乐郊，实浙东之沃壤。"文见清乾隆《绍兴府志》。

4 虞贺孔，指汉时会稽虞、贺、孔三大家族。

5 王谢，指书法家王羲之和大诗人谢灵运。

6 贺陆，指祖籍越州的唐代诗人贺知章与宋代诗人陆游。

7 主张"知行合一"的明代思想家王阳明，是绍兴府余姚人。今浙江省绍兴市越城区尚保存着王阳明故居与观象台，柯桥区兰亭镇有列为国家级重点文物保护单位的王阳明墓。

8 明代大文人徐渭，晚号青藤，浙江山阴人，书诗文画皆名于世。今浙江省绍兴市越城区有其故居青藤书屋，柯桥区兰亭镇有国家级重点文物保护单位徐渭墓。

9 〔宋〕王十朋《会稽三赋·会稽风俗赋·志人》：绍兴有"孝者悌者，忠者义者，廉者逊者，智者健者，优于文词者，长于吏事者，擢秀科

目之荣者，策名卿相之贵者，杀身以成仁者，隐居以求志者，埋光屠
钓之微者，晦迹佛老之异者"。

10 丛书，即《绍兴丛书》，为"十一五"国家古籍重点出版项目，是当
代地方文献丛书的重点工程，绍兴乡邦文献的集成之作，由浙江省绍
兴县人民政府与国家图书馆及中华书局合作编纂出版，分为十辑。

◇ 故乡记忆 俞小兰绘

# 书画继世长

　　晚清以降，西学东渐，内忧外患，学人多以救亡图存、开启民智为己任。老于户牖之下，闭目塞听，醉心旧学者殆非主流。屡战屡败，丧权辱国，使国人大都艳羡列强的船坚炮利。于是，一辈一辈的莘莘学子，倾心于"师夷之长技以制夷"，以中华之崛起为毕生追求。当是时也，中西文化交融之烈，书写工具、印刷方式变革之剧，皆为历代所未有，传统书法之式微即肇于此。

　　吾越素为钟灵毓秀之地，厚德崇文，耕读之风源远流长，虽乡野村社而不免，所谓文化自觉者也。"六艺"[1]之中，尤以书艺之发达为显例。

　　山阴治下华舍周氏一族，上溯周文郁，下迄周鹏程，虽历数世，然好书善写之风依旧，堪称书画世家。周文郁先生[2]生于晚清，享名于上世纪二三十年代。观其书法，当是碑学一派，于《汉常山相冯君祀三公山碑》《汉玄儒先生娄寿碑》用功尤勤。本集所收作品，意在篆隶之间，两体兼通，功力深湛。徐生翁先生[3]谓其书法"高古在郑板桥之上"，也是实情。盖《祀三公山碑》，刻于汉元初四年（117），虽为篆书，颇含隶意。审其笔画，多有秦篆之圆转变为汉隶之方折，当为二体嬗变之样本。《娄寿碑》为汉熹平三年（174）刻，隶法肃括宏深，清人誉为汉隶第一，足见其于书史之地位。而郑板桥[4]之书，自谓"六分半书"，书法《瘗鹤铭》而兼黄鲁直[5]，以分隶参入行楷，加以兰竹笔画。郑板桥学书甚勤，但取法止于唐之《道因法师碑》《岳麓寺碑》，用力在行楷二体，故虽独树一帜，自成一家，然以高古论，自在秦篆汉隶之下。周文郁一生精研六书，晚有大成，其遍临碑帖，中规中矩，孜孜不倦之风确"可作学书者范本"。生翁先生斯言不虚也。

周世昌先生[6]能书善画。读其画作，当为传统水墨写意花鸟一路。幼功扎实，笔法纯熟，题材偏于传统。画面丰赡，疏密有致，用笔谨严，意气平和，承继文人画之流绪。时人或以画重，吾却甚看重彼之书法。"古训是式威仪是力，追琢其章金玉其相"隶书联，精墨重笔，颇有伊秉绶[7]的味道。

周英杰的字早些年即已留意，此番得见，众体皆备，笔法淋漓，气韵生动，足见其对书道之理解益有精进。

鹏程年少，天资聪颖，生又逢时，加以痴迷书画，于今已卓而有成，也是可喜可贺。

书法之道，进乎技矣。用笔用腕，点画之间，只可意会而难于言表。更兼私秘其技而不愿外宣者多有，书艺之不传亦无怪矣。间有金针度人之著述，也大半语焉不详。如传统所谓之"锥画沙"、"折钗股"及"屋漏痕"类，细微之处，毫颠之妙，恐亦是各有会心。唐人褚遂良[8]谓"用笔当如锥画沙，如印印泥"。以锥画沙，精义在于藏锋笔中。令人费解处在于何为藏锋笔中？欲藏锋笔中，当如何用笔？如何用墨？如何用腕？宋人姜夔[9]谓"折钗股者，欲其屈折，圆而有力"。清人朱履贞[10]阐释云"如钗股之折，谓转角圆劲力均"。然转角之处又如何方为圆劲？如何方能力均？至于唐人颜真卿[11]所谓之"屋漏痕"，更是讼争纷起，莫衷一是。姜夔《续书谱·用笔》云："屋漏痕欲其横直匀而藏锋。"朱履贞《书学捷要》云："屋漏痕者，屋上无光透露处，仰视则方、圆、斜、正形象皎然，以喻点画明净，无连绵牵掣之状也。"或谓"不见起止之迹"为屋漏痕。近人沈尹默先生[12]则认为屋漏痕即中锋行笔。自唐至今，已逾千载，仍不能定于一说，即自今日始，再越千载，恐亦难有定论。

中华书法，博大精深，欲得其旨归，若非口授心传，欲达亦难矣哉，此亦乃父子书家、书法世家频现于世之重要原因也。即以周家为例，周庸邨先生[13]即系周文郁先生族弟。据云，周庸邨先生弱冠之年于周文郁先生处得见经亨颐先生[14]之爨宝子体五言联"无我仁之至，有常德自隆"，怦然心动，乃问学于文郁先生，潜心临摹《爨宝子碑》，凡数十年而不移志，终享盛名。

家学渊源，虔诚痴迷，好学深思，勤练不辍，周氏一门代有书家也就是自然而然的事。今汇为一集，刊布于世，雅人深致，令人称羡。以为斯乃书坛韵事，当有功于越地教化，故乐为之序。

2007年5月8日。系为周英杰、周鹏程主编，西泠印社出版社2007年5月出版的《山阴周氏四代书画作品集》撰写的序言

## 注释

1 "六艺",孔子的教育内容。一说指孔子所用的《礼》《乐》《书》《诗》《易》《春秋》六种教材;一说指孔子教学生的礼、乐、射、御、书、数六种知识技能。此处从后说。

2 周文郁(1879—1937),原名树勋,字洙丞、宽户,号缘督,浙江省山阴县后马(今绍兴市柯桥区)人,北宋理学家周敦颐三十一世孙。先中举人,后与刘大白等同考拔贡,为省试第一。20世纪30年代初,北平书画界发起义卖赈灾,其书作与蔡元培、马一浮、马叙伦、邓散木等同价。

3 徐生翁(1875—1964),生于浙江省绍兴县檀渎(今属绍兴市越城区)。早年姓李,名徐,号生翁,中年以李生翁书署,晚年复姓徐,仍号生翁,近代异军突起、风格独特之艺术家。诗书画印诸方面都卓有成就,尤以书法出类拔萃,独具匠心,声誉崇高。其书师法汉隶,以隶书为根底,兼工四体,行楷、行草、篆书别有特色,碑书于探本溯源中独辟蹊径。篆刻亦独具一格。

4 郑板桥(1693—1765),原名燮,以号行,清代"扬州八怪"之一。诗、书、画均旷世独立,人称"三绝"。书以隶体参入行楷,自称"六分半书"。

5 黄鲁直(1045—1105),即北宋诗人黄庭坚,字鲁直,号涪翁、山谷道人。工诗词文章,受知于苏轼,与张耒、晁补之、秦观并称"苏门四学士"。擅长行、草书,楷书亦自成一家。

6 周世昌(1927— ),周文郁子,长期从事美术创作与教育工作。

7 伊秉绶(1754—1815),字祖似,号墨卿,晚号默庵,清福建汀州人。乾隆进士,以"廉吏善政"著称。喜绘画、治印。工书,尤精篆隶,超绝古格,独放异彩,与邓石如并称大家。

8 褚遂良(596—658,或597—659),唐杭州钱塘人。与欧阳询、虞世南、薛稷并称初唐四大书法家。其父褚亮为初唐文学馆"十八学士"之一。

9 姜夔(约1155—约1221),字尧章,自号白石道人,宋饶州鄱阳人。擅书法,工诗词,通音律,能自曲。

10 朱履贞,生卒年不详,字闲泉,号闲云,浙江秀水(今嘉兴)人,清嘉庆年间(1796—1820)书法家,著有《书学捷要》。

11 颜真卿(709—784),字清臣,唐琅邪临沂人,颜师古五世从孙。工书法,初学褚遂良,后从张旭,创"颜体"。

12 沈尹默(1883—1971),浙江吴兴人,曾任北京大学校长、中央文史研究馆副馆长。以书法闻名，民国初年，即有"南沈北于（右任）"
之称；20世纪40年代，有"南沈北吴（玉如）"之说。

13 周庸邨（1900—1998），原名榕村，以号行，浙江省绍兴县（今绍兴
市柯桥区）华舍街道后马人。以擅爨宝子体书法闻名。有临集传世。
爨宝子为东晋碑刻，清道光年间（1821—1850）于云南建宁发现，全
文三百余字，字体隶意中带楷法，康有为尊之为"真书之鼻祖"。

14 经亨颐（1877—1938），字子渊，号石禅，晚号颐渊等，室名长松
山房，生于今浙江省绍兴市上虞区驿亭。尝代理国立中山大学校长职
务，为春晖中学首任校长。除教育及民主革命活动外，于诗、书、
画、印均有杰出造诣。书法专攻《爨宝子碑》，古拙端严中有闲逸之
韵，其艺术境界近代无第二人。

# 黄酒礼赞

　　岁岁立冬，今又立冬，冬酿之风今更浓。立冬开酿，是酒乡绍兴的神圣时刻，是越糯、鉴水与天时的神奇结合。

　　绍兴黄酒越千年，中华国酿总缠绵。圣贤庶民皆钟情，春夏秋冬飘欲仙。

◇中央酒库

黄酒，是绍兴人、中国人奉献给全人类的宝物。在这个地球上，白酒、红酒、啤酒多有出产，惟黄酒为中国独产，而绍兴又恰恰是中国黄酒的原产地。由此而言，黄酒是中国的国酒，绍兴是黄酒的故乡。

　　黄酒是历史。从《国语》《越绝书》《吴越春秋》等古代文献对黄酒的记载算起，绍兴黄酒已经与中华文明相伴而行了2500年。

　　黄酒是文化。它独特的酿造技术，本身就是国家十分重要的非物质文化遗产。古往今来，许许多多的文人墨客更是与黄酒结下了不解之缘。

　　黄酒是人生。人生有悲欢离合，黄酒可消愁助兴。人之亲情友情历久弥深，恰如绍兴黄酒越陈越香。

◇ 落缸发酵

黄酒是生态。藏污纳垢之地，产生不了黄酒；山河破碎之处，产生不了黄酒。只有像会稽山、鉴湖水这样的好山好水，才能孕育出东方美酒之冠黄酒。

黄酒是经济。它不仅仅是绍兴地方经济的重要组成部分，而且远销国外，成为我国对外贸易的一大亮点，成为中国走向世界的友好使者。

黄酒如会稽山，巍峨屹立，长盛不衰！
黄酒似鉴湖水，源远流长，万世不竭！

2008年9月19日。系在香港阳光卫视拍摄的我国首部以黄酒为题材的高清纪录电影《水客》开机仪式上的致辞。为祝贺2010年11月7日（庚寅十月初二，立冬）开幕的第16届中国绍兴黄酒节，刊发于2010年11月9日《绍兴日报》

# 森林礼赞

　　茫茫森林，充满灵性。她是陆地生态系统的主体，更是人类文明的摇篮。她是经济社会发展的基础和前提，更是人类文明进步的动力和源泉。

　　森林具有适应自然的秉性。春天到了，森林万物欢腾，生机盎然；夏天到了，森林不畏烈日，承受酷暑；秋天到了，森林硕果累累，叶落归根；冬天到了，森林傲然挺立，栉风沐雨。有泥土，森林扎根于其中；无泥土，森林扎根于岩缝。不管风霜雪雨，我自岿然不动；纵然饱经风霜，依然百折不挠。这就是森林的自然适应性。人生不可能一帆风顺，工作不可能一蹴而就。千里之行岂可直似绳，万里征程怎能易如闲。物竞天择，适者生存。这，就是森林给我们的人生感悟和工作启迪。如果有了这样的认识，我们就会对森林倍加敬重。

　　森林具有奉献人类的秉性。她涵养水源，保持水土；固碳制氧，净化空气；平衡生态，孕育万物。她为人类提供山清水秀的生产、生活环境，提供无污染、可持续的生产、生活资料。她告诉人类，"留得青山在，不怕没柴烧"；甘愿粉身碎骨，乐为大众献身；总是牺牲自我，无私造福人类。森林的这种秉性，与生俱来，永不改变。这种奉献精神，在发展社会主

◇ 会稽山局部

义市场经济的今天，尤其值得广大公务人员来学习践行，尤其需要在全社会大力倡导弘扬。如果有了这样的认识，我们就会对森林视若至宝。

森林具有和谐社会的秉性。她从来与社会和睦相处，不向社会索取；与人类和平相处，不向人类诉求。她从来都是无所畏惧地接受大自然的严峻考验，春风化雨地促进全社会的和谐幸福。她教育人类，"十年树木，百年树人"，人与自然要和谐；她提醒人类，独木不成林，人与人之间、人与社会之间要和谐；她激励人类，"前人栽树，后人乘凉"，代际之间要和谐。这种和谐的秉性，正是森林馈赠给人类社会的最宝贵的精神财富。如果有了这样的认识，我们就会对森林五体投地。

适应自然，奉献人类，和谐社会，是何其崇高的秉性，又是何其经典的文化。学习传承这种秉性，发扬光大这种文化，人类定当会有更好的明天！

2009年10月20日。载于2010年12月13日《绍兴日报》

# 求是精神永存

很高兴应邀前来参加浙江大学"求是精神"教育基地的揭牌仪式。浙江大学把这个教育基地放在绍兴市气象局竺可桢纪念馆，我觉得是名副其实、名正言顺、名至实归。这是因为，绍兴是先生的故乡，浙江大学是先生奉献了宝贵时光的地方。此时此刻，我们特别深切地怀念先生，特别由衷地敬仰先生。

竺可桢先生是绍兴人民的骄傲。古越绍兴，山明水秀；古往今来，名人辈出。一部二十五史，为226位绍兴人列传。近现代以来，绍兴更是涌现出了一大批为国家、为民族进步而奋斗的仁人志士、才人俊杰，先生就是其中的代表。我们从先生的身上，看到了绍兴无数的先贤一直有一种精神相传，那就是爱国、爱乡；一直有一股激情相连，那就是创业、创造；一直有一条文脉相承，那就是"万卷"、"万里"，"读万卷书，行万里路"， 知与行相结合，理论与实践相结合，个人与社会相结合。正是靠着这样一种精神、一股激情、一条文脉，才使得绍兴成为了闻名华夏的名士之乡、鱼米之乡和当今中国经济发展水平最高、人民幸福感最强的地区之一。而这正是绍兴人最引以为自豪和骄傲的。

竺可桢先生也是时代天空的明星。他创设了我国大学中第

一个地学系，创建了中央研究院气象研究所，是我国现代气象学和地理学的奠基人，是中国科学院和中国科学院学部的奠基人。先生担任浙江大学校长13年，呕心沥血，被尊称为"中国四大校长"之一，是我国现代教育的先行者和实践者。先生毕生从事科学研究，取得了丰硕的研究成果，培养了大批的栋梁之才，这些研究成果和栋梁之才影响中国，惠及人类，其中有不少具有里程碑的意义。正是因为如此，先生是20世纪天空当中璀璨夺目的星星，照亮了时代大地，推动了时代前进。

竺可桢先生还是当今社会的至宝。先生诞辰已经120周年，离开我们也已经有36年了。斯人已逝，而其神永存。先生的人品，先生的精神，先生的学术，今天仍然是至为宝贵的精神财富。有人议论，当今社会红尘滚滚、人心浮躁，而先生所倡导、践行的"只问是非，不计利害"的"求是精神"和

"一丝不苟"的座右铭，正是医治这一社会病的良药。有人猜测，"钱学森之谜"的谜底究竟是什么，而先生丰富的教育思想，正是揭开这一谜底的最好途径。有人感叹，气候变化，可奈之何，而先生的《历史时代世界气候的波动》《中国近五千年来气候变迁的初步研究》等著述和成果，正是为人们指点了迷津，指明了方向。

先生又名绍荣，我的理解，是先生"以作为绍兴人而光荣"。确实如此。先生一如家乡的民居，粉墙黛瓦，磊落明静；一如家乡的黄酒，醇厚淳朴，越陈越香。先生又似鉴湖之水，源远流长，滋润万物；又似稽山之峰，岿然屹立，巍峨万年。

先生精神永存！

求是精神永存！

2010年6月24日。系在"浙江大学求是精神教育基地揭牌仪式"上的致辞

# 咏龙山

洸洸吾越，悠悠春秋。山川钟灵，风物毓秀，青峰环野而立，曲水抱城而流。诗书传承，文脉流徽，历代俊彦云集，奕世雄才辈出。

◇ 绍兴博物馆——龙山

夫越之所以闻天下者，由是城也。周敬王三十年（前490），越王句践择今之绍兴龙山东南麓，筑城立都。汉永和五年（140），马守筑湖，水城桥都，始成雏形[1]。两晋之际，成"海内剧邑"[2]，如"昔之关中"[3]。隋时，越国公杨素重修越城而定枢局[4]。宋高宗陪都越州，升州为府，赐名绍兴。元为路，明清为府。其间几经分合易复，而城池之基，未尝移也，乡贤陈桥驿公叹谓江南独绝、举国罕觏。

　　越据城而"立霸王之业"[5]，遗风流芳；城依山而展岿然之姿，文脉绵延。山者，龙山、怪山（今称塔山）、蕺山云云，而以龙山为冠。

　　夫龙山者，又曰卧龙山，越中之形胜，越城之眉目也，

以盘旋回绕，峰峦逶迤，状若卧龙而得名。越大夫文种[6]葬于此，故亦称种山，乡人不解，讹为重山。康熙南幸，驻跸于此，易名兴龙山。以旧时官府衙署所在，又俗称府山。山因人显，人随诗现，诗从景出，景以诗传。无数高人雅士心驰神往，众多墨客骚人诗咏丹描，可谓代不绝书。其人也，句践、范蠡[7]、文种、钱镠[8]、范仲淹[9]、秋瑾、孙中山、周恩来，皆为百世之范。其景也，越王台、望海亭、蓬莱阁、满桂楼、仓颉祠、静胜寺、清白堂、稽山书院，堪称燕游之胜。其诗也，张继[10]《会稽郡楼雪霁》、元稹[11]《以州宅夸于乐天》、钱弘俶[12]《登卧龙山偶成》、蒋堂[13]《闵山》、秦观[14]《蓬莱阁》、陆游《蓬莱阁遇大风》、张岱[15]《龙山观雪》、康熙《登卧龙山越望亭》，实乃珠玑之咏。

吾师邹公，德隆而文盛，矻矻于越地文献编考数十载，著述良多，名满浙中。近以古稀之身，夙兴夜寐，遍征唐宋先贤龙山吟咏。今复掇其百余佳者，校雠训诂，钩玄提要，以贺绍兴建城二千五百年，扬吾越文化于中华大地，励越乡后人之继往开来。大著甫成，函余以序。余蹰躇多日，数欲辞。然念邹师报效桑梓之心也烈，殷殷叮嘱之情也切，遂不揣谫陋，恭敬从命。无奈殚神竭思，终未能表古越龙山之神韵，示邹师妙选之精彩，愧疚不已。

垒此数语，聊以为序。

后学冯建荣谨撰于庚寅榴月十九。

2010年6月30日。系为邹志方编注，中华书局2013年10月出版的《唐宋诗人咏龙山》撰写的序言

## 注释

1 马臻，生卒年不详，东汉永和五年（140）任会稽太守，筑成200余平方公里面积之鉴湖，造福乡民。

2 《宋书·顾觊之传》："山阴民户三万，海内剧邑，前后官长，昼夜不得休，事犹不举。"

3 《晋书·诸葛恢传》：诸葛恢任会稽太守，"临行，帝为置酒，谓曰：今之会稽，昔之关中，足食足兵，在于良守。以君有莅任之方，是以相屈。"

4 杨素（？—606），隋弘农华阴人，从杨坚定天下，率水军伐陈，以功高封越国公。于隋开皇年间（581—604），在卧龙山下修筑子城，设陆门四、水门一，周围十里。这是自从越王句践筑城以来，第一次有记载的城墙修建。这次扩建，基本上确定了绍兴城的总体轮廓，其城墙的基础与今日绍兴市越城区的城区一环线大体吻合。

5 《吴越春秋·句践归国外传》。

6 文种，字少禽，一说子禽，春秋时楚国郢人。越国大夫，以献伐吴九术、助句践灭吴名。今浙江省绍兴市越城区府山有文种墓。

7 范蠡，字少伯，春秋时楚国宛三户人。越国大夫，以助勾残灭吴、善经商名。公元前490年筑作之越都城，为今绍兴城之始。《养鱼经》作者。

8 钱镠（852—932），字具美（一作巨美），唐末杭州临安人。"五代十国"时十国之一的吴越国的建立者。

9 范仲淹（989—1052），字希文，北宋文学家。曾知越州，多善政。

10 张继（？—约779），字懿孙，唐襄州人。天宝进士。"安史之乱"起，避地吴越。诗多登临纪行，清远自然，如《会稽郡楼雪霁》。

11 元稹（779—831），字微之。唐代著名诗人，曾任越州刺史兼浙东观察使，轻民负，兴水利，重文化，多佳绩，并有《春游》《送王十一郎游剡中》等大量歌咏越中山水人文之佳作。

12 钱弘倧（929—975），字隆道，"五代十国"时吴越国的第四位君主，旋为弟钱俶取代。

13 蒋堂（980—1045），字希鲁，号遂翁，北宋大中祥符年间进士。曾知越州。为人清修纯饬，好学，工文辞。

14 秦观（1049—1100），字太虚，后更少游，别号刊沟居士，人称淮海先生，北宋著名文学家，曾旅越。

15 张岱（1597—1689），字宗子、石公，号陶庵、蝶庵居士，明末清初山阴（今浙江省绍兴市柯桥区）人。清兵入杭州后，毁家产，举义旗抗清。此后，避居剡中及山阴项里，尝住绍兴府治之卧龙山下快园。著述颇丰，以史、文见长，有《陶庵梦忆》《西湖梦寻》等十余种。

# 香榧礼赞

　　吾越泱泱，春秋悠悠；稽山巍巍，榧果累累。古越绍兴是闻名华夏的香榧之乡，会稽山脉是名满神州的香榧产区。这里得天独厚的气候、地形、土壤与植物群落，成就了香榧树的长生不老和香榧果的长盛不衰。

　　香榧栉风沐雨、饱经风霜，扎根岩土、岿然不动，适应环境、永葆青春。她总是直面造化，以变应变，以不变应万变，自强不息，厚德载物，这正是绍兴人民，乃至整个中华民族传统美德的生动体现。我们应当继往开来，很好地继承和弘扬这种传统美德。

　　香榧材可用，果可食，叶可药，全身都是宝。她总是无私地、默默地奉献，是榧农增加收入的重要途径，也是人们健身强体的重要食品，因而是重要的民生产业。我们应当与时俱进，因地制宜，以科学的态度来保护发展香榧这一民生产业。

　　香榧涵养水源、保持水土，固碳制氧、净化空气，绿化大地、平衡生态。她总是与山水和谐相处，是衡量检验一个地区生态环境好坏的重要标志，也是保持和改善一个地区生态环境的重要保障，具有强大的生态功能。我们应当很好地保护和发挥香榧的这一生态功能。

鸿蒙初辟岁月稠，岿然峭崿竞风流。三代同堂享天伦，四时常青缘慎修。曲直顺行应造化，卑亢有度蕴刚柔。餐雪饮雨万千年，静阅人寰春与秋。

这，就是香榧。

伟哉，香榧！

美哉，香榧！

可歌可唱、可亲可爱、可伴可友哉，香榧！

愿更多的人喜欢绍兴香榧，走进千年榧林，享受幸福人生！

2010年9月29日。系在"生态稽东·2010香榧旅游节开幕暨稽东香榧省级森林公园开园仪式"上的致辞。载于2010年11月26日《绍兴日报》。2013年5月29日，联合国粮农组织认定"绍兴会稽山古香榧群"为"全球第一个山地林果类生态利用系统"、"全球重要农业文化遗产"

# 爱国 敬业 尚和

## 一

初冬时节的绍兴，景色迷人，气候宜人，群贤毕至，少长咸集，来自全国各地的陆游研究方面的专家，怀着崇敬的心情，相聚在一起，共同纪念这位永垂不朽的伟人。

陆游故乡是闻名天下的名士之乡，这里独特的山水环境，加上经济、政治、城市、教育等诸方面因素的综合作用，造就了"士比鲫鱼多"[1]这种独特的人文现象。

说到绍兴的名人，我们不能不自豪地列举出一系列的数字。据1995年浙江人民出版社出版的《绍兴市志》记载，绍兴历代有进士2238位，其中三鼎甲46位，包括状元27位。1921年商务印书馆出版的《中国名人大辞典》，收录了清代以前的500多位绍兴籍名人。二十五史中，为今绍兴市区与绍兴县的227位绍兴人作传262篇[2]。《四库全书总目提要》中，收录了今绍兴市区与绍兴县112位绍兴人写的164部著述[3]。

纵观绍兴名人，有三个特点：一是史不绝书，历历可证；二是三教九流，各类俱备；三是群星灿烂，各领风骚。

这些名人，无疑是时代天空的彩虹，历史长河的砥柱，社会公众的偶像。这些名人，也无疑属于绍兴，属于中国，甚而属于世界。

在如此众多的绍兴名人中，陆游无疑是最为伟大的名人之一。陆游之名，名在爱国、敬业、尚和上。

## 二

陆游以爱国而著名。

朱东润先生称赞陆游是一位为国家奋斗了终身的"战士"[4]。邹志方教授认为，"陆游是我国历史上伟大的爱国诗人，之所以伟大，就在于爱国。这是陆游有别于我国历史上无数诗人的本质特点"[5]。

陆游确实是一位赤诚的爱国之子。他"一寸赤心唯报国"[6]，视国家的统一为至高无上的目标，一生最大的抱负就是为收复中原、统一祖国尽赤子之心，连醉里梦中都念念不忘，以致在生命的尽头还"但悲不见九州同"[7]。

陆游热爱祖国，也热爱家乡。他爱家乡的人民，爱家乡的山水，更是与家乡人民的"母亲湖"镜湖，结下了不解之缘。他"五十年来住镜湖"[8]，终身"长歌歌镜湖"[9]；他始终"记取镜湖无限景"[10]，担心"久着朝服

◇陆游雕像

◇ 沈园葫芦池

负此湖"[11]。陆游对鉴湖的深情，深厚了鉴湖的文化底蕴，实现了鉴湖的锦上添花，是他爱国思想生动而具体的体现。

这样一种爱国的情怀，在大陆和台湾依然隔海相望、经济全球化的浪潮一浪高过一浪的当今时代，无疑是值得我们很好地去研究、学习和弘扬的。

## 三

陆游以敬业而闻名。

他从政、学剑、钻研兵书，一丝不苟；作书、写史、创作诗词，一尘不染。这种敬业精神，尤其表现在他的诗词创作上。他"六十年间万首诗"[12]，至今尚存9300首，是我国历史

上最杰出的诗人之一，也是留下诗作最多的诗人。他活了86岁，46岁以前的漫长岁月中，只留存了200多首，其中42岁以前的诗作，仅存54首[13]，这是他自己严格要求、精益求精删选的结果。他的诗词，既非无病呻吟、无风起浪，也非空穴来风、空洞无物，多是现实的写照，人生的感悟。

这样一种敬业的情操，在红尘滚滚、人心浮躁的当今社会，无疑是值得我们很好地去研究、学习和弘扬的。

## 四

陆游以尚和而知名。

他生于充满内忧外患的时代，一生经历了科举落榜、怀才不遇、政敌打压、爱情失意、遭人非议等种种磨难。但是，殊为难得的是，他始终保持了"零落成泥碾作尘，只有香如故"[14]的可贵操守，保持了一颗为官为人、为臣为民的平常之心、平和之心。

他钟情山水，执着生活，特别崇尚和向往一个"和"字。他在诗中写道，"镜湖四月正清和，白塔红桥小艇过"[15]，"白头万事都经遍，莫为悲伤损太和"[16]，"莫笑蓬门雀可罗，老农正要养天和"[17]。或许正是这样一个"和"字，成就了陆游的长寿。尤其是在生命的最后二十来年中，陆游长期生活在家乡山阴的农村老家，与农民为友，更是保持了"眼明身健何妨老，饭白茶甘不觉贫"[18]的乐观心情，"山重水复疑无路，柳暗花明又一村"[19]的宽慰心境和"小楼一夜听春雨，深巷明朝卖杏花"[20]的恬淡心绪，真正做到了与人与己、与山与水、与天与地的和谐。

这样一种尚和的情愫，在经济转型、社会转轨的当今中国，无疑是值得我们很好地去研究、学习和弘扬的。

## 五

文化是一条源远流长的河，流过昨天，流到今天，还要流向明天。陆游留给我们的文化遗产，无疑将作为这条文化长河中的重要支流，哺育更多的故乡子孙，滋养更多的中华儿女。

文化是人类精神天空中的亮丽彩虹，引领着人类社会的进步。陆游无疑将作为这道彩虹中最为绚丽的部分之一，引起更多的人的关注和喜爱，帮助更多的人净化心灵、改善人生。

历史人物的研究，需要崇尚争鸣。争鸣有助于弄清事情的原委。只有通过争鸣，才能接近甚至恢复历史人物的本来面目。

历史人物的研究，也需要崇尚理性。研究工作要有激情，但不能激动。要避免感情用事，防止爱屋及乌。要坚持实事求是，做到不溢美、不掩丑，不拔高、不贬低。

历史人物的研究，还需要崇尚借鉴。研究工作既要反对急功近利的实用主义，也要反对不着边际的虚无主义。以历史和历史人物为镜子，从历史的演变和历史人物的身上，寻找多方面的有益启示，应当作为研究工作的基本出发点和落脚点。

我相信，以这样的一种态度来开展研究，研究工作就一定会取得丰硕的成果。

2010年11月13日。系在"纪念陆游诞辰885周年暨陆游与鉴湖国际研讨会"上的致辞。后作为中国陆游研究会编、人民出版社2011年12月出版的《陆游与鉴湖》的前言

## 注释

1 〔明〕袁宏道《初至绍兴》，"闻说山阴县，今来始一过。舴艋革履小，士比鲫鱼多。聚集山如市，交光水似罗。家家开老酒，只少唱吴歌。"

2 此处绍兴人，系指历史上的山阴、会稽两县（相当于今浙江省绍兴市越城、柯桥两区）籍人士。因古代籍贯，往往承袭三代以至五代以上，故一些虽书客籍，但已定居山、会，死葬山、会的，如东晋王羲之、唐代贺知章、明代王守仁；或虽系客籍，但在山、会出生的，如南宋理宗赵昀、度宗赵禥等，均包含其中。二百六十二篇、人当中，唯南朝四书与《南史》《旧唐书》与《新唐书》《元史》与《新元史》中有三十五篇、人重复，故实际为二百二十七篇、人。

3 根据中华书局1964年影印出版的《四库全书总目》，山、会两县籍绍兴人的入库书有54种、765卷，存目书有110种、1030卷。合计164种、1795卷，分别占《总目》种数的1.6%、卷数的1%。

4 朱东润《陆游传》，陕西师范大学出版社2009版，第249页。

5 13 邹志方《陆游研究》，人民出版社2008版，第273页、第222页。

6　〔宋〕陆游《江北庄取米到，作饭甚香，有感》，《剑南诗稿》卷一七。

7　陆游《示儿》，《剑南诗稿》卷八五。

8　陆游《秋兴》，《剑南诗稿》卷八三。

9　陆游《思故山》，《剑南诗稿》卷一一。

10　陆游《秋社》，《剑南诗稿》卷四七。

11　陆游《泛舟》，《剑南诗稿》卷三七。

12　陆游《小饮梅花下作》，《剑南诗稿》卷四九。

14　陆游《卜算子·咏梅》，《渭南文集》卷四九。

15　陆游《初夏怀故山》，《剑南诗稿》卷二。

16　陆游《蓬户》，《剑南诗稿》卷一六。

17　陆游《蓬门》，《剑南诗稿》卷二七。

18　陆游《书喜》，《剑南诗稿》卷四十。

19　陆游《游山西村》，《剑南诗稿》卷一。

20　陆游《临安春雨初霁》，《剑南诗稿》卷一七。

# 茶叶，您好！

一

惠风和畅，莺飞草长，又是一年春茶香。

绍兴是茶叶的故乡，是我国最早产茶的地区之一。绍兴产茶，始于东汉。据东晋文献《神异记》等记载，东汉时魏伯阳等已在上虞凤鸣山一带种茶炼丹，饮茶服药，祈求长生。照此算来，绍兴种茶已有了近两千年的漫长历史。

绍兴茶叶，兴于魏晋南北朝。那时北方战乱，大批贵族、士人、高僧南来物阜民殷的绍兴，绍兴茶叶由此快速兴起，茶叶成为人们待客、祭祀的日常饮料。由于可以饮用、药用，加上安全、卫生，茶叶更是出现了与儒、释、道结合的趋势，昙光、支遁两位禅师作为新昌大佛寺的开山祖师，也被后人称为"佛茶"之祖。

绍兴茶叶，盛于唐代。《全唐诗》收录了一百余位诗人的四百余首茶诗，其中白居易就有六十余首。著名的"唐诗之路"，对绍兴茶叶的普及、繁盛与扩大影响，起到了推波助澜的作用，四百余位诗人在此品茗唱和，传为佳话。茶圣陆羽在我国茶文化史上最重要的著作《茶经》中盛赞，茶，"越州上"；"碗，越州上"；"越瓷青而茶色绿"。陆羽的忘年交

◇茶园

诗僧皎然，流传至今的茶诗有25首，其中不少是在剡溪、沃洲山一带写的，足见他对越中茶叶的魂牵梦萦。他在我国茶叶史上首次提出了"茶道"的概念，比日本人使用这一词早了八百余年，堪称中国的"茶道"始祖，而绍兴也堪称是中国茶道之源。

绍兴茶叶，旺于宋代。这时的平水是影响一方的大集市，不光绍兴当地，萧山、东阳等周边地区的茶叶也在此集散。平水一带的日铸茶，首创炒青之法，一度扬名天下，后来，清人金武祥在《粟香之笔》中誉其"开千古饮茶之宗"。诸暨东白山一带，还培育出了石笕茶。明隆庆《诸暨续志》中记载，"茶产东白山者佳，今充贡"。身处如此氛围中的陆游，更是写了三百多首茶诗，占了他全部存诗的三十分之一，成了历代诗人中写茶最多的一位。他在诗中反复表达的愿望，是继承陆羽，成为茶神。

绍兴茶叶，延于元明清。刘伯温当年在《出越城至平水记》中，称绍兴南部地区"多美茶"，他到平水时，主人摆出了"茶、瓜、酒、食"，茶被列为第一款。当时绍兴产的日铸雪芽，盛行京师，远涉欧美，被称为"绿色珍珠"。

时至当代，绍兴茶叶更是欣欣向荣，蒸蒸日上，还培育出了中国现代茶业的奠基人、毕生从事茶事的农学家吴觉农。

而今，绍兴茶叶的年产值占了全国的十分之一，珠茶的加工出口量占了全国的五分之四。绍兴成了名至实归的"中国茶叶之乡"。

## 二

绍兴茶业的发展，是与绍兴特殊的自然条件分不开的。

绍兴"七山一水二分田"，地貌以丘陵为主，地势从西南向东北倾斜，会稽山、龙门山、四明山等山脉逶迤其境，古鉴湖、曹娥江、浦阳江蜿流其间。

绍兴处于亚热带季风气候区，四季分明，日照丰富，雨量充沛，温和湿润。

这样的地理和气候，为绍兴提供了得天独厚的茶叶种植环境。这是大自然对绍兴人情有独钟的恩赐。

绍兴茶叶的发展，是中国茶叶发展的一个缩影。而茶叶历千年而不衰，经百世而益盛，则是由茶叶的禀性决定的。

## 三

茶叶善处自然。

作为大自然万物中的一员，她总是宽容、厚道、友好地与万物和睦相处，心甘情愿地做自然大家庭中的普通分子，诗情画意地生活在这个自然大家庭里面。

她不与乔木争高低，自信风雨来了由乔木遮挡，雷电来了由乔木避让，烈日来了由乔木遮蔽，总是淡定、谦卑地坚守在自己的位置上。

她不与天时争强弱，一年四季郁郁青青，始终保持盎然生机，春夏时节勤吐嫩芽，秋冬时节开花结果，一派"笑傲江湖"的气概。

她不与地理争优劣，身处平地，则扎根土壤深处，枝叶茂盛；落户山坡，则扎根岩缝当中，精神抖擞。

## 四

茶叶善解人意。

一个茶字，上面是"草"字头，下面是个"木"，中间是个"人"，说明她充满"人性"，充满人情味；说明她总是把人放在心中，总是千方百计地满足人的需要。"本是草木中人，乐为大众献身。不惜赴汤蹈火，欲振万民精神。"这正是茶叶"人性"的真实写照。

她助人止渴养生，努力满足人们生理上的需要。正如日本荣西禅师在其《吃茶养生记》中所说的那样："茶者，养生之仙药也，延龄之妙术也。"

她助人交友联谊，努力满足人们情理上的需要。正如周作人在其《喝茶》中所说的那样："瓦屋纸窗之下，清泉绿茶，用素雅陶瓷茶具，同二三人共饮，得半日之闲，可抵十年的尘梦。"

她助人修身养性，努力满足人们心理上的需要。正如皎然在其《饮茶歌诮崔石使君》诗中所说的那样："一饮涤昏寐，情来朗爽满天地；再饮清我神，忽如飞雨洒轻尘；三饮便得道，何须苦心破烦恼。"

## 五

茶叶善待社会。

千百年来，茶叶与作为我国传统文化三大支柱的儒、释、道相互融合，形成了以和谐思想为核心的茶文化。

她成就了平和的社会习俗。"烧茶煮饭"、"茶余饭后"、"柴米油盐酱醋茶"、"琴棋书画诗曲茶"，人们或代代相传，或梦寐以求的，正是这样一种平静、恬适、和谐的生活。

她成就了清和的社会风气。古往今来，许多文人墨客留下的大量优秀的与茶有关的书画、诗词、歌赋、文章，无不洋溢着追求清平、渴望宁静、向往和谐的情感。客人来了，清茶一杯，以示真诚，更是成了中华民族的基本待客之道。

她成就了共和的社会目标。她在启迪人们与自然和谐相处、与社会和谐相处的同时，告诫人们自身也要和谐。她的培植生长、炒制加工、冲泡饮用，更是蕴含了环环紧扣、友好合作、和谐共处的思想。

## 六

会稽茶叶史悠悠，声名远播甲神州。千年传承功德高，三教相融底蕴厚。强身健体增精气，修心养性少忧愁。赴汤蹈火永不悔，顺时应势朝前走。

无余守禹冢，安身建奇功。句践争霸主，作药军营中。秦皇望东海，品茗把德颂。汉时始种植，渴饮受推崇。魏晋南北分，舜儒释老融。盛唐民安康，茶道日昌隆。宋元供需望，日铸成朝贡。明清声名远，飘洋受爱宠。今日成大宗，质量至为重。修身养性者，惟我"会稽红"。

越中"日铸茶"，句践即爱她。元白（元稹、白居易）以诗换，放翁更自夸。日月云雾伴，钟灵毓精华。摘于清明前，採由姑娘家。炒制凭秘方，加工有妙法。劝君常相饮，体健性情佳。

嫩阳普照，茶绿姑娘俏。人乐自然春来早，天姥如此多娇。诗路千年悠悠，茶道底蕴深厚。最是"大佛龙井"，长使身性双秀。

花香剡溪春意闹，画眉欢笑，松鼠奔跳，黄蜂飞舞嗡嗡叫。忘形自然竞妖娆，佳人如潮。山绿景美，敢说"越乡龙井"妙。

茶叶，您好！

2011年3月21日，春分。以《茶叶礼赞》为题，刊发于2011年4月11日《绍兴日报》。后应友人之约缩写成《绍兴茶记》，载于2012年4月21日《人民日报》

# 伟哉，越水！

　　水，是生命之源，是人类生活和社会生产所必需的基本要素，是支撑和保障经济社会持续发展的基础资源。作为水乡，绍兴更是与水有着不解之缘。水养育了越乡人民，伴随着越地变迁，演绎着越中文明。一部古代绍兴的文明进化史，很大程度上是一部水患治理史；一部当代绍兴的发展进步史，很大程度上是一部水利建设史；一部未来绍兴的伟大复兴史，很大程度上有赖于水文化的传承与弘扬。

一

　　水见证了绍兴的往昔。历史上的绍兴，曾是一个咸潮直薄、水患频发的"荒服"[1]之地。管子曾说："越之水浊重而泪，故其民愚疾而垢"[2]。陈桥驿先生认为："绍兴这个良畴沃野、河湖交织的鱼米之乡，它其实是各历史时期水利的产物。"[3]

　　为了生存、繁衍和发展，历代绍兴人在治理水害、改造环境、建设家园中做出了前赴后继、艰苦卓绝的努力。"禹疏九河……八年于外，三过家门而不入"[4]，至会稽，终于地平天成。越王句践"依江而筑"城墙，围"富中大塘"[5]，凿

◇ 鉴湖

"山阴故水道"[6]，垦耘田畴，生聚教训，终成霸业。东汉马臻筑堤蓄水，形成"其周三百五十有八里"[7]之浩渺鉴湖，溉田九千顷。陈桥驿先生"曾以当时的湖泊所在，在1∶50000的地形图上求积，初创之时，全湖面积达206平方公里"[8]。晋朝贺循疏凿浙东运河，乃有"今之会稽，昔之关中"[9]之说。宋时汪纲重修府城，浚城河而利通舟。明代汤绍恩修三江闸，令山会之水蓄泄有度，"山会萧三邑之田去污莱而成膏壤"[10]。

鉴水冬月雾升腾，往事似云。又忆马臻，奇冤芳草长披坟。清官总有清水情，譬如绍恩。遗惠至今，明珠生辉更泽人。

这是2005年12月我在绍兴柯桥的"柯水园"建成开放时作的一首小词，借以缅怀马臻太守与汤绍恩知府等治水伟人。他们的功德，将永远镌刻在古越的大地上，铭记在人民的心坎里。

"善治越者，当以浚河为急。"[11]明代乡贤季本的这句话，是绍兴历史经验的深刻总结。新中国成立六十多年来，绍兴的地方领导人继往开来，带领人民群众发扬先人治水精神，按照"上蓄、中疏、下泄"的总体治水方针，坚持不懈地开展了水利基础设施建设。从上世纪五六十年代的建造山塘水库、小水电站，到七八十年代的开展河道砌墈清淤、兴修沿海堤塘水闸，再到九十年代的小流域治理、水库除险加固、标准海塘建设等，绍兴水利建设进入了突飞猛进的发展时期。进入本世纪，绍兴更是开展了声势浩大的"清水工程"建设。特别值得一提的是，从1968年至今，绍兴县先后组织实施了19次大规模的治江围涂工程，围成面积达14.4万亩。今天，在昔日茫茫的滩涂上，一座现代化的滨海工业新城正在崛起，一座横亘杭州湾、接轨大上海的跨江大桥即将诞生，这里已经成为绍兴最具活力的投资开发热土，充满着无限美好的前景。

"甚哉，水之为利害也"[12]。正是由于一代又一代绍兴人对水的兴利除害，才使绍兴经济社会的发展有了一个相对良好的自然环境，才建设起了自己幸福和美的生活家园。

## 二

水绘就了绍兴的秀美。世界上许多地方有山，但没有水；许多地方有水，但没有山；许多地方有山有水，但往往是千山万水。而绍兴不但有山，而且有水；不但有青山，而且有秀水。绍兴之山，既有崇山峻岭，又有茂林修竹；绍兴之水，既有江河湖泊，又有沧海潮汐。绍兴山的代表，是会稽山；水的代表，是鉴湖水。前人有云，以山兼湖之胜，则推西湖；以山兼海之胜，当推普陀。我们也完全可以说，以山兼水之胜者，理推绍兴。陈桥驿先生2009年12月曾以洋洋近万言，热情讴歌绍兴的"水之孕"，称"宁绍平原是我们神州大地上'水之孕'的杰出典范"，而且"'水之孕'是遵循着自然规律和人文规律而孕育成这个水乡泽国的"[13]。

让我们进一步来看看水是如何描绘绍兴大地的。发源于绍兴南部会稽山脉的石泄江、富盛江、若耶溪、南池江、坡塘江、娄宫江、漓渚江、秋湖江、项里江、型塘江、陌坞江、夏履江等溪河，史称鉴湖"三十六源"[14]，它们源源不断地涌入北部地区，或溢而为江，或渚而为湖，或为沼为池、为溇为荡。经过先人们按照"天人合一"理念而进行的精心设计改造，又产生了鉴湖、浙东运河等巨大的水利工程，从而最终形成了交叉纵横、星罗棋布的平原河湖网络。特别是鉴湖的建成，使"山会平原南部的自然面貌顿时改观"[15]。湖山奇丽，风光独特，使绍兴成了"江南的第一胜境"[16]。难怪"书圣"王羲之及其子王献之感叹："山阴道上行，如在镜中游"[17]，"从山阴道上行，山川自相映发，使人应接不暇。若秋冬之际，尤难为怀"[18]。当年著名画家顾恺之"从会稽还，人问山川之美，顾云：千岩竞秀，万壑争流，草木蒙笼其上，若云兴霞蔚"[19]。尤其是狭猱湖、瓜渚湖、百家湖、青甸湖等湖泊点缀其中，水清如镜，碧波荡漾，身临其境，"使人感到宛如在威尼斯一样"[20]。

水多必然桥多。绍兴民间就有"出门坐船，抬脚过桥"之说，绍兴亦因此而被誉为"桥都"，以桥梁造型之多彩多姿而被称为"桥的博物馆"。据清光绪十九年（1893）绘制的《绍兴府城衢路图》所示，其时府城面积为7.4平方公里，城内有桥229座，平均每平方公里有31座，可见桥梁之众[21]。据陈从周先生《绍兴石桥》一书所载，从桥梁密度看，绍兴是苏州的2倍，是威尼斯的45倍，真是"垂虹玉带门前事，万古名桥出越州"[22]。

湖光山色，交相辉映。城市乡村，竞相辉煌。户户临水居，家家尽枕河。粉墙、黛瓦、石板，小桥、流水、人家，这是何等秀美动人的景象。

三

水兴旺了绍兴的经济。千百年来，绍兴人以水为生，靠水致富。独特的水土环境，使绍兴成为"我国稻作文化的发源地"[23]。与水紧密相关，渔业早在越国时就已成为重要的农业部门。范蠡把他在越地的淡水养殖经验总结成世界上最古老的养鱼文献《养鱼经》，对池塘条件、鱼种选择、鲤鱼的生殖季节、鱼类雌雄的比例与生长的速度以及养鱼的主要环节等，都作了详细的叙述[24]。绍兴进而成为古往今来闻名华夏的鱼米之乡。

良好的水土和气候条件，也使绍兴成了茶叶的故乡，是我国最早产茶的地区之一。绍兴产茶，始于东汉，兴于魏晋南北朝，盛于唐代，旺于宋代，延于元明清，其中的日铸茶等，享誉神州，甚至远播异域[25]。

得益于富含矿物质的鉴湖水，绍兴酿出了堪称国酿、天下独绝的绍兴黄酒，成为中国黄酒的故乡。城因酒而声望倍增，酒以城而闻名遐迩。孟文镛先生认为："越国的酿酒业是具有悠久传统的产业，其历史可以追溯到新石器时代中晚期。"[26]到了春秋战国时期，越国的酒正式见诸《国语》《吕氏春秋》等先秦文献的记载。公元前492年，越国败北，句践入质于吴。群臣以酒饯行，大夫文种的祝词便是："臣请荐脯，行酒二觞。"[27]公元前490年，句践返国，为行生聚教训国策，酒成了奖品，典籍上留下了"生丈夫，二壶酒，一犬；生女子，二壶酒，一豚"[28]之记载。尔后，越国出师伐吴，家乡父老向句践献酒，句践将酒倒于河中，与三军将士一起迎流共饮，举军感奋，战气倍增，史称"投醪劳师"[29]，绍兴市区的投醪河因此而得名。如今，酿酒已经发展成为绍兴的重要传统产业，古越龙山、会稽山、女儿红、咸亨、唐宋、太雕等黄酒品牌在国内外都已经有了相当的知名度。

纵横交叉的稠密水网，恰似大自然的神示，给了绍兴先人以纺织这种形象的启迪和丰富的想象；得天独厚的丰富水资源，终于使越地成为"丝绸文化的发源地"[30]和纺织之乡。早在东汉时，光武帝刘秀就已"常敕会稽郡献越布"[31]。六朝

◇ 鉴湖官塘，位于柯桥区湖塘镇，始建于明代

时期，会稽等地"丝绵布帛之饶，覆衣天下"[32]。唐朝末年，朝廷一度每十天就要征"越绫万五千匹"[33]。"异彩奇纹相隐映，转侧看花花不定。"[34]白居易的诗句，真是让人感到越绫的精妙绝伦，巧夺天工。历史发展到了今天，纺织业已经成为绍兴的"母亲"产业、支柱产业。绍兴化纤面料的年产量及年出口额均占到了全国的近10%，印染布的年产量更是占到了全国的28%。凭借雄厚的纺织产业而建设的柯桥中国轻纺城，已成为全国最大的纺织产品专业市场。

真是一方水土兴一方产业。有赖于优越的水土条件，绍兴还成为"中国青瓷的著名发源地"[35]。青瓷是中国历史上最早出现的瓷器，而绍兴先民正是"原始青瓷的创造者"[36]。与此同时，绍兴"的确可能是我国最早开始铸造铜剑的地区之一"[37]，"而且也可能是我国冶铁业的发源地"，"对此后我国古代冶金技术的发展产生了重大的影响"[38]。值得一提的是，绍兴"自古以来就有规模较大的造纸工业，曾经是一个国内著名的纸张供给地"[39]。难怪当年韩愈称纸为"会稽楮先生"[40]。尤为令人自豪的是，早在2500年前，绍兴先民便"使楼船卒二千八百人，伐松柏以为栟"，"以船为车，以楫为马，往若飘风，去则难从"[41]。以发达的造船业和丰富的航海术为基础，于越民族成了"我国最早面向海洋走向世界的民族"[42]。而今，在身处我国东部沿海最发达地区之一的绍兴人民的身上所展示的，正是这样一种代代传承的"开放"基因。

## 四

水孕育了绍兴的文化。陈桥驿先生认为，绍兴的水"不仅孕育了自然，同时也孕育了人文"[43]。相得益彰的稽山镜水，确实孕育了光辉灿烂的古越文化。

绍兴文化最鲜明的一个特点，是名人辈出，真可谓"史不绝书，历历可证"，夏商春秋，及至明清，载籍所纪，未曾间断；"三教九流，各类俱备"，拥有政治、经济、文化、军事等多方面的人才；"群星灿烂，各领风骚"，诸多名人功绩彪炳当时，精神流芳后世[44]。难怪袁宏道誉绍兴"士比鲫鱼多"[45]，毛泽东称绍兴为"名士乡"[46]。

绍兴文化的另一特征，是典籍宏富。我在为《四库全书中绍兴人著录提要》一书写的序言中，曾作过统计："《〈四库全书〉总目提要》共收录历史上山阴、会稽两县的一百一十二位绍兴人的著述一百六十四种，二千五百六十卷，举凡经史子集，医卜星相，无所不包。然以所录之巨，终亦不及越人著述之万一。"[47]我在《绍兴丛书》序言中也曾写道：越中

"籍具四部，堪称汗牛充栋"，"民国肇元前之越人备考书目即近五千种。尚有随珠和璞，零落尘泥，俯拾捃撷，皆成珠串"[48]。谓越地文章典籍几比沙于恒河，诚可信也。

刻石摩崖，是绍兴文化的又一特色。"摩崖题刻，琳琅满目，源远流长；碑版勒石，俯拾皆是，遐迩闻名。观其作者，帝王将相，乡牧里吏，蟾宫折桂，点缀其间；志士仁人，骚人墨客，草野隐逸，丛集于内。察其文辞，颂功歌德，抒写心志，概叙生平，应有尽有；弘佛扬道，恭录祭祀，告示民众，不一而足。究其形式，寻丈巨碑有之，盈尺小碣亦有之；精雕细琢有之，粗凿犷刻亦有之。考其法书，隶篆真草，诸体杂陈；古拙朴讷，若痴若稚；俊逸洒脱，龙飞凤舞。诚可谓吉光片羽，皆可宝也"[49]。

绍兴文化还有一大特点，是无数仁人志士、文人墨客，为秀美的绍兴山水风光所倾倒而流连忘返、讴歌不已。东晋永和九年（353），暮春之初，王羲之等42位当时全国第一流的文人学士，在兰亭曲水流觞修禊，饮酒赋诗作书，成就了千古名书、百世名篇《兰亭集序》。王羲之由此而成为前不见古人、后难见来者的书法圣人。当年不过是一个县以下的乡里单位的小小兰亭，从此成为书法圣地，而绍兴也因此而成为书法故乡。我在今年举行的第27届中国兰亭书法节时，曾作《书法礼赞》[50]，并吟诗相贺：

> 三月初三惠风舒，四十二贤多雅趣。崇山茂林映清流，峻岭修竹观天宇。游目骋怀寄逸兴，列坐其次吟诗曲。而今书圣已远去，难忘仍是兰亭序。

《唐才子传》收录了278位才子，其中有174位来过绍兴，占了63%。《全唐诗》2200多位作者，有400位左右到过越州。遥想当年，诸多文人雅士，指点稽山，游弋鉴水，激扬文字，留下了脍炙人口、千古传诵的绚丽诗篇。譬如鉴湖，李白就赞美："镜湖水如月，耶溪女似雪。"[51]杜甫就赞赏："越女天下白，镜湖五月凉。"[52]陆游就赞叹："千金不须买画图，听我长歌歌镜湖。"[53]陆游一生写了一万多首诗，存诗九千三百多首，有近千首是讴歌鉴湖的。被这唐宋文坛三大杰出诗人先后如此集中讴歌过的风景名胜，除了鉴湖，恐怕难再找出第二个了。《全唐诗》中，直接讴歌鉴湖的诗作多达一百五十余篇，这于我国其他风景名胜，恐怕也是难以企及的。元微之感慨："会稽天下本无俦，任取苏杭作辈流。"[54]袁宏道感叹："六朝以上人，不闻西湖好。"[55]这说明，至少在隋唐之前，鉴湖的名声是远远超过杭州西湖的。

绍兴灿烂的昨天，得益于水；绍兴辉煌的今天，受惠于水；绍兴美好的明天，取决于水。为绍兴之水树碑立传，是我多年来的夙愿。现在，在葛美芳先生满腔热情的组织和操持下，这个愿望终于实现了。这是很值得欣慰的。

在《丛书》出版的时候，写下这些话，算是序言。我愿借此机会，向造福了一代又一代绍兴人的水，深深地鞠躬！向千百年来一直与水为友的绍兴人民，致以崇高的敬意！向为本书的出版付出了辛劳汗水的组织者、写作者、编辑出版者和其他相关的朋友们，表示由衷的感谢！

2011年6月23日。系为葛美芳主编，中华书局于2011年10月出版的《绍兴水利文化丛书》撰写的序言

## 注释

1　《尚书·禹贡》。

2　《管子·水地》。

3　陈桥驿《绍兴水利史概况》，《鉴湖与绍兴水利》，中国书店1991年版。

4　《孟子·滕文公上》。

5　6　41《越绝书·记地传》。

7　〔宋〕曾巩《鉴湖图序》，《会稽掇英总集》卷二十。

8　13　15　16　43　陈桥驿《水之孕——绍兴县水文化遗存撷英》序，西泠印
　　社出版社2009年版。

9　《晋书·诸葛恢传》。

10　《三江闸务全书·闽督姚公重修三江闸碑记》。

11　〔清〕康熙《绍兴府志·浚学河记》。

12　《史记·河渠书》。

14　陈桥驿先生认为："'三十六源'是历来有关鉴湖诸文及方志中的笼统
　　说法，当指其主要源流。若把小支流计入，必不止此数。"《水之
　　孕——绍兴县水文化遗存撷英》序，西泠印社出版社2009年版。

17　〔北魏〕郦道元《水经注·浙江水》。

18　19　〔南朝·宋〕刘义庆《世说新语·言语》，浙江古籍出版社1998年版。

20　陈桥驿《越文化与水环境》中所引18世纪法国传教士格罗赛之记述，
　　《浙江学刊》1994年第2期。

21　陈从周、潘洪萱编著《绍兴石桥》，上海科学技术出版社1986年版，
　　第7页。

22　陈从周《山河处处》之《续越州吟》，浙江人民出版社1985年版。

23　26　30　35　36　38　42　孟文镛《越国史稿》，中国社会科学出版社2010年
　　版，第692页、432页、695页、699页、699页、707页、708页。

24　《养鱼经》，见北魏贾思勰《齐民要术》辑本。中华书局有2009年
　　版《〈齐民要术〉今释》，上海古籍出版社有2009年版《〈齐民
　　要术〉译注》。可参阅谭郁钧主编的《池塘养鱼学》，农业出版社
　　1960年版。

25　拙文《茶叶礼赞》，《绍兴日报》2011年4月11日。

27　《吴越春秋·句践伐吴外传》。

28　《国语·越语上》。

29　《吕氏春秋·顺民》。

31　《后汉书·陆续传》。

32　《宋书·沈昙庆传》。

33 《资治通鉴》卷二五九。

34 〔唐〕白居易《缭绫》。

37 李伯谦《中原地区东周铜剑渊源试探》，《文物》1982年第1期。

39 陈桥驿、颜越虎《绍兴简史》，中华书局2004年版，第119—120页。

40 《全唐文·毛颖传》。

44 《二十五史中的绍兴人》拙序，中华书局2003年版。

45 〔明〕袁宏道《初至绍兴》。

46 毛泽东《纪念鲁迅80周年寿辰·七绝二首》，《人民日报》1996年9月
   20日。

47 《四库全书中绍兴人著录提要》拙序，中华书局2004年版。

48 《绍兴丛书》拙序，中华书局2006年版。

49 《绍兴摩崖碑版集成》拙序，中华书局2005年版。

50 拙文《书法礼赞》，《绍兴日报》2011年4月19日号外。

51 〔唐〕李白《越女词》。

52 〔唐〕杜甫《壮游》。

53 〔宋〕陆游《思故山》。

54 〔唐〕元稹《再酬复言和夸州宅》。

55 〔明〕袁宏道《山阴道》。

# 香榧，您好！

层林尽染秋意浓，榧子葱郁独从容。最是相忆此圣果，今朝又得入口中。

又到了一年一度的香榧旺季。

香榧是会稽山的杰作。巍巍稽山，充满神奇。相传，中华民族的始祖黄帝曾在此候神遗谶，大舜曾在此避乱韬晦。中国第一个大一统王朝——夏朝的奠基人大禹，更是在此治水毕功，地平天成。历史上，会稽山曾位居神州九大名山之首，排名华夏四大镇山之先。这里雨量适中，日照恰当，地势高峻，植被丰茂，好一派仙境风光。正是这种独特的人文底蕴和气候、土壤、地形与植物群落，造就了天下罕觏、中华一绝的香榧。

香榧是绍兴人的奉献。绍兴对中华文明的影响源远流长。早在三千年以前的西周时期，文献上就留下了"于越来宾"——越人去中原的记载。两千五百年前，越王句践问鼎黄河，"横行江淮"，称霸华东，更使越人声名大振。秦始皇统一中国以后，在古越之地设置会稽郡，并亲巡至此。汉晋以降，绍兴益增文化之光，终成鱼米之乡。及至隋唐，绍兴更是成了物阜民丰的世人敬仰之地。据文献记载，正是在距今

◇香榧树

一千三四百年前的那个国泰民安、万物兴盛之时，得益于绍兴发达的果树栽种、嫁接技术，香榧挤入了食品的神圣队伍，登上了食用的历史舞台。这是绍兴人用自己的聪明智慧和勤劳双手，对于丰富人类食物所做出的一大历史性贡献。

香榧是当代人的尤物。她幽香宜人，清脆可口，实为当今欲想"一饱口福"的人们梦寐以求的珍稀果实。她材可用，"堪为器"；叶可药，益身体；形美可观，赏心悦目；根系发达，涵养水土；固碳制氧，净化空气，可以说全身都是宝。她扎根岩土，顽强生存，千年长盛；餐雪饮雨，饱经风霜，四季常青；其乐融融，共享天伦，三代同堂；顺应造化，吸取精华，造福社会。香榧的这种操守、心胸、品行和情怀，正是当今人们最为需要的，堪称世人精神天空中的亮丽彩虹。

玉宇飒爽秋色深，彼子婀娜尤迷人。引得众生长心仪，只因难觅此奇珍。

香榧，您好！

2011年10月16日，星期日。系在"绍兴会稽山古香榧群申遗研讨会"上讲话的节录。载于2011年11月28日《绍兴日报》。2013年5月29日，联合国粮农组织认定"绍兴会稽山古香榧群"为"全球第一个山地林果类生态利用系统"、"全球重要农业文化遗产"

# 舜者，圣也！

## ——谒绍兴舜王庙[1]

一

中国古代评价伟大人物，最高的标准，是将其中人格最高尚、智慧最高超的人物，称之为"圣人"。大舜正是这样一位受万众敬仰、为万世称颂的"圣人"。

大舜是绍兴人民的骄傲。"古有三圣，越兼其二"[2]，说的是中国古代的尧、舜、禹三位"圣人"，有两位与绍兴直接相关，那就是大舜与大禹。他们与绍兴结下了不解之缘，建立了生死之情。当年大舜避丹朱之乱来到绍兴，留下了许多遗迹、传说，"上虞"、"百官"的地名就是直接由大舜而来，还有舜江、舜井等，越中大地上到处都有他的足迹。绍兴以拥有这两位"圣人"而自豪。

大舜也是中华民族的始祖。"三皇五帝"是我们中华民族共同的始祖，而其中的大舜无疑是公认的上古中华的领袖、文明古国的祖宗，是当今中华民族、海峡两岸、全球华人最基本的文化认同之一。没有这样的一种文化认同，中华民族就失去了最基本的凝聚力量；没有这样的一种文化认同，海峡两岸就失去了最基本的交流基础；没有这样的一种文化认同，全球华人就失去了最基本的沟通语言。

◇舜王庙

大舜还是社会善治的明灯。当今社会，红尘滚滚，物欲横流，甚至在有些方面道德沦丧，而大舜的情操、美德，正是我们医治这些社会重病的良药。当今时代，社会问题突出，人心浮躁，诚信缺失，而大舜的人本情怀，正是为我们解决这些社会问题指点了迷津，指明了方向。

大舜的身上，凝聚了泱泱中华民族的优良传统，凝聚着具有普世价值的人文情怀。这种优良传统和人文情怀，值得我们学习继承、弘扬光大。

二

大舜"精一危微"[3]。"精一危微"这四个字，刻写在舜王庙的石柱上，更安放在老百姓的心坎上。

"精"，就是精益求精、精妙绝伦的事业追求；就是精雕细刻、精耕细作的干事风格。

"一"，就是一心一意、一瓣心香这样一种忠诚的待人态度；就是一板一眼、一步一脚印、一棒一条痕这样一种扎实的处事作风。

"危"，就是危言危行，说正直的话，做正直的事，以此作为立身标准、立业基础；就是危在旦夕、危如累卵、危如朝露的危机意识；就是临危不惧的大将风度，临危受命的责任意识，临危授命、临危致命的舍身勇气。

　　"微"，就是微言大义这样一种通俗言理的智慧和教化天下的情怀；就是微不足道这样一种战略上藐视困难的英雄气概；就是见微知著、见微知萌的先见之明、洞察能力，善于从细微的事情上看到事物的本质和发展的趋势，看到事物运动变化的规律。

## 三

　　大舜"不图至斯"[4]。"不图至斯"这四个字，悬挂在舜王庙的戏台上，更流传在老百姓的口碑中。

　　"不图至斯"，也可读成"斯至图不"，意思是已经到了这个地方，已在从事这份职业，已然坐在这个位置，唯一的愿望，就是在这个地方留下痕迹，为这项事业推波助澜，给这个位置锦上添花，再也没有其他任何的想法。这是何其高尚的思想情操。

　　王安石有句诗："不畏浮云遮望眼，只缘身处最高层。"[5]讲的是在特定的位置上、特定的环境中，看到了事物的本质，就什么也不畏，什么也不图了，大舜正是看到了事物的本质。类似的还有苏轼的诗句："不识庐山真面目，只缘身在此山中。"[6]就是说你要认识事物的本质，需要有一个好的观察方位、角度，而大舜的"不图"正是这样一个看问题的好方位、好角度。

◇ 舜王庙

◇ 绍兴舜王庙戏台

## 四

大舜"大公无私"。"大公无私"这四个字，记载在中华民族的历史上，更铭记在老百姓的心田里。

大舜与鲧都是尧十分信任的下属，本是可以"官官相护"的，但大舜居然不顾同僚之情，将治水无功、失职渎职的鲧处死。鲧是禹的父亲，舜由此而成了禹的杀父仇人。然而，舜为了公众利益，后来居然又选择了禹，作为自己的接班人，将部族领袖的位置禅让给了禹。这真是一种伟大的无私精神。

舜王庙小声闻天，福泽中华功无边。姚家有子全不顾，禅让美名传万年。

舜王庙区区，但大舜在华夏儿女心目中的地位与形象巍巍。大舜的功德造福恩泽了中华民族，自己有儿子却把位置禅让给了别的贤人，这就是他的无私与伟大之所在。

## 五

大舜的美德，每时每刻都在感化着人们，教化着人们。

记得五年前，有一次到绍兴县的平水，登平阳山，访平阳寺，作过半副对联——平阳山下平阳寺，无尘殿上无尘人。但一直想不出合适的下联，请教友人，也未能对上。去年梅雨季节，我应邀去上虞市参加大舜庙的重光典礼。典礼上，中国文联授予上虞市"孝德文化之乡"称号。我忽然顿悟，对出了下联——曹娥江边曹娥庙，孝敬乡里孝敬人。没过几天，好友、书法家妙华居士来访，没想到他带来赠我的，竟是与此一字不差的下联，使我顿生同受大舜感应之感。

上虞真是名副其实的孝德之乡，从华夏的第一孝子大舜到神州的第一孝女曹娥，再到当代，孝子顺孙层出不穷。这种孝敬长者的传统美德，不正是值得我们发扬光大的吗？对广大社会成员而言，"老吾老以及人之老"[7]；对其中的广大公务人员而言，在孝敬"生身父母"的同时，孝敬"衣食父母"——广大的人民群众，不正是当代社会所殷切希望的吗？

大舜属于绍兴，属于中华民族，甚而属于整个人类。因为人类的基本价值观念是相通的，基本目标追求也是相同的。研究历史，是为了以古为鉴，是为了在搞清楚"来龙"的基础上把握"去脉"，是为了了解昨天，珍惜今天，更好地走向明天，而这正是研究工作的意义和作用之所在。

去年农历九月廿六，传统的绍兴舜王庙庙会的前夕，我经朋友张宏林先生的介绍，认识并接待了美国康奈尔大学亚洲系主任罗宾教授。罗宾教授已是第三次来绍兴了，中文说得很好，对中国历史、绍兴历史很了解。我们谈得很投机，大有一见如故、相见恨晚之感。我很敬佩他一个美国人，居然也对中华文明、绍兴文明如此热爱和了解。罗宾教授告诉我，他是研究我国春秋时期那段历史的。研究这段历史，要追溯到上古的历史，"三皇五帝"的历史，其中包括大舜时代。他这次是专程来参加舜王庙庙会的。我问他为何千里迢迢而来参加庙会？他说研究这段历史有三个依据，一是依据文献档案，二是依据考古发掘，三是依据民俗传统。庙会就是民俗传统。

一个美国人，不远万里，来到中国，来到绍兴，以这样一种可贵的精神来研究绍兴人、中国人心目中的"圣人"，不正说明了大舜是人类共同的"圣人"吗？！

2012年3月1日

## 注释

1　舜王庙在今浙江省绍兴市柯桥区王坛镇舜王山上。建于宋前。据庙内现存"有县志一篇"碑所记，今庙为清"咸丰年间（1851—1861）监生孙显廷重建。同治元年（1862），正殿后殿寇毁，显廷集资建复。"庙内建筑木雕、砖雕、石雕皆备，技艺精湛，为世所重，堪称越中之冠。2007年至2008年，余尝主持拨出专款，作维修扩建。现为国家级重点文物保护单位。

2　〔宋〕嘉泰《会稽志》附《宝庆会稽续志》卷八孙因《越问序》："古有三圣人，越兼其二焉。"

3　精一危微：清康熙二十八年（1689）二月十六日，康熙题禹庙匾"地平天成"、联"江淮河汉思明德，精一危微见道心"。今联挂于绍兴市大禹陵景区之禹庙大殿内。"精一危微"四字也镌于绍兴舜王庙内之四根石柱上端。

4　不图至斯：绍兴舜王庙内戏台之匾额。读成"斯至图不"也可。戏台重修于清同治元年（1862）。三重檐，歇山顶，演区上空为"鸡宠顶"藻井。戏台三面伸出，周设勾栏，坐南朝北，观演方便。

5　〔宋〕王安石《登飞来峰》诗。前两句为："飞来峰上千寻塔，闻说鸡鸣见日升。"

6　〔宋〕苏轼《题西林壁》诗。前两句为："横看成岭侧成峰，远近高低各不同。"

7　《孟子·梁惠王上》。

# 成人之美

世以何为至美？成人之美也。何为成人之美？遂人之所愿也。人之所愿或千或万，然终不离心想事成之宗，桥如是也。修桥铺路，功德无量。古人之言，信哉！

夫越地多水，河流成网，故而素尚建桥；冶炼领先[1]，手工发达，故而向善建桥。

越桥有史久之美。自百官候舜之舜桥——百官桥[2]、句践请功之灵汜桥[3]以降，桥风绵延，代盛一代。

越桥有量多之美。宋嘉泰《会稽志》载时之名桥201座，明万历、清乾隆《绍兴府志》分录时之古桥382座、551座，清光绪《绍兴府城衢路图》[4]标有府城桥梁229座。今据普查，尚存古桥703座。茅以升先生谓中国古桥"几尽见于此乡"[5]，陈从周先生称"万古名桥出越州"[6]。

越桥有艺高之美。曰形态，竹、木及石柱、石墩、石伸臂等梁桥，琳琅满目；折边、半圆、马蹄、椭圆、悬链线等拱桥，应有尽有；矴步、浮桥、吊桥、闸桥、廊桥、水门、水阁、纤道桥、避塘桥、梁拱组合桥等特种桥，风情万种。曰雕凿，栏板、望柱与抱鼓，榫卯紧扣；亭、牌、碑与桥，浑然一体；龙、狮、鹿、麒麟、蝙蝠、鲤鱼等造型，栩栩如生；花

草、云雷、绶带等纹饰，寓意祥瑞。曰文书，名、联、诗、词、记，字字珠圆玉润；篆、隶、楷、行、草，个个堪作楷模。曰景观，结构、布局与技术单象形式之美，可谓美不胜收；桥梁自身及与周边环境协调之美，恰似美女簪花。

夫越桥以量多而成时人之美，史久而成后人之美，艺高而成行人之美，终成越中一绝、中华瑰宝，实属举国罕觏、神州少见。伟哉，伟哉！

今日之时，国泰民安，中华文明，倍受称颂，欲睹桥之风采、扬桥之美德者，益众矣。杨公明义先生爱国爱乡、爱桥爱画，古道热肠、古貌古心，学贯中西、德艺双馨，堪称海内画界巨擘、华夏画桥领袖。先生之画作，形神兼备，出神入化，寥寥数笔，即可现小桥流水人家之精巧；浓墨重彩，尤可见水乡广袤原野之朴实，令人身临其境、乐不思归、流连忘返，使人浮想联翩、赏心悦目、心旷神怡。先生生于吴越之地，长于江南水乡，遍历欧美，尤慕会稽，尝于二十世纪六七十年代，留恋其中，写生创作，留下大量佳品。壬辰桂月，先生自谓应美桥之召，再两度莅临，画成八字[7]、探花[8]、广宁[9]等巨幅长卷，令古桥锦上添花。今又将精心所创，撮成一百，集中展览，给越中桥史颊上添毫，使桥乡绍兴增光添彩，让人于一饱眼福中，受美之感化，享美之甘甜。先人以修桥而助人抵达彼岸，成人之行动之美；先生以画桥而助人度尽苦厄，成人之精神之美。美哉，美哉，美哉！

冯建荣于壬辰年十月廿七日。

2012年12月10日。系为《桥·杨明义百桥图展》展览及展品集撰写的序言。载于2013年1月9日《绍兴日报》。展览于2012年12月29日至2013年4月1日在绍兴博物馆举行，黄永玉先生同为展览与展品集作序

## 注释

1　李伯谦《中原地区东周铜剑渊源试探》（载《文物》1982年第1期）：绍兴"的确可能是我国最早开始铸造铜剑的地区之一"。孟文镛《越国史稿》（中国社会科学出版社2010版，第707页）：绍兴"可能是我国冶铁业的发源地"，"对此后我国古代冶金技术的发展产生了重大的影响"。

2　《太平寰宇记》卷九三引《会稽地志》："舜桥，舜避丹朱于此，百官候之，故亦名百官桥。"北魏郦道元《水经注·渐江水》："舜避丹朱于此，故以名县，百官从之，故县北有百官桥。"宋嘉泰《会稽志》："百官桥在县西北三十一里。"历代以百官桥为舜桥，称其为"天下第一桥"，后毁。

3　为绍兴城区最早见诸文字记载的石桥。北魏郦道元《水经注·渐江水》："城东郭外有桥名灵汜，下水甚深。旧传下有地道，通于震泽。"宋嘉泰《会稽志》："灵汜桥在县东二里，石桥二，相去各十

步。"《舆地志》: "山阴城东有桥名灵汜，吴越春秋句践领功于灵汜。"唐李绅《灵汜》诗: "灵汜桥边多感伤，水分湖派达回塘。"唐元稹《寄乐天》诗: "灵汜桥涵百里境，石帆山掩五云溪。"清乾隆时尚存。

4  清光绪癸巳（1893）春绘，1981年春重绘，载浙江人民出版社1996年版《绍兴市志》第一册卷首。

5  茅以升《序言》: "我国古代传统的石桥，千姿百态，几尽见于此乡。"陈从周、潘洪萱编《绍兴石桥》，上海科技出版社1986年版。

6  陈从周《续越州吟》: "有水无山景不周，山重水复复何求？垂虹玉带门前事，万古名桥出越州。"陈从周《山河处处》，浙江人民出版社1985年版。

7  八字桥，架于三河交汇处，位于今浙江省绍兴市越城区八字桥直街东端。宋嘉泰《会稽志》: "八字桥，在府城东南。两桥相对而斜，状如八字，故得名。"由此可知桥建于南宋嘉泰（1201—1204）之前。桥基东西各立石柱9根，其中西侧中柱刻记"时宝祐丙辰仲冬吉日建"，可知现桥重建于南宋宝祐四年（1256）。清乾隆四十八年（1783）修，1982年再修。此乃我国有文字标志的最古的城市桥梁，堪称城桥魁首。《中国科学技术史》（桥梁卷）有专述。今为国家级重点文物保护单位、世界文化遗产。

8  探花桥，位于今浙江省绍兴市越城区萧山街东首南边。清乾隆《绍兴府志》: "探花桥，在县治北，旁有小桥，曰田家桥，桥下曰田家楼。"清乾隆《越中杂识》: "探花桥，在戒珠寺南。河口有探花坊，明探花余姚谢丕立，因以名桥。"余姚县时属绍兴府。谢丕父谢迁为明成化十一年（1475）状元。桥建于明正德年间（1506—1521）。今存桥墩为原物。

9  广宁桥，位于今浙江省绍兴市越城区广宁桥直街。上通行人，下通船只、纤夫，为绍兴现存最长的七折边拱古代立交桥。宋嘉泰《会稽志》: "广宁桥在长桥东，漕河至此颇广，居民鲜少，独士人数家在焉。"可能建于唐代。明万历二年（1574）重修。清乾隆《绍兴府志》: "广宁桥，《于越新编》: 在都泗门内。明隆庆（1567—1572）中渐圮，华严寺僧性贤重修。《会稽县志》: 在县治东。国朝康熙三年（1664）张桂生重修。"《中国科学技术史》（桥梁卷）收录。今为省级重点文物保护单位。

# 会稽甓颂

  吾越会稽，山有金木鸟兽之殷，水有鱼盐珠蚌之饶[1]，人有精一危微之德[2]。大禹会群臣其间[3]，句践筑都城其中，秦皇建郡县其地。历史源流极为久长，自然风光独领神州，文化积淀堪称深厚。古来物阜民丰，手工兴旺。铜镜[4]铜剑[5]，天下无俦。越窑[6]越纸[7]，华夏无双。鸟篆[8]金石[9]，琳琅满目。摩崖题刻，精美迭出[10]。尤自东汉以降，会稽砖甓，异军突起。其铭文，抒心明志，表情达意，或祈"安乐连世"、"万岁不败"，求"长宜子孙"、"努力相思"；或纪岁次、姓名、职官，叙生平、世系、祖茔。其画像，龙凤呈祥，狮虎添威，莲花生佛，仙人升天，题材广泛，吉瑞不离。其纪年，岁月日期，一目了然；人物事件，历历可证；印画刻划，如同信史。其书法，篆隶真草，诸体皆备；古朴拙讷，俊逸飘洒；正书反写，恣意狂迈。其画技，精雕细琢，精益求精；粗略豪放，粗实厚重；造型绝伦，惟妙惟肖。其文辞，记人叙事，详略得当；用字造句，恰如其分；一字千金，言简意赅。诚可谓书画之楷模、诗文之榜样、文献之佐补、史事之写照、民情之见证也。然时变世迁，每见残砖弃荒郊野地；风凄雨冷，长使剩甓遭漫漶湮灭。惜矣。兹有会稽甓社，铁肩担道义，积年累月，

◇古砖

节衣缩食，延请名师，广搜慎选，精揖细帧，使悠悠千年之越中砖甓精华，尽展今人眼前。快哉。以此广流传，利收藏，益雅赏，便钻研，扬遗风，兴文明，实乃至善之举也。余嘉其为，故乐而作序贻之。

　　冯建荣壬辰冬月廿日于寓所。

2013年1月1日。系为张笑荣主编，西泠印社出版社2013年5月出版的《会稽甓粹》撰写的序言

**注释**

---

1　鲁迅《会稽郡故书杂集》辑录晋虞预撰《会稽典录·朱育》：（虞）"翻对曰：'夫会稽上应牵牛之宿，下当少阳之位……山有金木鸟兽之殷，水有鱼盐珠蚌之饶。海岳精液，善生俊异。'"引自李新宇、周海婴主编《鲁迅大全集》，长江文艺出版社2011年版，第21卷第379页。

2 精一危微：清康熙二十八年（1689）二月十六日，康熙为禹庙题对联：
"江淮河汉思明德，精一危微见道心。"联挂于今浙江省绍兴市越城
区大禹陵之禹庙大殿内。"精一危微"四字也镌于今浙江省绍兴市柯
桥区舜王庙内之四根石柱上端。参阅拙文《圣者，舜也——谒绍兴舜王
庙》。

3 《竹书纪年》卷上："八年春，会诸侯于会稽。"《韩非子·饰邪》：
"禹朝诸侯之君会稽之上。"《史记·夏本纪》："禹会诸侯江南，计
功而崩，因葬焉，命曰会稽。会稽者，会计也。"

4 参阅拙文《铜镜三章》，《中国铜镜》2013年3月期（总第6期）。

5 李伯谦《中原地区东周铜剑渊源试探》（载《文物》1982年第1期）：
绍兴"的确可能是我国最早开始铸造铜剑的地区之一"。

6 李学勤《序》："一系列考古发现证明，自几何印纹硬陶演化而来的
所谓'吴越青瓷'，应视为瓷器的直接前身……瓷器应该说是在'四
大发明'之外，中国对人类文化的又一重大贡献，而从越人的由原始
青瓷进展到著名的越窑青瓷，正是中国瓷器历史的主脉之一。"唐勤
标、林华东《玉笥堂藏越窑青瓷》，文物出版社2007年版。

7 《全唐文·毛颖传》：韩愈称越地所产之纸为"会稽楮先生"。陈桥驿、
颜越虎《绍兴简史》（中华书局2004年版）第119—120页：绍兴"自古
以来就有规模较大的造纸工业，曾经是一个国内著名的纸张供给地"。

8 《后汉书·蔡邕传》中首次出现"鸟篆"一词："初，帝好学，自造
《皇羲篇》五十章，因引诸生能为文赋者。本颇以经学相招，后诸为
尺牍及工书鸟篆者，皆加引召，遂至数十人。"曹锦炎《鸟虫书通
考》（上海书画出版社1999年版）第16页：从现存文字资料分析，这
种艺术字体或是线条蜿蜒舟曲"寓鸟形于笔画中"，或是"增其他文
饰"，与北方艺术字体有别，是一种地域性强、颇有装饰效果的艺术
字体。罗卫东《鸟篆与东周南方文化》（《中国文化研究》2008年第2
期）：现有出土的器铭，国别确定的铭鸟篆器物有131件，其中越国60
件，占53%；现有越国具铭兵器无一例外地采用鸟篆书，礼乐铭器也是
如此，这又是绝无仅有的文化奇观。

9 清嘉庆年间（1796—1820），邑人杜春生辑《越中金石记》二十卷，
堪称越中金石集大成之作。其中，"辑存"考录碑版218处，根据历代
金石考和地方志载"阙访"438处，计656处。我于拙文《秦〈会稽刻
石〉考论》中提出，"《会稽刻石》流衍了神州的刻石之风"，"由于
《会稽刻石》之渊源，绍兴得开风气之先，在琳琅满目的刻石文化园
里，大放异彩，美不胜收"。

10 参阅《绍兴摩崖碑版集成》拙序，陈五六主编，中华书局2005年版。

# 绍兴恩公

　　夫水能滋润万物、载舟生民，亦会泛滥九州、覆舟逆命。故水居五行之首。太史公因叹曰："甚哉，水之为利害也。"[1]

　　越地背山面海，昔时水旱频繁，民生维艰。春霖秋涨，民苦暴泄；数日不雨，民苦涸旱；潮汐横入，民苦泻卤。管子尝谓"越之水浊重而洎，故其民愚疾而垢"[2]。是故自大禹始，历代守越者，多以兴水之利、治水之害为要务，终至代有所成。放翁称"今天下巨镇，惟金陵与会稽耳"[3]。明人云"浙之为府者十有一，而无敢于绍兴并者"[4]。

　　噫吁嚱，以治水而论英雄，于越地建丰功伟业者，汤公绍恩堪称一也。绍恩者，于绍兴有恩之公也。明嘉靖间，公自德安来守越，建应宿大闸二十八洞，筑捍闸塘及要关两涯，以节山阴、会稽、萧山三邑之水，使海潮咸水难入内，河湖淡水不易涸，以广丰阜饶沃之土。"自是，三邑方数百里间无水患"，越民永赖矣。汤公亦由是而名副其实哉[5]。兹后，越中良守贤牧、乡宦缙绅，多景仰汤公，留心闸务。尤有如万历间之知府萧良干、乡贤张元忭；崇祯间之知府黄绸、山阴主簿许长春、会稽主簿曹国柱、乡贤余煌；康熙间之知府王元宾、乡

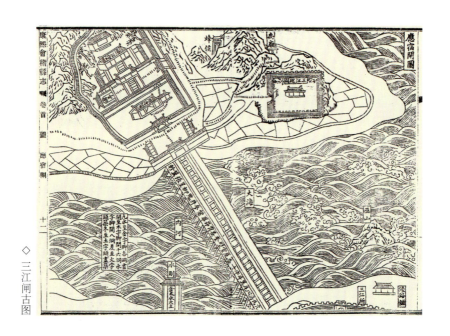

◇ 三江闸古图

贤姚启圣；乾隆间之知府吴三畏、乡贤茹棻；道光间之知府周
仲墀者，继往开来，修治经营，越民大利焉。

昔者，大禹虽苦身焦思，胝手胼足，使无"金简玉书"[6]，亦
恐难平洪水。理论指导之要，由此显而易见矣。清康熙时，有乡
贤程公鸣九者，博学善文，心念万民，洞察隐微，深思远虑，广
搜博采，酌古准今，将汤公与绪业者建修之诸务，汇为《闸务全
书》上下两卷，庶几前贤之伟绪，不至湮没不彰，而从来吏治之
道，亦斑斑可睹矣。道光间，又有三江闸五修之提议与参与者平
衡公者，晚年号二渔，为有裨闸务，以告后来，遂不惮琐述，再
编辑而成《闸务全书续刻》四卷。其与《闸务全书》，堪称珠联
璧合哉。赖于二书，诸公治水之功绩，历历在目；之品德，昭昭
示天；之方略，井井于人；之技术，*丝丝相传*。嗟夫，程、平二
公之举，洵可谓山高水长、媲美修闸焉。

今者，闸之蓄泄功能已尽，然书中所蕴诸公之功绩、品德，所载修闸之方略、技术，仍然熠熠生辉，尤当永垂不朽。

事贵成书，书贵用世。然如此佳籍，惟见善本收藏，难予大众阅读，深惜矣。今将《闸务全书》及其《续刻》合并点校，付梓出版，稀籍获致流播，良书得以普及，实乃水利与文物事业之喜也。

雀跃之情，不可言表。性之所至，缀成数语。

是为序。

癸巳年七月初五，冯建荣撰于会稽投醪河畔。

2013年8月11日，星期日。系为主编的《绍兴水文化研究丛书·三江闸务全书》邹志方点校本撰写的序言。书由黄河水利出版社于2013年11月出版

## 注释

1  《史记·河渠书》。
2  《管子·水地》。
3  〔宋〕嘉泰《会稽志》陆游序。
4  〔明〕万历《绍兴府志》后序。
5  汤绍恩，其名字的字面意思可理解为于绍兴有恩之人。《明史·汤绍恩传》载："初，绍恩之生也，有峨嵋僧过其门，曰：'他日地有称绍者，将承是儿恩乎？'因名绍恩，字汝承，其后果验。"汤公明代四川安岳人，嘉靖五年（1526）进士。由户部郎中迁德安知府，嘉靖十四年（1535）移绍兴知府。性俭素宽厚，多善政。府境山阴、会稽、萧山三邑屡患水旱，绍恩于次年七月在钱塘江、曹娥江和钱清江三江交汇处筑建二十八洞应宿大闸——三江闸，以拒咸固淡，第二年三月建成。闸长103.15米，是我国现存规模最大的砌石结构多孔水闸，也是世界上最早利用水文设施——水则碑进行定量调度水资源的古代水闸。三江闸代表了我国传统水利工程建筑技术和管理的最高水平，在水利发展史上具有重要地位，现被列为浙江省级重点文物保护单位。汤绍恩官至山东右布政使，享年九十七岁。
6  《吴越春秋·越王无余外传》："其岩之巅，承以文玉，覆以磐石，其书金简，青玉为字，编以白银，皆琢其文。"

# 一木一石

    绍兴鲁迅纪念馆建馆已经60周年了。60年来，纪念馆规模由小到大，展品由少到多，管理由粗到精，研究由浅到深，始终将纪念先生品行、弘扬先生精神，当成自己义不容辞的义务与责无旁贷的责任，可以说是作为可歌可泣，成绩可喜可贺。

    先生是家乡人民的骄傲。一方水土养育一方人。绍兴山清水秀，风景长新，历史悠久，文化灿烂，被毛泽东主席在纪念先生80周年寿辰《七绝二首》中誉为"名士乡"[1]。这些名士名人，功绩彪炳当时，精神流芳后世，而先生无疑是他们当中的杰出代表。

    先生是时代天空的明星。他生于"万家墨面"之时[2]；"为新文学开山"，又在多方面"蹊径独辟，为后学开示无数法门"[3]。而先生更为伟大的贡献，则是在于用笔警醒国人，呼吁国人，崛起奋发，抛弃"劣根性"。他发出的"中国人失掉自信力了吗"[4]的呐喊，极大地鼓舞了人民救亡图存的斗志，展示了中华儿女"没有丝毫的奴颜和媚骨"这样一种"最可宝贵的性格"[5]。

    先生是中华民族的脊梁。他"埋头苦干"、"拼命硬

◇ 鲁迅纪念馆

干"、"为民请命"、"舍身求法",是真敢担当、名副其实的"中国的脊梁"[6]。先生逝世的时候,体重只剩下七十来斤,而在他灵柩上覆盖的,是一面写有"民族魂"三个大字的旗帜,"这正是中国人民对于自己伟大代表的最中肯贴切的评价"[7]。

先生之精神,集中地蕴含在他的作品当中,是人类的灵魂。人如魂亡魄失,作为自然人,就是行尸走肉;作为社会人,则会行同禽兽,或"恰如一段呆木头"[8]。心无定律,只能随波逐流;心中有数,方可稳坐钓台。先生处事待人,自有原则。他"忧忡为国痛断肠"[9],"我以我血荐轩辕"[10];他把别人喝咖啡的时间都用在写作上,吃的是"草"而挤的是"奶";他"以为即使艰难,也还要做;愈艰难,就愈要

做。改革，是向来没有一帆风顺的"[11]；他既赞赏"汉唐气魄"，又提倡"拿来主义"[12]；他说过"地上本没有路，走的人多了，也便成了路"[13]；他"横眉冷对千夫指，俯首甘为孺子牛"[14]。这是何等的爱国为民、敬业奉献、坚忍不拔，又是何等的与时俱进、披荆斩棘、正义慈善！先生曾经说过，"巨大的建筑，总是一木一石叠起来的，我们何妨做做这一木一石呢？我时常做些零碎事，就是为此"[15]。而所有这些，不正是人类心中不可或缺的血液与灵魂、人生成就不可或缺的基础与前提吗？不正是具有教益当代人、开示后来者的巨大作用吗？正是从这个意义上讲，先生之作品与精神，具有时间上的永恒性与空间上的无限性，必将永远地存活在人类的心间。"他的作品和思想，是鼓舞人民从事新的历史创造活动的永具生命力的精神遗产"[16]。

稽山青青鉴水长。家乡人民对先生的怀念之情，经久不息；对先生的敬仰之情，历久弥坚。由此看来，绍兴鲁迅纪念馆今后要走的路，也还是很长，很长。

2013年9月14日，星期六，于寓所。系为绍兴鲁迅纪念馆编，西泠印社出版社2013年9月出版的《一木一石——绍兴鲁迅纪念馆建馆六十周年纪念集》撰写的序言

## 注释

1 9 《毛泽东纪念鲁迅80周年寿辰·七绝二首》，《人民日报》1996年9月20日。

2 4 6 8 10 11 12 13 14 15 《鲁迅全集》，人民文学出版社2005年版，第十六卷第452页、第六卷第121—123页、第六卷第122页、第二卷第455页、第七卷第447页、第六卷第118页、第六卷第39—42页、第一卷第510页、第七卷第151页、第十三卷第493页。

3 《蔡元培全集》，浙江教育出版社1997年版，第八卷第525页、第526页。

5 《毛泽东选集》，人民出版社1991年版，第二卷第698页。

7 16 江泽民《进一步学习和发扬鲁迅精神——在鲁迅诞生一百一十周年纪念大会上的讲话（1991年9月24日）》，《人民日报》1991年9月25日。

# 好运之河

运河是人类顺应自然、改造自然、利用自然的产物，是给人类带来"好运之河"。

中华民族是最早使运河名实相符的民族。早在一千多年前的唐代，先人便已首创"运河"[1]一词，比西方早了六百多年。

中国大运河是我国劳动人民的伟大创造，是积淀深厚的线性文化遗产，是仍在使用的活态水利遗产，是给中华儿女带来"极大好运之河"。其中的绍兴段，位于中国大运河最南端的浙东运河中间[2]，她既是浙东运河的最前身，又是连接东西浙东运河的核心段，更是绍兴人民古往今来的"母亲河"。

一

运河支撑了绍兴的历史。一部运河演变史，半部绍兴发展史。

她奠定了绍兴的历史基础。2500年前，越王句践修凿我国最早运河之一的"山阴故水道"，沟通了作为首都的"句践小城"、"山阴大城"与作为冶炼、军工基地的"练塘"和作为粮食生产基地的"富中大塘"之间的水上联系[3]，从而既使自己成就了春秋霸王的伟业，又使越地实现了历史上的第一次腾飞[4]。

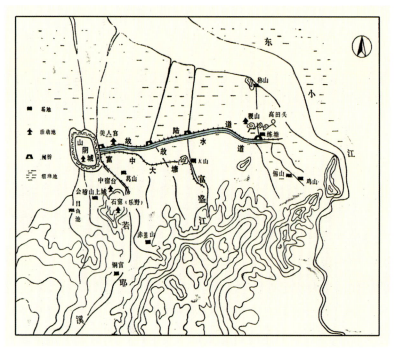

◇ 越国时的山阴故水道（《鉴湖与绍兴水利》，中国书店出版社，1991年7月第一版。）

　　她成就了绍兴的风调雨顺。东汉永和五年（140），会稽太守马臻筑成鉴湖，沟通了郡城与曹娥江之间的水上联系，使"山阴故水道"成为其中的主航道[5]，会稽由此而一改春秋时管子眼中"越之水浊重而洎，故其民愚疾而垢"[6]的落后局面，呈现出了"山阴道上行，如在镜中游"的迷人美景[7]，开始出现了"尚文"、"贵士"的民俗民风[8]。

　　她实现了绍兴的通江达海。西晋时，会稽内史贺循主持疏凿西兴运河，沟通了郡城与钱塘江之间的水上联系[9]，从而极大地方便了会稽的对外交流，为后来的晋室南渡和我国历史上第一次大规模的汉人南迁与多民族融合创造了条件[10]，也为东晋时期"今之会稽，昔之关中"[11] 这种繁荣景象的出现奠定了基础。特别值得一提的是，闻名天下的浙东海上丝绸之路，也是经由这条古水道而延伸四方，走向世界的。

她成了国家的生命通道。南宋时，浙东运河进入了鼎盛时期，大量的军需物品、皇室用品、使节往来、海外贸易，均赖于此，成了维系南宋政权运行的生命线，而绍兴段则更是成为其中的"咽喉"[12]。

她巩固了绍兴的历史地位。元明清时，由于鉴湖的衰落，使得绍兴段运河的航运、灌溉、防洪、排涝作用，得到了综合性的发挥。而她所承载的深厚的历史文化底蕴，更是使绍兴在我国诸多城市中的地位得到了巩固，使绍兴成为国务院公布的第一批历史文化名城之一。

## 二

运河兴旺了绍兴的经济。

她促进了绍兴鱼米之乡的形成。得益于运河与众多河湖形成的纵横交叉的水网、畅通便捷的航运与排灌自如的塘闸，绍兴自东汉中期以来，一直是我国"人物殷阜"[13]、温饱有余的鱼米之乡。

她促进了绍兴纺织之乡的形成。运河与其他河湖融合的稠密水网与丰富水源，恰似大自然的神示，给了绍兴人以纺织这种形象的启迪与丰富的想象，使绍兴成为"丝绸文化的发源地"[14] 和纺织之乡。早在东汉初年，光武帝刘秀就"常敕会稽郡献越布"[15]。唐朝末年，朝廷一度每十天就要征收"越绫万五千匹"[16]。清时，运河边上的华舍已是"日出万丈绸"。而今，绍兴化纤面料的年产量与出口额，分别占了全国的近

10%，柯桥中国轻纺城更是成了全国最大的纺织品专业市场。

她促进了绍兴黄酒故乡的形成。得益于富含矿物质的运河与鉴湖水以及与之相关的良好生态环境，绍兴酿出了被前国家主席江泽民誉为"天下一绝"[17]的绍兴黄酒。世界上白酒、红酒、啤酒产地甚多，唯独黄酒酿制于中国，唯独黄酒只有中国产，而绍兴又是黄酒的原产地[18]，黄酒因此而被冠名为绍兴黄酒，誉之为中国国酿。

她促进了绍兴手工业基地的形成。有赖于运河及周边优越的山水资源与运输条件，绍兴成了"中国青瓷的著名发源地"[19]与可能的冶铁业的发源地[20]。会稽铜镜独领风骚[21]。会稽砖甓神州难侔[22]。因为制盐业的发达，西汉武帝时会稽成为全国28个专设盐官的地区之一[23]。而发达的造船业和丰富的航海术，更是使绍兴先人在2500年前便已漂洋过海，成了"我国最早面向海洋，走向世界的民族"[24]。今天，作为我国最发达地区之一的绍兴人身上所展示的，正是这样一种代代相传的"开放"基因。

得益于运河成就的经济发展和历史基础，得益于党的改革开放政策，今天的绍兴人更是时来运转，生活水平得到了持续不断的改善和提高。去年，全市人均国民生产总值12000美元；城镇居民人均可支配收入37000元，人均住房35平方米；农村居民人均纯收入18000元，人均住房65平方米；城乡每个居民家庭平均拥有一台机动车、洗衣机、电冰箱、计算机，两台空调机、电视机、移动电话。特别是全长101.4公里、涉及21个镇街的运河流域，更是以占10%的市域面积，创造了占全市20%的地区生产总值，滋养了占全市30%的人口，使这里成为全市经济最繁荣兴旺、生活最幸福安康的地区。

三

运河辉煌了绍兴的人文。

她养育了一方人。以运河水为代表的水土，养育了一代又一代的绍兴人，使绍兴成了"士比鲫鱼多"[25]的"名士之乡"[26]。以绍兴历史上的山阴、会稽两县为例，二十五史为其中的227人列传，数量之多，实属罕见[27]。科举时代，绍兴走出了2238位进士，其中状元27位[28]。有清一代的近三百年间，绍兴师爷更是遍布中央朝廷到地方衙门，以致形成了"无绍不成衙"的美谈[29]。时至当代，绍兴更是养育了65位两院院士。

她吸引了四方人。因运河而生的秀丽风光、便捷交通与兴盛经济，使得历朝历代四方士人纷至沓来、趋之若鹜。东晋南朝时期，四方高僧云集会稽，相会林下，弘宗立说，融儒合道，形成了当时佛教领域里的领袖群体与思想天空中的璀璨明星，也使会稽成了我国南方与当时的首都建康齐名的佛教中心[30]。东晋永和九年（353），王羲之邀请41位贤士修禊兰亭，曲水流觞，更是诞生了"天下第一行书"《兰亭集序》，既使他自己成了书法圣人，也使兰亭成了书法圣地，更使绍兴成了书法故乡[31]。《唐才子传》收录了278位才子，其中有174位来过绍兴，占了63%[32]。《全唐诗》的2200多位作者中，有400位左右从运河来到越州[33]，南至台州，从而形成了著名的"唐诗之路"[34]。承谢灵运的足迹，李白、杜甫、白居易等都曾数次漫游越州[35]，并写下了大量脍炙人口的诗篇，从而使绍兴成了山水诗与山水画的重要发源地。而其中的部分诗人，更是诗不离口，佛不离心，开创了禅诗这种诗歌创作的新意境[36]。隋唐五代十国时期的越州，同样会聚了大批的大德高僧，他们为中国佛教主要宗派的形成、发展与传播，做出了历史性的贡献，也使越州与杭州一起，成了五代十国时中国佛教的中心[37]。

她造就了独特的绍兴民风。风平浪静、波澜不惊的绍兴运河，造就了低调含蓄、不事张扬的绍兴民风；春风化雨、滋润万物的绍兴运河，造就了助人为乐、成人之美的绍兴民风；静静流淌、默默无闻的绍兴运河，造就了修身齐家、严于律己的绍兴民风；开创源流、把握关键的绍兴运河，造就了永争一流、不言第一的绍兴民风。

而今，绍兴运河已经走过了两千五百余年漫长的岁月，成了绍兴人视若至宝的文物。其实，绍兴运河虽然在绍兴，但她也是属于中华民族，乃至整个人类的。这是因为，文物是人类文脉的脉搏，标志着人类生命的延续；是人类文化的化身，安抚着人类心灵的归宿；是人类文明的明灯，指引着人类前行的方向。文物让我们明白了三件事，那就是我们从何而来，为何而来，向何处去。成语"来龙去脉"形象地告诉我们，知"来龙"，方能明"去脉"，这正是文物、文化遗产对于民族进步、人类进步的真正意义之所在。

岁密月稠，流长底蕴厚。诗路只因由扁舟，功德播惠神州。而今瞩目全球，万众跃跃欲游。但待殷勤呵护，更得景美人悠。

> 2013年11月30日上午。系在中国水利学会、中国文物学会举行的"中国大运河水利遗产保护与利用战略论坛"开幕式上的致辞节录。后作为邱志荣、李云鹏主编，中国文史出版社2014年3月出版的《运河论丛——中国大运河水利遗产保护与利用战略论坛论文集》的序言。为祝贺中国大运河申遗成功，以《我家门前一条河》为题，转载于2014年6月25日《绍兴日报·新周刊》

## 注释

1　《新唐书·五行志》。
2　全国政协文史和学习委员会编《中国大运河》，中国文史出版社2010年版，第412—435页。2014年6月22日下午，在卡塔尔首都多哈召开的第38届世界遗产大会，审议通过中国大运河列入《世界遗产名录》，其中涉及绍兴的，有绍兴段运河本体及八字桥、八字桥历史街区、古纤道三个点。
3　《越绝书·记地传》。
4　10　28　29《绍兴六百师爷》拙序，中国电影出版社2012年版。
5　〔南朝·宋〕孔灵符《会稽记》。〔宋〕曾巩《鉴湖图序》，《会稽掇英总集》卷二十。
6　《管子·水地》。
7　《水经注·渐江水》："故王逸少云：'从山阴道上，犹如镜中行也。'"〔南宋〕嘉泰《会稽志》卷十："王逸少有云：'从山阴路上行，如在镜中游。'"
8　《绍兴市志·概述》，浙江人民出版社1996年版，第一册第7页。
9　宋嘉泰《会稽志》卷十。明万历《绍兴府志·山川志》。
11　《晋书·诸葛恢传》。

12 〔宋〕燕肃《海潮论》。

13 16 《资治通鉴》卷一百五十九、卷二百五十九。

14 19 20 23 24 孟文镛《越国史稿》，中国社会科学出版社2010年版，第695页、第699页、第707页、第431页、第708页。

15 《后汉书·陆续传》。

17 1995年5月15日，时任中共中央总书记、国家主席江泽民同志考察绍兴黄酒集团有限公司，详细了解绍兴黄酒的历史、文化、工艺、营养价值及获奖情况。考察结束时，江泽民同志嘱咐公司领导，中国黄酒，天下一绝，这种酿造技术是前辈留下来的宝贵财富，要好好保护，防止被窃取仿制。见《中外名人喜爱绍兴酒》，《中国酒》2009年第4期。今浙江省绍兴市越城区中国黄酒博物馆前立一巨石，上刻"中国黄酒天下一绝"八字。

18 2000年1月31日，国家质量技术监督局在北京宣布。绍兴黄酒由此而成为中国原产地域产品保护制度建立和实施工作启动以来第一个原产地域保护产品。

21 拙文《铜镜三章》，《中国铜镜》2013年3月期（总第6期）。

22 《会稽矍粹》拙序，西泠印社出版社2013年版。

25 〔明〕袁宏道《初至绍兴》。

26 毛泽东《纪念鲁迅80周年寿辰·七绝二首》，《人民日报》1996年9月20日。

27 《二十五史中的绍兴人》拙序，中华书局2003年版。

30 36 37 拙文《绍兴佛教源流考》。

31 32 33 《绍兴水利文化丛书》拙序，中华书局2011年版。

34 参见邹志方著《浙东唐诗之路》，浙江古籍出版社1995年版。参见竺岳兵主编《唐诗之路综论》，中国文史出版社2003年版。

35 李白曾于唐玄宗开元十四年（726）、天宝六年（747）和肃宗至德元年（756）三度到越中。杜甫曾于唐玄宗开元十九年至二十三年（731—735）漫游越中。白居易曾于唐德宗建中三年（782）至越中，穆宗长庆二年至四年（822—824）官杭州刺史时数至越中。

# 马臻太守的遗产

马臻，字叔荐，东汉茂陵（今陕西省兴平县东北）人，一说会稽山阴（今浙江省绍兴市柯桥区）人。顺帝永和五年（140）任会稽太守。马臻的生平不详，传统的正史里边，至今还没有见到有关他的记载；生年不长，才54岁；任期亦短，才2个年头。但他确实伟大，不愧为功德无量的太守，留下了丰厚无比的遗产。

第一个遗产，是为越人留下了一个播惠千秋的鉴湖。

马臻任会稽太守期间，组织百姓筑成了200余平方公里面积之鉴湖。北魏郦道元《水经注·浙江水》云："浙江又东北得长湖口，湖广五里，东西百三十里，沿湖开水门六十九所，下溉田万顷，北泻长江。"北宋曾巩《越州会稽图序》载，鉴湖有斗门、闸、堰、阴沟七十六处。宋嘉泰《会稽志·太守·马臻》载：湖"高田丈余，田又高海丈余，若水少，则泄湖灌田；如水多，则闭湖泄田水入海，所以无凶年"。明万历《鉴湖图》载，鉴湖自东向西有斗门八座、闸六座、堰二十五处，计三十九座（处）。宋王十朋说："杭之有西湖，犹人之有眉目；越之有鉴湖，犹人之有肠胃。"由此可见，鉴湖的作用是多方面、综合性的。这样的水利工程，至少在长江以南，

空前绝后。

　　鉴湖的筑成，使越地从根本上改变了"越之水浊重而洎，故其民愚疾而垢"[1]的落后局面，为绍虞平原、江南水乡、鱼米之乡、绍兴水城的形成，奠定了历史地理基础。

　　如果说越国时期是绍兴历史上第一个发展高峰[2]的话，那么因为有了马臻太守所筑的鉴湖，使得绍兴在经历了600年的漫长岁月后的东晋南朝时期，又出现了第二个发展的高峰。它将绍虞平原连成了一体，造就了纵横交错的水网格局，托起了一座举世无双的水中城市。从此以后，绍兴成了风调雨顺的鱼米之乡，并且一直影响到现在。绍兴改革开放以来经济发展能够走在全国的前列，在很大程度上是因为有这样一种历史的积淀在那里，历史的延续在那里。

第二个遗产，是为民族孕育了一种生生不息的文化。

得益于鉴湖而致的"山阴道上行，如在镜中游"[3]、"千岩竞秀、万壑争流"[4]的美景，绍兴的人文精神亦由此而大变。

当年秦始皇来越的时候，在《会稽刻石》当中所寄予的"宣省习俗"的愿望[5]，因为有了鉴湖而开始变成现实，绍兴的民俗风情、精神风貌由此而发生了重大的、历史性的改变。耕读传家成为风尚，能工巧匠层出不穷，越窑青瓷于此诞生，铜镜砖甓天下难俦。而其中最具代表性的，就是东晋永和九年（353），王右军与其他41位贤士雅集鉴湖之畔的兰亭，曲水流觞，挥写了"天下第一行书"——《兰亭集序》，从而使他自己成了书法圣人，使当年这个小小的偏僻乡里、名不见经传的驿站成为了书法圣地，使绍兴至少是成了中国行书的故乡[6]。同样因为鉴湖而至的美景，使会稽成为东晋南朝时期江南两大佛教中心之一[7]、两大文化中心之一[8]，成为了山水诗、山水画的重要诞生地[9]。

地灵人杰，一方水土养一方人。以鉴湖为代表的水土，还使绍兴成了毛泽东主席称誉的人才辈出的"名士乡"[10]。

由此看来，绍兴的文化，正是因为有鉴湖而开始兴盛，历千年而长盛不衰。这样的一种以鉴湖为源头、因鉴湖而生成的人文精神，是中华优秀传统文化的重要组成部分，为我们整个民族的文明进步，起到了添砖加瓦、推波助澜的作用。

第三个遗产，是为官员提供了一面永世惕励的镜子。

人之忠奸、官之功过，往往无法以一时一事而论。而历史的公正，正是在于通过长时间的大浪淘沙，给出对人对事的正

◇
马
臻
墓

确结论。

　　马臻这位功不可没的循吏清官，当年就死得很惨、很冤。宋嘉泰《会稽志》引《会稽记》所载："创湖之始，多淹冢宅，有千余人怨诉，臻遂被刑于市。及遣使按鞫，总不见人。验籍，皆是先死亡人之名。"但是，普通百姓心中自有一本账，他们清楚得很。马臻蒙难后，越民因思其功，葬其遗骸于山阴鉴湖之阳，后又建墓，立祠以祀。唐韦瓘《修汉太守马君庙记》载：元和九年（814）已建墓，置墓碑，"开元中，刺史张楚，深念功本，爰立祠宇，久而陵败"。宋嘉祐四年（1059），仁宗敕封马臻为"利济王"，并重修马臻墓。清康熙五十六年（1717），郡守俞卿又重修，墓圈前方后圆，四周条石砌叠，高约一米；正中封土前横置墓碑，上刻"敕封利济王东汉会稽太守马公之墓"；墓前设长方形巨石祭桌，两

第玖相

第拾相

侧设石栏，今均存。嘉庆十二年（1807），有司在墓前立四柱三间架石碑坊，中坊上刻"利济王"三字，中柱镌联："作牧会稽，八百里堰曲陂深，永固鉴湖保障；奠灵宕岁，十万家春祈秋报，长为汉代衣冠。"今均存。1963年，马臻墓被浙江省人民政府列为重点文物保护单位。2012—2013年，绍兴市人民政府实施鉴湖水环境综合整治二期工程，又彻底改善了马臻墓、马臻庙周边的环境。

马臻太守无愧为利国利民、济世安民之王，宋仁宗所敕"利济王"这个封号真是名副其实。其实，"利济王"更是马臻太守千百年来在老百姓心目当中的形象，传颂不绝的口碑。他让古往今来的老百姓看到了什么是清官，也让历朝历代的官员们明白了怎么做清官。他是老百姓的一种希望，一种期待；也是官员们的一个榜样，一面镜子。当今社会，尤其需要与此俱进，大力弘扬这种为民请命的清官精神。这种清官，就是思想政治上清醒之官，忠于党，忠于人民，忠于法律；就是工作思路上清晰之官，不断发现问题，敢于直面问题，善于解决问题；就是生活作风上清廉之官，一身正气，两袖清风，一尘不染，一心为民。这种思想政治上清醒、工作思路上清晰、生活作风上清廉的当代清官，就是为实现中华民族伟大复兴的"中国梦"、实现党的十八大提出的"干部清正、政府清廉、政治清明"的目标而不懈努力的好官。

对于马臻太守留下的如此丰厚、珍贵的遗产，我们应当倍加珍惜，很好传承。重点是要做好这样四件事情：

第一件事情，是依法、科学、务实保护与利用好马臻墓、马臻庙。在原汁原味保护的基础上，积极申报国家级重点文物保护单位，组织引导好祭祀活动。

第二件事情，是加强研究宣传。成立马臻研究会或鉴湖研究会。加强对马臻太守生平事迹、马臻精神的研究。加强对鉴湖的历史演变、地位作用、民情风俗、现实意义的研究。编写《鉴湖志》。

第三件事情，是精益求精，建设好鉴湖水环境综合整治工程。这个工程，是保护鉴湖的最后一道防线，也是利用鉴湖的新的历史开端，决策来之不易，意义非同一般，一定要做好，一定要以"后之视今，亦由今之视昔"[11]这样一种气魄与历史责任感，搞成鉴湖保护利用传承的"史家之绝唱、无韵之《离骚》"[12]。

第四件事情，是把中共绍兴市委、绍兴市人民政府做出的"重构绍兴产业、重建绍兴水城"的战略决策[13]落实好。全力推进源头治水、科学治水、依法治水、全民治水，全面改善水系、水面、水质、水岸整体水环境质量，全面提升产业发展水平，在不远的将来，真正把绍兴建设成为"水清岸绿、城水相融、人水相亲"的宜居宜业宜游的现代水城。这是对马臻太守最好的纪念。我想，如果有在天之灵的话，马臻太守也一定会欣而称道的。

2013年12月4日。以《利民济世千古流——纪念马臻太守》为题，载于2014年4月12日《绍兴日报》第4版

## 注释

1　《管子·水地》。

2　《绍兴六百师爷》拙序，中国电影出版社2012年版，第4页。

3　《水经注·渐江水》："故王逸少云：'从山阴道上，犹如镜中行也。'"〔南宋〕嘉泰《会稽志》卷十："王逸少有云：'从山阴路上行，如在镜中游。'"

4　〔南朝·宋〕刘义庆《世说新语·言语》："顾长康（即东晋画家顾恺之）从会稽还，人问山川之美。顾云：'千岩竞秀，万壑争流，草木蒙笼其上，若云兴霞蔚。'"

5　《秦〈会稽刻石〉考论》拙序，西泠印社出版社2011年版，第26页。

6　《绍兴水利文化丛书》拙序，中华书局2011年版，第6页。

7　8　9　拙文《绍兴佛教源流考》。

10　毛泽东《纪念鲁迅80周年寿辰·七绝二首》，《人民日报》1996年9月20日。

11　王羲之《兰亭集序》。

12　鲁迅《汉文学史纲要》，《鲁迅全集》，人民文学出版社2005年版，第9卷第435页。

13　中共绍兴市委、绍兴市人民政府2013年10月25日印发《关于重构绍兴产业重建绍兴水城的意见》，首次提出"两江十湖一城"建设。"两江"指曹娥江、浦阳江。"十湖"指狭猺湖、迪荡湖、鉴湖、瓜渚湖、东白湖、白塔湖、皂李湖、白马湖、剡湖、沃洲湖。"一城"指中心城市核心水城，即越城区。

# 古甓新功

一

中国之甓，从形成的角度讲，最早可追溯至殷商时的版筑。周代时，甓已普遍使用。今日所能见到的最早的甓，便是在陕西扶风的西周晚期灰坑中发掘出土的[1]。

甓作为大量使用的建筑材料，在其上面出现文字，当是在秦汉时期。究其原因，或许与当时"物勒工名"的生产管理制度相关，这从战国时期的陶器铭文中已见端倪。汉代以后，甓铭与有意识的图像逐渐增多，后人亦因此而将甓大体上分为铭文与画像两大类。而从其图文的形成过程，还可分为模印、范制、刻划与书画四大类。其中的铭文甓，按其内容，则又可分为吉语与纪年两种[2]。

甓与中华文明相伴而行，在漫漫的历史长河中积累起了深厚的文化底蕴。也正因为如此，先人们历来重视传统文献与铭刻材料的研究、借鉴，形成了专门的金石学。这门学科的源头，可以追溯到司马迁的《史记》。他在里面记录了秦始皇出巡时所立的九处刻石的情况，还全文收录了包括《会稽刻石》在内的六块刻石的碑文[3]。南朝梁元帝时，编有《碑英》120卷，惜其书不传。宋时，金石学兴起，收藏、编集、考释各类古代铭刻，成为金石学研究的主要内容。不过，早时的金石学研究，以青铜铭文与石刻为主，砖铭是登不了大雅之堂的。

清代以来，尤其是进入20世纪以来，西学东渐，加之出土的古代铭刻材料日益增多，金石学研究得到进一步的重视，乾嘉学派的形成[4]、王国维"二重证据法"[5]的提出，即是明证。清嘉庆年间，邑人杜春生辑《越中金石记》20卷，堪称越中金石集大成之作。其中，"辑存"考录碑版218处，根据历代金石考和地方志载"阙坊"438处，共计656处，足见越中金石之富，而埋于地下、弃于荒野、泯于岁时者，尤当难计其数[6]。这也说明，越地是开了金石学研究的新风的。

伴随着学术研究方法与研究目的的明显改变，古代铭刻的收藏与研究范围急剧扩大，砖瓦图文的收藏与研究逐渐成为一种趋势。上个世纪80年代以来，这种趋势更是呈现出了势不可挡、可喜可贺的景象。《会稽甓粹》便是其中的一朵奇葩。我曾欣然为之作序，称"以此广流传，利收藏，益雅赏，便钻研，扬遗风，兴文明，实乃至善之举也"[7]。

## 二

我们绍兴无愧为中华文明的重要起源地与重要推进地。作为2006年全国十大考古发现之一的嵊州小黄山遗址告诉我们，早在近万年前，我们的先人就已经在这方古老而神圣的土地上培植水稻，制作陶器，繁衍生息。而越人创制的陶器，今日可知的最早的时间，大约在距今9000—11000年之间的新石器时代[8]。陶与甓，最初的成因、原料与技术，颇相类似，堪称同源。想必当时的越人，同样也是掌握了原始的制甓技术的。

汉代是绍兴历史上继越王句践时期之后，第二个发展的高峰。会稽铜镜神州难侔[9]，佛教真传先声夺人[10]，鉴湖人工江南独绝[11]，越窑青瓷开天辟地[12]，这真是一个激动人心、政通人和、贡献卓越、百业俱兴的时代。会稽甓正是在此时异军突起、引人瞩目的，它是经济、政治、文化、社会等诸多因素交互作用下的应运而生、水到渠成。

其一，是经济兴盛。东汉永建四年（129）的吴会分治与永和五年（140）的马臻筑湖，为越地的发展提供了良好的政治环境与自然条件，使得"水浊重而洎"、"民愚疾而垢"[13]的越地，迅速成为风调雨顺的鱼米之乡与吸引四方的人文胜地。及至晋时，其繁荣程度已是"今之会稽，昔之关中"[14]了。

其二，是人文交融。汉末开始的北方动乱，使得中原百姓大量南移；随之而来的晋室南迁，更是士人、平民纷随，从而极大地促进了南北文化的融合与民俗的融通。像直接推动了越窑青瓷中明器的大量生产一样，越地民众重祭祀、尚厚葬的风俗，同样直接促进了瓴甓的大规模生产，促成了会稽甓生产的第一个高峰。

其三，是技术支撑。越人制甓，源远流长。"山阴康乐里有地名邑中者，是越事吴处。故北其门，以东为右，西为左，故双阙在北门外，阙北百步有雷门，门楼两层，句践所造，时有越之旧木矣。州郡馆宇，屋之大瓦，亦多是越时故物"[15]。郦道元写这段话时，距离越王句践已有一千年的历史，其大瓦尚存、且多，可见越国时期，砖瓦生产已具有相当的水平与规模。我们同样可以从汉时会稽镜的繁多种类、丰富纹饰、盛行铭文与成熟书体中，从汉代原始瓷到成熟瓷的伟大革命中，从晋时越窑青瓷的技术革新中，从众多已经出土的会稽砖甓中，感受到在那个遥远的年代，令人难以想象，又叹为观止的制甓技术与水平。

会稽砖甓在中国砖甓史上，独树一帜，独领风骚，有着无与伦比的地位，为中华文明的演进做出了独特的贡献。

一是延续的时间跨度大。自汉时算起，具有悠悠上千年的历史。

二是传递的历史信息多。我们从中可以一叶而知秋，了解不同时代的经济、政治、文化、民俗、风情、信仰、生产、生活、技术。

三是展示的艺术价值高。其中的绘画艺术、书法艺术与文学艺术，是中华民族艺术百花苑中不可或缺、独放异彩的一部分，而其书法艺术，更称得上是除甲骨文、钟鼎文与碑刻之外中国书法艺术的又一本源。

## 三

然而，在以信息化为标志的全球化、现代化加速的今天，人类传统文化正进行着毁灭与传承的严酷较量。这是十分的令人担忧的。

没有文明的继承和发展，没有文化的弘扬和繁荣，就没有人类的希望和明天。

要"让收藏在博物馆里的文物、陈列在广阔大地上的遗产、书写在古籍里的文字都活起来，让中华文明同世界各国人民创造的丰富多彩的文明一道，为人类提供正确的精神指引和强大的精神动力"[16]。人类的先知先觉者们终于从历史与现实的经验教训中，率先认识到了传统文化对于社会和谐、人类大同的重大意义。这是十分的令人欣喜的。

　　沈标桐先生从事新闻摄影工作三十多年，勤奋敬业、忠于职守，淡泊明志、宁静致远，雅好金石、潜心藏研，聚沙成塔、集腋成裘，令我敬佩不已。

　　今天，沈先生又将其数十年心血凝结而成之《历朝古甓》奉献给社会，使得古老的砖甓活灵活现地展示在人们的面前，同样令我感佩万分。

　　我在想，读者诸君捧读此书，是一定会在领略其中蕴藏的人文精神，欣赏这一精神天空中的亮丽彩虹的过程中，感受到正确的精神指引与强大的精神动力的。

　　2014年6月21日，星期六，雨，晚上于寓所。系为沈标桐、朱志祥编著的《历朝古甓》撰写的序言

## 注释

1　王明发《画像砖》，辽宁画报出版社2001年版，第14页。

2 7《会稽甓粹》拙序，会稽甓社编著，西泠印社出版社2013年版。

3 6 拙文《秦〈会稽刻石〉考论》，《绍兴文理学院学报》2012年第1期。

4　清代乾隆、嘉庆时期，思想学术领域中出现的一个以考据为治学主要内容的学派。

5　王国维《古史新证》，1926年《国学月报》第二卷，第八、九、十号合刊"王静安先生专号"。

8　蒋乐平、郑建明《浙江浦江县发现距今万年的早期新石器时代遗址》，《中国文物报》2003年11月7日。

9　拙文《铜镜三章》，《中国铜镜》2013年3月期（总第6期）。

10　拙文《绍兴佛教源流记》。

11　拙文《利民济世千古流——纪念马臻太守》，《绍兴日报》2014年4月

12日。

12 拙文《瓷源——中国越窑青瓷简史》。

13 《管子·水地》。

14 《晋书·诸葛恢传》。

15 〔北魏〕郦道元《水经注·渐江水》。

16 习近平《在联合国教科文组织总部的演讲》（2014年3月27日，巴黎），《人民日报》2014年3月28日。

# 贺《中国文物报》创刊30周年

我与《中国文物报》结缘于2010年的春天。那时，我刚开始分管文物保护工作，在请文物部门提供的有关参阅报刊的清单中，我首选了它，一经翻阅，便有相见恨晚、一见钟情之感。2014年初，我的分工又作了调整，但对这份报纸的感情，却是历久弥坚，依然每期必赏。有时，办公室工作人员在分送报纸的过程中，偶尔有了缺少的情况，我也会马上发现，并要求找寻或补买。我对《中国文物报》已经爱不释手了。

《中国文物报》可读。报刊媒体要想吸引眼球，争取读者，影响社会，首先必须可读可看，首先必须在可读性、可看性上下功夫。以我这几年的切身感受，文物报是做到了这一点的。

它的版面安排，图文并茂，生动活泼。有的配图有画龙点睛之效，使版面锦上添花；有的配图具解疑释惑之功，使文章一目了然。正因为如此，读来不仅没有枯燥、乏味之感，而且有轻松、愉快之情。

它的文章结构，长短结合，雅俗共赏。既有洋洋万言的专题考察报告、学术研究论文，又有短小精悍的时事新闻报道、言论短评文章；既有针对专业人士的高水平学术文章，又有适合普通读者的大众化文物信息。

它的内容选择，古今兼顾，天人兼备。特别是考古发掘报告与遗产保护周刊、文物考古周刊、博物馆周刊，读来常常给人以"知来龙而明去脉"之感，文物工作所致力回答的我们"从何而来"、"为何而来"、"向何处去"这三个问题的答案，跃然纸上，使人心绪万千，激动不已。

文物报的这些特性，既是它有别于其他专业性报刊的重要标志，更是它30年风雨兼程中积累的宝贵经验。

《中国文物报》可用。产品的价值，是要通过使用价值的实现来体现的。因此，产品的供给，必须适应市场的需求。文物报的惹人喜爱，正是在于它的助人为乐，在于它巨大的使用价值。

它对提升读者的人文素养有用。我是把它当作历史文化方面的"百科全书"来阅读的，从中提高了对弘扬中华优秀传统文化的重要性的认识，增长了对中华文明、人类文明的见识，特别是丰富了自己人文方面的知识。

它对指导读者的实际工作有用。这几年，我从中第一时间了解到了党和国家关于文物保护工作、传统文化弘扬工作等方面的最新精神，从而明确了工作的方向；还从中学习借鉴了很多国内外文物工作方面的有益经验，从而促进了本地的工作。

它对帮助读者的学术研究有用。我在阅读文物报的过程中，做了大量的笔记、卡片，可以说是每期都做，每期都有心得收获，从中积累了丰富的研究资料。我的不少研究文章，正是在学习、借鉴、引用人家的研究成果的基础上写成的。绍兴是青瓷的故乡，越窑青瓷历史上久负盛名，至今仍对人类的生活产生着影响。我在去年4月写《瓷源》这篇万余字的论文时，就引用了当月11日《中国文物报》第7版上关于"2013年度全国十大考古新发现"的相关内容。其中作为十大考古新发现的江西景德镇南窑唐代遗址，当时报道说全面发掘出一条长达78.8米——迄今所知最长的唐代龙窑遗址，具有明显的越窑特点，足见越窑的影响。

《中国文物报》可藏。文物报以让文物活起来为己任，以文物的更好收藏、更好利用、更好传承为己任，因而文物报本身就很有收藏的意义。

文物报每期都值得收藏。因为用历史的眼光来看，它的每一期都是蕴含着特定资讯的权威性的文物资料。所以，我每期都完整保存。不少人认为这一类的纸质媒体已然或正在过时，而我则不以为然，所以依然是我行我素，并且乐此不疲。

我还重视对文物报重要内容的分类保存。对其中重要的文章，分内容进行摘要，分阶段进行编目，以便随时查用，自然是从中受益匪浅。

《中国文物报》已经走过了三十年的岁月。这三十年，文物报与我国的改革开放和现代化建设相伴而行，成绩卓著。三十而立。作为一名读者，我衷心地祝愿《中国文物报》立新德、立新功、立新言，为我国文物事业的发展，作出新的更大的贡献。

2015年5月3日，星期日，应《中国文物报》李耀申社长之约而作。原以《可读可用可藏——祝贺〈中国文物报〉创刊30周年》为题，载《中国文物报》2015年5月19日。收录于李耀申、陈爱兰主编，文物出版社2015年7月出版的《回眸·展望——文物报创刊30周年纪念文集》

# 会稽镜颂

泱泱中华，悠悠文明。山岳众多，风骚各领。尤有越地之会稽，圣禹"致群神"[1]于此，《吕览》序九山之首[2]，《周礼》列四镇之冠[3]。

地因山闻，秦始皇置郡于此，东游亲巡[4]；物以山名，会稽镜应运而生，声震华夏。

余尝诗咏会稽镜，曰：华夏文明史久远，精微铜镜溯源流。玄光何止正衣冠，文饰依稀纪春秋。富贵吉祥人长乐，避邪镇宅居无忧。神兽龙虎蕴越地，画像规矩鉴沉浮。

夫会稽镜史久。越国时，先声夺人，一鸣惊人[5]。迨至汉晋，锋芒毕露，异军突起，昭明、日光、四螭、博局、尚方，琳琅满目，风情万种。隋唐五代，继往开来。宋元明清，精彩纷呈。

会稽镜类繁。曰规矩，起自西汉之末，盛于新莽之际。左青龙、右白虎，各得其所；前朱雀、后玄武，各就其位。此或谓之四神，乃掌控大地四方之神灵也。另有麒麟，谓之五灵，以应五行之数、五德之嘉[6]。曰画像，始在东汉之初，行于中晚之时。王母、神仙、车马，惟妙惟肖；申胥、历史、故事，活灵活现；纪年、铸地、姓氏，有板有眼。曰神兽，始现汉晚，终于魏、晋[7]。纪年盛行，至于月、日。匠人远涉，遍及异乡。伯牙、子期，知音[8]以传；渔父、子贡[9]，儒道相论；天皇、五帝，各行其政。曰龙虎，初见于新莽，延续至南朝，历五百载有余。构图简洁，造型大气。其形威猛，面目狰狞。镇宅避邪，祛凶除恶。作坊姓氏，铭刻以传。

会稽镜艺精。其图案，珍禽异兽，神采奕奕；花叶芝草，和乐陶陶；祥龙瑞凤，仪态楚楚。其铭文，祝福吉语，寓意祥瑞；相思情话，辞旨温雅；安乐企盼，心声由衷。其书法，篆隶委宛雍容，唐楷端庄典雅，宋体严谨稳重。其雕刻，线雕者，铁线流动，圆润婉转；浮雕者，高耸凸现，工艺创新；圆雕者，刻镂精致，纹饰细腻；平雕者，平面刻划，犹如剪纸。其装饰，地纹衬主纹，主题突出；描金至鎏金，富丽堂皇；嵌银与错金，美不胜收。

究会稽镜独树一帜之因，盖有三也。越地铜丰锡富，匠优师杰，擅合金，工磨砺，能防锈。如此之类，远胜中原。此其一也。汉晋之时，越地种养旺，手艺兴，社会稳，百姓安；风调雨顺，政通人和；佛教真传先声夺人，鉴湖人工江南独绝，越窑青瓷开天辟地，有"今之会稽，昔之关东"[10]之誉。此其二也。汉末以降，中原动乱，晋室南迁，士民纷随，由是南北文化交融，铜镜之需随之而增。此其三也。凡此三者，终使会稽成华夏铜镜之制造中心。

地灵人杰。物美人爱。今之越乡，有张公宏林先生者，少舛，读书不多。及长，好学不倦。尤于会稽铜镜，因地之利，近水楼台，一见钟情，四十年夙兴夜寐，矻矻以收藏，孜孜于研究，方行《鉴影觅韵》[11]，又成《鉴镜遗韵》，并嘱余再序。余先睹为快，见文稿探索疑难、诠释枯奥、争鸣是非、演绎故事，足以启人之思；议论阐释、长短兼有，图文并茂、雅俗共赏，尤得构思之妙；以此深感精诚所致、金石为开之理，亦度知先生用心之良苦、志趣之高洁也。文如其人，果其然哉！

噫吁唏！镜之岁四千有余，照面饰容之用早已尽失矣。然其化人、启智之功长存，未尝须臾而去。夫镜史，犹国史、方史、文明之史也。史者，镜也，天人之际、古今之变[12]也。今事影于史，史事今可鉴。史者，亦师也，传道、授业、解惑[13]，教书、育人、为国也。由是观之，铜镜文化之研究、传承、弘扬，岂非善哉！宏林先生之为，岂非善哉！

会稽冯建荣。乙未年七月廿八日晨，教师节，于投醪河畔。

2015年9月10日。系为张宏林著，中国文史出版社2015年9月出版的《鉴镜遗韵·中国古代铜镜文集》撰写的序言

## 注释

1 《国语·鲁语下》："吴伐越，堕会稽……仲尼曰：'丘闻之，昔禹致群神于会稽之山，防风氏后至，禹杀而戮之'。"

2 《吕览》即《吕氏春秋》。《吕氏春秋·有始览》排列的中华九大名山是："会稽、太山、王屋、首山、太华、岐山、太行、羊肠、孟门。"

3 《周礼·春官·大司乐》："四镇，山之重大者，谓扬州之会稽山，青州之沂山，幽州之医巫闾山，冀州之霍山。"《周礼·夏官·职方》以东南、正南、河南、正东、河东、正西、东北、河内、正北为序，排列九州、九山，也将东南扬州之会稽山排在首位，"职方氏掌天下之图，以掌天下之地……乃辨九州之国，使同贯利。东南曰扬州，其山镇曰会稽。"

4 《史记》卷六本纪第六《秦始皇嬴政》：秦始皇"二十五年（前222）……王翦遂定荆江南地；降越君，置会稽郡。""三十七年（前210）十月癸丑，始皇出游……过丹阳，至钱唐(通"塘")。临浙江，水波恶，乃西百二十里从狭中渡。上会稽，祭大禹，望于东海，而立石刻颂秦德。"

5 张宏林、冯谋泰《越国铜镜初探》，《绍兴史志》2005年第1期。

6 《汉书》卷八四列传第五四《翟方进》王莽《大诰》云："昔我高宗崇德建武，克绥西域，以受白虎威胜之瑞……太皇太后临政，有龟龙麟凤之应，五德嘉符，相应而备。"

7 魏、晋：此泛指三国与西晋、东晋。

8 张宏林著《鉴影觅韵·铜镜中的文化与故事》，文物出版社2015年版，164页。

9 张宏林著《鉴影觅韵·铜镜中的文化与故事》，文物出版社2015年版，166页。

10 《晋书·诸葛恢传》。

11 张宏林著《鉴影觅韵·铜镜中的文化与故事》，文物出版社2015年版。

12 《汉书》卷六二列传第三二《司马迁》报任安（少卿）书："究天人之际，通古今之变，成一家之言。"

13 〔唐〕韩愈《师说》。

# 未名斋藏镜选拓序

　　乙未冬日，张宏林先生嘱我为其新著《越风汉韵·未名斋藏镜选拓》作序。我怕临近岁尾，冗务繁忙，难有闲暇。然先生我之故交，盛意难却，况其学有新绩，闻之甚觉欣忭。于是乎感从中来，不能自已，遂落笔如下。

　　宏林先生收藏铜镜四十年，鉴赏之余，对铜镜尤其是会稽汉镜，显幽探微，另辟蹊径，发前人之未见，异当代而出新，其学术成果，为文史界先辈所看重。

　　今年，先生已有两部著作问世。四月，由文物出版社出版的《鉴影觅韵·铜镜中的文化与故事》，广征博引，陈述故事，揭示铜镜文化内涵，收到了深入和普及相结合的效果，原中国历史博物馆副馆长、研究中国古代铜镜的权威孔祥星先生称其"内容丰富，涉及面广"，"重点突出，注重学术性"，"深入浅出，可读性强"，"必将推动人们去更多地思考铜镜的文化内涵，深入研究铜镜诸多方面的问题"[1]。

　　九月，由中国文史出版社出版的《鉴镜遗韵·中国古代铜镜文集》，致力于发掘原始素材、实物探析，并注重与文献资料相佐证，开创了铜镜研究的新模式，中国社会科学院历史研究所原所长、清华大学教授李学勤先生称其"内容颇有独到之处……论述详密细致，在好多方面针对当前铜镜研究的热点问题，贡献出自己的见解，体现了结合多学科知识的综合研究的特色。所论虽主在汉镜，但从研究方法来讲，对于整个铜镜研究都是有价值的"[2]。

两位学术大师的评论超越了文化艺术的范畴，足见宏林先生在铜镜研究中用心之专一，收益之可珍。

看了《越风汉韵·未名斋藏镜选拓》的样稿，我很想用唐代诗人王勃在《滕王阁序》中"四美俱、二难并"的辞句，来表达内心的感受。所谓四美俱，即拓片的古朴之美、文字的简约之美、书法的形质之美、篆刻的意韵之美；二难并，一指专业艺术的高雅之难、二指大众直白的通俗之难。而此书却把这两者有机融合，图文并茂，雅俗共赏，虽朴实无华，却回味隽永。

诚然，世人鉴赏铜镜之美，重在艺术。但铜镜的价值，不仅仅在于艺术，它其实更是一种文化，朴实而真切地反映了古代社会各个时期的意识形态。从广义上讲，铜镜包容了人类社会物质和精神整个文明体系的演变过程。今天，我们鉴赏、研究铜镜，其实质是在与几千年华夏文明的对晤交流。

现在，人们在鉴赏和研究铜镜时，往往一顾而三叹。一是感叹源头之久远。早在四千年前的齐家文化时期，已有铜镜的滥觞；战国、汉代至隋唐时期，更相继出现了三个发展高峰；宋、元、明、清四朝，也各具时代特色；直至清代末期，始为玻璃镜所替代。

二是感叹工艺之精良。商周铜镜的线形纹饰，春秋铜镜的动物图案，战国铜镜的祥禽瑞兽，汉代铜镜的规矩、龙虎、神兽纹，可谓制作精湛，异彩纷呈。

三是感叹内涵之丰富。早期铜镜的芒状纹饰，反映的是自然崇拜观念；战国铜镜的动物图案，显示的是神灵崇拜意识；汉代铜镜的规矩纹，包含的是古代宇宙观；画像镜中的历史人物和民间传说题材，彰显的是伦理道德。其中，由于历史的局限，有些内容以现代人的观点来看，或许不一定正确，但道法自然，顺天行事，忠君爱国，重义轻利，无疑是铜镜文化的主流。

　　我想，世人在感叹之余，应该明白的是，收藏和研究恐怕并非铜镜文化的终极。用铜镜的灵光哲理，照射当今的文明状态，从中汲取铜镜文化的精粹，以纠正世俗文明的缺失，这也应该是鉴赏、研究铜镜的一个重要结点。铜镜文化是一个独具体系的领域，是社会意识形态的重要组成部分。当今之世，人们在赞同经济发展的同时，往往感叹人心不古，世风日下，我们不妨汲取古代铜镜文化中的正能量，来校正现实社会意识形态中的负效应。

　　有感而发，下笔竟不能自休，仿佛间自己似乎已成了半个铜镜专家。其实，我对铜镜素无深究，仅识皮毛而已，之所以写过几篇文字模样的东西，与其说是对铜镜学有心得，倒不如说是为宏林先生的人品和行止所感动。

　　宏林先生是位只读过小学的汽车司机，腹无四书，家乏万贯，这样的学历和境况与铜镜的收藏、研究，是绝不对称的。然而，四十年来，先生出于对古代铜镜文化的浓厚兴趣，努力执着，勤奋刻苦，走出了一条收藏与研究铜镜的成功之路。观其所成，其径有三：一是简朴以资收藏。先生生活朴素，无缘烟酒，不重外饰，除了极简衣食，几乎把所有的收入包括行车补贴和出差补贴都用到了藏镜上。无怪乎孔祥星先生称其为中国文物学会中唯一的工薪阶层的成功收藏家。

二是读书以增学识。先生求良师，交文友，查字典，啃古书，以提高文史修养，为治学打基础。

三是勤奋以补拙陋。先生虽无学历，但敏于思考，勤于笔耕，尝闻有时夜半所思，忽有心得，便即刻起床落笔。正是如此勤奋刻苦的知识累积，才使笔下有神，洋洋万言，友人称其为"张万言先生"。

明清之际诗人今种，在其《鲁连台》诗中喟然长叹："从来天下士，只在布衣中。"张宏林先生正是通过自身的刻苦努力，由一介闾巷平民，蜕变为中国古代铜镜研究领域中的闻名之士的。我之所以愿出一"笔"之力，推介先生的新作，不仅仅在于其著作本身的价值，更是在于愿与读者朋友一起，能于书本之外，从宏林先生的治学经历中，品味更多的人生哲理，领悟更多有益的东西。

> 2015年12月20日，星期日，于寓所。系为张宏林著，中国文史出版社出版社2016年3月出版的《越风汉韵·未名斋藏镜选拓》撰写的序言

## 注释

1 孔祥星《序》一，《鉴影觅韵·铜镜中的文化与故事》，文物出版社2015年4月第1版。
2 李学勤《序》一，《鉴镜遗韵·中国古代铜镜文集》，中国文史出版社2015年9月第1版。

刻石山上览九州 李斯碑里鹜春秋 棋置石
中宣乾坤 三十六郡统宇宙
荆棘丛生川路 艰难殊途同归 信可叹一览诗
北眾山小祗缘山外更有山

甲午秋日 雨菲錄

第三编

论

# 秦会稽刻石考论

一

中华从来多名山，会稽自昔独灿烂。

早在2500年前，孔子就对会稽山的具体方位作了认定。"吴伐越，堕会稽……仲尼曰：'丘闻之：昔禹致群神于会稽之山，防风氏后至，禹杀而戮之'。"[1]这段史料中，同时出现了越、会稽、会稽之山、禹、防风氏等地名、山名、人名，说明会稽山就在今之浙江绍兴。《嘉泰会稽志》则进一步指明："会稽山在（会稽）县东南一十二里"[2]。

会稽山最初位列九大名山之首。《周礼》以东南、正南、河南、正东、河东、正西、东北、河内、正北为序，排列九州、九山，指出"职方氏掌天下之图，以掌天下之地……乃辨九州之国，使同贯利。东南曰扬州，其山镇曰会稽"[3]。何谓九山？《吕氏春秋》有云："会稽、太山、王屋、首山、太华、岐山、太行、羊肠、孟门"[4]。

会稽山曾被排名四大镇山之先。"四镇，山之重大者，谓扬州之会稽山，青州之沂山，幽州之医巫闾山，冀州之霍山"[5]。

会稽山早就受到华夏先祖的尊崇。相传黄帝时，尝于此建

馆遗谶。"龙瑞宫在（会稽）县东南二十五里，有禹穴及阳明洞天。道家以为黄帝时尝建候神馆于此"[6]。"《吴越春秋》称，覆釜山之中，有金简玉字之书，黄帝之遗谶也"[7]。舜在会稽留下了"上虞"、"百官"之地名典故[8]，以及舜江、舜田、舜井等历史遗迹，后世屡建"舜王庙"、"大舜庙"以志纪念。而大禹之于会稽山，更是渊源可数："八年春，会诸侯于会稽"[9]，"禹朝诸侯之君会稽之上"[10]，"禹封泰山，禅会稽"[11]，"禹东教乎九夷，道死，葬会稽之山"[12]，"十年，帝禹东巡狩，至于会稽而崩"[13]。

黄帝、舜、禹，是华夏的始祖、先祖，他们都与会稽山有着千丝万缕的联系。而作为我国第一个王朝奠基者的大禹，会稽更是他的治水毕竟之所，地平天成之处。由此看来，会稽山称得上是一座祖山，"是一座镇山、尊山，是一座神山"[14]，更是一座开创了中国王朝历史的名山。

二

"稽山形胜郁岧峣，南镇封坛世代遥。"[15]会稽山的祭祀敕封活动有着久远历史。

最早祭禹的，可以追溯到夏王启派遣的使者及禹之后人。"启使使以岁时春秋而祭禹于越，立宗庙于南山之上。禹以下六世而得帝少康，少康恐禹祭之绝祀，乃封其庶子于越，号曰无余"[16]，以守禹冢。

"最早祭祀会稽山神的是越王句践"[17]。当年文种向句践献"灭吴九术"，第一术为"尊天事鬼，以求其福"。对此，"越王曰：'善。'"于是乎，"立东郊以祭阳，名曰东皇公；立西郊以祭阴，名曰西王母。祭陵山于会稽，祀水泽于江州"[18]。

最早亲祭大禹的帝王是秦始皇。关于秦始皇南巡会稽祭大禹等情况，文献多有记载。"秦始皇帝常曰'东南有天子气'，于是因东游以厌之"[19]。"三十七年（前210）十月癸丑，始皇出游。左丞相斯从，右丞相去疾守。少子胡亥爱慕请从，上许之。十一月，行至云梦，望祀虞舜于九嶷山。浮江下，观籍柯，渡海渚。过丹阳，至钱塘。临浙江，水波恶，乃西百二十里从狭中渡。上会稽，祭大禹，望于南海，而立石刻颂秦德"[20]。秦始皇"三十七年，东游之会稽……是时，徙大越民置余杭、伊、攻□、故鄣。因徙天下有罪适（通"谪"）吏民，置海南故大越处，以备东海外越。乃更名大越曰山阴"[21]。"乌程、余杭、黝、歙、无湖、石城县以南，皆故大越徙民也。秦始皇帝刻石徙之"[22]。"秦始皇发会稽适戍卒，治通陵高以南陵道，县相属”[23]。“二世与赵高谋曰：‘朕年少，初即位，黔首未集附。先帝巡行郡县，以示强，威服海内。今晏然不巡行，即见弱，毋以臣畜天下。’春，二世东行郡县，李斯从。到碣石，并海，南至会稽，而尽刻始皇所立刻石，石旁著大臣从者名，以章先帝成功盛德焉”[24]。

为说明问题，这里不妨再引录些有关越人性情方面的记述。越王句践曾对孔子喟叹：“夫越性脆而愚，水行而山处，以船为车，以楫为马，往若飘风，去则难从。锐兵任死，越之常性也。”[25]“楚威王兴兵而伐之，大败越，杀王无疆，尽取故吴地至浙江，北破齐于徐州。而越以此散，诸族子争立，或为王，或为君，滨于江南海上，朝服于楚”[26]。“齐庄子请攻越，问于和子，和子曰：‘先君有遗令曰：无攻越，越，猛虎也。’”[27]墨子亦云：“今天下好战之国，齐、晋、楚、越。”[28]看来，越人骨子里确实是强悍好胜，不易臣服的。

## 三

现在再回到秦始皇南巡会稽这件事情上来。秦始皇是中国历史上为数不多、酷爱出巡的帝王之一。从公元前220年开始，在他近四分之一的皇帝生涯中，八次长途跋涉，“亲巡天下，周览远方”，忙碌地奔波于遍布全国的“驰道”[29]上。从以上引录的诸多文献来分析，秦始皇不顾万里之遥、舟车劳顿，不惧水波之恶、风雨严寒，以会稽作为此次出巡的最终目的地，有着十分明确的目的性。概而言之，主要有这样几方面：

第一，祭拜大禹，以示大统。

秦始皇对虞舜，是于九嶷山“望祀”；而对大禹，则是

"上会稽"亲祭，足见大禹在其心目中的巨大影响和崇高地位。秦始皇"上会稽"，登的是越地的主要山峰，由此绍兴有了"秦望山"等山名；望的是秦中的大好河山，于是又有了"望秦山"等山名。

大禹是我国历史上第一个大一统王朝——夏王朝的奠基者，也是华夏民族最基本、最一致的文化认同者之一。秦始皇亲临大禹葬地，亲祭大禹之灵，显然是为了彰显自己一统天下的雄才大略，更是为了表明自己君临天下的正统地位。

第二，歌颂秦德，弘扬秦风。

这尤其可以从刻石内容中得以证实。《史记》记载秦始皇出巡时所立刻石，共有九块。分别为始皇二十八年（前219）的《峄山刻石》《泰山刻石》《之罘刻石》和《琅琊台刻石》，始皇二十九年（前218）的《之罘刻石》和《之罘东观刻石》，始皇三十二年（前215）的《碣石门刻石》，始皇三十五年（前212）的《东海上朐界刻石》，始皇三十七年（前210）的《会稽刻石》[30]。其中六块刻石的内容为《史记》全文收录。这些刻石，历经浩劫，或被人为破坏，或湮没于岁月，或烬毁于野火，仅《泰山刻石》与《琅琊台刻石》尚存片鳞鸿爪，余皆荡然无存。

但是，我们依然可从文献记载和残碑断字中捕捉其主要内容：一是记述秦始皇一统天下的历史背景、征战历程和不朽功绩；二是记述秦始皇治理天下的大政方针、主要举措和巨大成效；三是记述立石的直接动因——群臣力请。如《会稽刻石》中写道："皇帝休烈，平一宇内，德惠修长"，"始定刑名"，"初平法式"，"贵贱并通"，"从臣诵烈，请刻此石，光垂休铭"[31]。

第三，恩威越人，稳定越地。

如果说秦始皇上会稽、祭大禹，立刻石、移风俗，是对越人施恩怀柔、显示皇恩浩荡的话，那么在"示强"越地、"威服"越人方面，则显示了巨大的皇权威力，颇有震慑作用。秦始皇治越主要举措有五：一是将部分越人强制迁徙至今皖南、浙西地区；二是将天下待罪遣戍的官吏和百姓，放逐至钱塘江以南原大越之地；三是将大越易名为山阴；四是眺望南海，防备"滨于江南海上"的东海外越人的反抗；五是着令遣戍越人开凿"陵水道"运河。其中，最为严酷的要数"迁徙"、"适遣"之举。始皇二十六年（前221），"徙天下豪富于咸阳十二万户"；三十三年，"发诸尝逋亡人……以适遣戍"；三十四年，"适治狱吏不直者，筑长城及南越地"；三十五年，"益发适徙边"[32]。这些史料表明，通过适徙来改变民族构成、融合民族文化，是秦始皇巩固一统天下局面的十分重要的措施。

秦始皇采取的这几项十分严酷的措施，具有极强的针对性和目的性，那就是镇压越地的"天子气"，改变越人"好战"、"猛虎"、"脆而愚"、"锐兵任死"之"常性"。想必秦始皇对越王句践当年卧薪尝胆、报仇雪耻之作为，心存畏惧；对自己亲历的，在"降越君"[33]和服瓯越、南越、闽越等"句践之裔"[34]聚居地区过程中的异常艰辛，更是耿耿于怀。诚如陈桥驿先生所分析的那样："秦始皇敉平东南地区，由于防止强悍的越人反抗，除了驱赶和强迫这地区的越人迁移以外，又把句践的故都大越改为山阴，在吴越旧址建置会稽郡，郡治置于吴，很有不再称这个地为'越'的心愿。"[35]

◇ 《会稽刻石碑》（李斯碑）拓片

## 四

秦始皇频频出巡，包括亲临会稽，固然是为着巩固中央集权统治，使自己开创的伟业"后世以计数，二世三世至于万世，传之无穷"[36]。但是，客观地讲，这对于推行"一法度衡石丈尺，车同轨，书同文字"[37]和"分天下以为三十六郡"[38]等统一举措，巩固一统天下的局面，是有着极为重大的意义的。他作为"江南运河的创始人"[39]，在"百尺渎"、"吴古故水道"等春秋时期开凿的运河及太湖流域原有自然河道的基础上，"治陵水道到钱塘越地，通浙江"[40]，为后来的京杭大运河的形成奠定了历史基础，而大运河对于整个中华民族的历史贡献和现实作用是自不待言的。

秦始皇确实无愧为"千古一帝"。他统治天下的制度典章，在"汉承秦制"的基础上，为后世继承和发扬。他一统天下的丰功伟绩，值得人们永远缅怀。据说，英语的中国一词"China"，最初是从罗马语"Chin"（秦）演变过来的，这从另一个侧面说明了大秦帝国对于世界的影响。

2006年9月23日，星期六，秋高气爽，我与章生建、高新华、邢玉清等君一起，去绍兴县平水镇岔路口村的峨嵋山（又称鹅鼻山）自然村访问，并在黄锡云、汤金尧、陈刚、孙其康、尉瑞庆、郦校根、郦朝根诸君的陪同下，从这一方向登上刻石山，有感而发，作《忆秦皇》：

> 刻石山上览九州，李斯碑里写春秋。
>
> 棋盘石中定乾坤，三十六郡统宇宙。

遥想秦皇当年，雄视天下，并吞六国，观东海，上会稽，是何等的意气风发，壮怀激烈，踌躇满志。

次年10月5日，国庆假日，我又与孙君、王张泉、王彪诸君一起，自绍兴县兰亭镇大庆村方向再登此山，作《重上刻石山》：

　　荆棘丛生行路难，殊途同归信可叹。
　　一览并非众山小，只缘山外更有山。

中华民族大家庭，巩固的统一的多民族国家，正是在秦始皇一统天下的基础上，巩固发展繁荣起来的。千秋伟业，继往开来；斯情斯景，未免使人感慨万千。

然而，历史车轮的行进，往往是不以个人的意志为转移的。好的心愿，如果不辅之以好的方法，常常不可能取得好的效果。方法得当，事半功倍。方法失当，事倍功半，甚至适得其反。历史常常会嘲弄一厢情愿的人。对于秦始皇而言，"焚书坑儒"[41]，不读孔子的《论语》，不懂得"过犹不及"[42]的道理，似乎情有可原；但是，不读相国、"仲父"吕不韦的《吕氏春秋》，不接受"物极必反"[43]的提醒，似乎是说不过去的。

历史对秦始皇的嘲弄，首先是在他离开会稽，"并海上"，"并海西"，"至平原津而病"，并于七月"崩于沙丘平台"[44]，匆匆谢世。更为惨烈的是，在他离世一周年之际，即二世元年七月（前209），爆发了陈胜、吴广领导的反秦起义；九月，起义即在他最放心不下的会稽得到了响应，那位避事越地，曾在秦始皇巡视会稽时放言"彼可取而代也"[45]，"长八尺余，力能扛鼎，才气过人"[46]的楚国将门之后项羽，与他叔父项梁一起，毅然揭竿而起，加入了反秦的队伍，并在亡秦战争中立下了头功。秦始皇当年的忧虑，可谓是先见之明。后来的事实是，越人果然在亡秦中发挥了重要作用，越王无彊"后七世，至闽君摇，佐诸侯平秦"，为了褒奖越人，"汉高帝复以摇为越王，以奉越后"[47]。

五

有了上面这样一些铺垫，现在就可以集中来谈谈《会稽刻石》的重要作用和伟大意义了。

第一，《会稽刻石》成就了越地的第一美文。

刻石正文为四言韵文，三句一韵，共24韵节，计288字，较《史记》所记少一字。其文字凝练、隽永，文风庄重、典雅，文思畅达、井然，易解易记，是难得的好铭文，具有很高的文学价值，堪称古越大地上诞生的第一篇美文。"那言简意赅、含蓄流畅的文辞，词藻华丽、琅琅上口的韵文……无不显示出它是我国文化宝库中的艺术瑰宝"[48]。

五百六十多年后，东晋永和九年（353），王羲之于"天朗气清，惠风和畅"的"暮春之初"，在"有崇山峻岭，茂林修竹，又有清流激湍，映带左右"的"会稽山阴之兰亭"，写下的千古绝唱《兰亭集序》，无疑是诞生在古越大地上的又一篇美文。《会稽刻石》与《兰亭集序》，文辞宛若天成，堪称文章"双绝"；书艺精美绝伦，堪称书法"双绝"；文辞与书艺珠联璧合，堪称文、书"双绝"。这是越乡人民的骄傲，也是民族文化的华章。"后之视今，亦由今之视昔。"想必王羲之醉意微浓、思绪翩跹、兴笔挥毫《兰亭集序》时，是联想到了昔之《会稽刻石》的。"后之览者，亦将有感于斯文。"果然，王羲之言中了。

第二，《会稽刻石》宣省了越人的风俗习性。

管子当年曾以所见所闻，称"越之水浊重而洎，故其民愚疾而垢"[49]。句践自称越人脆愚、任死，其地乃"僻陋之邦"，其民乃"蛮夷之民"[50]。"相传越俗自句践时起，男女间关系不严"[51]，"教化习俗还很落后，氏族社会偶婚制习俗尚未清除"[52]，"当其时盖欲民之多，而不复禁其淫泆。传至六国之末，而其风犹在"[53]。越人"争立"、"好战"、"猛虎"、"断发文身"[54]，"处危争死"[55]，"三弑其君"[56]。这些记述，大体上反映了当时越地的环境与民风。而《会稽刻石》三分之一的铭文内容，正是针对这些情况的，这也是此刻石与《史记》收录的其他五块刻石内容的最大不同之所在。

《会稽刻石》的第三韵，即宣告秦始皇"逐登会稽，宣省习俗，黔首齐壮"[57]之意图。第十六韵迄第二十三韵，此八韵所述均为荡涤旧习，开启新风之事："饰省宣义，有子而嫁，倍死不贞。防隔内外，禁止淫泆，男女洁诚。夫为寄豭，杀之无罪，男秉义程。妻为逃嫁，子不得母，咸化廉清。大治濯俗，天下承风，蒙被休经。皆遵度轨，和安敦勉，莫不顺令。黔首修洁，人乐同则，嘉保太平。后敬奉法，常治无极，舆舟不倾。"[58]越地从最初的荒服之地，发展为后来的名人辈出、文化灿烂的斯文之乡，不可否认确实是与最初宣省的这种民风习俗长期以来的潜移默化紧密相关。即使在今天读来，诸如"男女洁诚"、"男秉义程"、"咸化廉清"、"大治濯俗"、"皆遵度轨"、"和安敦勉"等思想，仍然具有积极的教化意义。

《会稽刻石》留传至今，可谓历经磨难，来之不易。从秦始皇三十七年（前210）"立石刻颂秦德"、秦二世元年（前209）"尽刻始皇所立刻石"，至唐开元二十四年（736），《会稽刻石》经历千年风雨，仍岿然屹立，这从唐张守节《史记正义》所云"其碑见在会稽山上"得以印证。而从北宋初欧阳修、北宋末赵明诚分辑《集古录》、《金石录》时，均未见录《会稽刻石》来分析，刻石可能于北宋早期即遭毁佚。南宋地方志有载，此石"宜在此山"[59]，陆游亦有"残碑不禁野火燎，造物似报焚书虐"[60]的诗句，皆可佐证。元至正元年（1341）五月，绍兴路推官申屠駉，据家藏旧拓本重新摹刻，并题记于后，与按徐铉摹本所刻的《峄山刻石》互为表里，置于会稽簧舍。清康熙年间（1662—1722），碑文被人磨去。乾隆五十七年（1792）四月，绍兴知府李亨特再据申屠氏本复刻于原石，并以自跋代原跋；七月，翁方纲补刻短跋。嘉庆元年（1796）、二年，又分别勒记阮元、陈焯题名。1987年，刻石移置会稽山大禹陵内之碑廊，置屏壁以永久保护。《会稽刻石》历经漫长曲折的两千多年，屡遭磨灭，几经摹刻，然其灵魂精髓却始终浑朴如一。我们从这段历史中可以感受到，越人对《会稽刻石》是引以为荣和呵护珍爱的，而有了这份自豪与珍爱，自然也就多了一分接受宣省的自觉。

第三，《会稽刻石》树立了我国的书艺丰碑。

汉字到了秦代，产生了两个历史性飞跃：一是书写字体的规范划一，如"小篆"，意味着秦对六国旧字体的整理；二是书法艺术开启了新风，如"隶书"，在一群无名无姓被共同称呼为"隶"的书写者手中被创造、被实验。而《会稽刻石》的撰文及书写者李斯[61]，无疑是其中承上启下的重要人物。他主创秦一统天下的文字"小篆"，被后世称为"小篆之祖"；他是"中国书法史上第一个知道姓名的书法家"[62]，"是书法史上有明确记载而且至今可以见到他的书法的最早书法家"[63]，也是"中国有史以来的第一个书碑名家"[64]。

作为书法艺术的丰碑，李斯小篆对后世的隶、楷、行、草等，都产生了重大影响。尽管我们现在见到的《会稽刻石》经多个朝代重摹，或许有失原刻风貌，但其书体依然清劲圆润，明晰端正，法度谨严，我们依然可以从中感受两千年前的辉煌书艺，领略一代大家的书法神韵。正如我们虽然无法触摸《兰亭集序》的真迹，但还是能从历代临摹作品中一睹书圣独领风骚的书艺。

南朝梁袁昂《古今书评》中，对李斯书法的评价是"世为冠盖，不易施平"。唐张怀瑾在《书断》中说，"李君创法，神虑精微，铁为肢体，虬作骖骈，江海渺漫，山岳峨巍，长风万里，鸾凤于飞"，"画如铁石，字若飞动，作楷隶之祖，为不易之法"。唐李嗣真《书品后》中赞叹，"李斯小篆之精，古今妙绝……犹夫千钧强弩，万石洪钟"。宋刘跂《秦篆谱序》中说："李斯小篆，古今所师。"明赵宧光《篆书指南》中，称"秦斯为古今宗匠……书法至此，无以加矣"。康有为《广艺舟双楫》中，称赞"相斯之笔画如铁石，体若飞动，为书家宗法"。鲁迅先生也称赞李斯的书法"质而能壮，实汉晋碑铭所从出也"[65]。

由此看来，李斯的书法艺术的确是出神入化，超凡脱俗的，后世之人将其书碑奉为楷则，的确当之无愧。有了李斯与王羲之这样两位丰碑式的人物，将绍兴称为书法之乡，理所当然；将绍兴称为书法故乡，也未尝不可。

第四，《会稽刻石》流衍了神州的刻石之风。

"刻石之风流衍于秦汉之世"[66]。我们从《会稽刻石》和其他秦刻石中可以看到，秦刻石的形制与先秦相比，有了新的变化和发展，尽管它们被称为刻石，但实际上与后来的碑已颇为相近了。这就表明："秦刻石正处于春秋战国时期无一定形制的'石'原始碑向后世有一定形制的碑转化的进程中，同时，这也有力地表明，刻石确实属于碑的范畴，是正在进化中的碑。"[67]正是在秦刻石的影响下，刻石文化成了中华传统文化的一朵奇葩。也由于《会稽刻石》之渊源，绍兴得开风气之先，在琳琅满目的刻石文化园里，大放异彩，美不胜收。清嘉庆年间，邑人杜春生辑《越中金石记》20卷，堪称越中金石集大成之作。其中，"辑存"考录碑版218处，根据历代金石考和地方志载"阙坊"438处，共计656处，足见越中金石之富。而埋于地下，弃于荒野，泯于岁时者，尤当难计其数。

有鉴于此，我2004年在绍兴县工作时，曾在强调开展田野调研，加强实地保护的同时，请有关方面对各类存世刻石进行捶拓，并以图录、释文的形式加以编纂出版。经过同仁们一年多时间的辛勤工作，终成《绍兴摩崖碑版集成》一书。中共绍兴县委原书记、今浙江省常务副省长陈敏尔同志欣然为本书题签。浙江省文物局长鲍贤伦同志拨冗终审。我亦为该书作序并向工作人员赠联。我在序言中写道，绍兴"摩崖题刻，琳琅满目，源远流第；碑版勒石，俯拾皆是，遐迩闻名"。这些石刻，"可补档案之不足，证文献之真谬，赏书法之多姿，知乡史之兴替，益后世之教化"。给工作人员的赠联是："风餐露宿，搜拓空前绝后，泽被人物千载无穷；夙兴夜寐，考证劳师动众，惠同日月万世永恒。"

这本书图文并茂，收录了历史上山阴、会稽两县范围内字面基本完好，具有一定历史、艺术、科学价值的摩崖94幅、碑版121通、墓志20方，凡235品。其中，东汉《大吉买山地记》，是迄今发现存世最早、面积最大的真实地券；留存于今

◇ 会稽山

宛委山之《龙瑞宫记》，系唐著名诗人、书法家贺知章之手迹；羊山石佛寺内题记，是新文化运动巨擘蔡元培先生的墨宝。此外，大禹陵之《岣嵝碑》，有学者新考证认为此系古越国祭南岳衡山的刻辞；兰亭的《鹅池碑》，传为书圣王羲之与王献之合书的"父子碑"；而兰亭的清康熙《临兰亭序碑》、乾隆《兰亭即事一律碑》，一石两面分刻御书，更是世所罕见的"祖孙碑"。这些碑刻，充分展示了越地文化品种之繁多、书法之精妙、史料之珍贵、内涵之丰富，足以令人仰止。

第五，《会稽刻石》初成了独特的碑铭文体。

"从文体发展的角度看，中国古代文学史可视为各类文体孕育形成和发展演变的历史，也是各类文体之间相互作用，互相渗透，不断衍生出新品种的历史。正是这种经由多时代创作活动所引发的文学体类的自动和互动，促进了文学形式的创新、繁衍，并与它们所承载和表现的历史事件、作家情感等内容一起，共同构成缤纷复杂的中国古代文学的发展史"[68]。碑铭文体，正是在秦代刻石文体的基础上成长发展起来的。

高利华等学者认为，"产生于越地的《会稽刻石》，不但标志着秦代刻石这种文体的成熟，已初步奠定碑铭文学的特征，而且对越地后来的文学氛围的形成产生了引导作用"。"秦统一后的刻石铭文在碑铭这一文体方面有开创价值"，"对碑铭体文学的形成起着承前启后的作用"。他们进而研究指出，"《会稽刻石》体现着碑体文一个很重要的因素就是其叙事性"。"《会稽刻石》体现着碑体文的语言特点是文句整饬简洁，辞采雅训有则"。"《会稽刻石》体现着碑体文一个重要的特点便是颂的笔法，这是该文体与生俱来的特征"[69]。

　　通览《史记》收录的包括《会稽刻石》在内的六块刻石铭文，确实可以清楚地看到，其内容，具有了"颂"的文体特征；其笔调，具有了"铭"的文体意义；其表现形式，具有了"碑"的文体模式。正是因为有了这些秦刻石的艺术成就与文体创新，才迎来了入汉以后刻石文学的繁荣兴盛，才出现了东汉时期我国碑刻发展史上的第一个高峰，才使得碑铭文体成了汉代文学创作中与诗、赋一样重要的文体形式，以至最终出现了"自后汉以来，碑碣云起"[70]的动人景象。

## 六

　　《秦〈会稽刻石〉考论》一书的编辑出版，缘起于2010年炎热的夏天发生的一场热烈的"百家争鸣"。这年的6月12日，《绍兴晚报》第4版发表了该报记者张兴刚先生采写的以《秦始皇会稽刻石碑的原址在哪？原碑该是个啥模样？》为长题的长篇整版文章，对刻石原址等问题，报道了颠覆性的观点，由此而引起了人们的种种疑问。紧接着，9月6日、25日的《绍兴晚报》和9月29日、10月14日的《绍兴日报》又大篇幅地进行了相关报道。这样的报道与争鸣，自然有助于引发人们对于包括《会稽刻石》在内的弥足珍贵的绍兴文化遗产的更多关注。

文化遗产不仅仅是精神层面的宝贵遗产，也是我们民族引以为骄傲的文明指针，因为她能够告诉我们，从何而来，为何而来，向何处去。在红尘滚滚的功利时代，多一分对文化遗产的景仰和尊重，意义深远，难能可贵。正是因为如此，我当时曾建议绍兴县人民政府孙云耀县长与中共绍兴县平水副城工委、绍兴县平水镇委魏阳林书记，对此予以重视，以更好传承历史文化，建设现代文明。两位领导果然认真对待，组织考论，并由阳林书记主持将诸君所论编纂成书，这是十分可喜可贺的。

前几天，阳林书记打来电话，又请人送来书的清样，让我作序，我自然不能推辞，而且是欣然接受。因为，我觉得我有责任，更有义务，在科学发展、和谐盛世的今天，为绍兴文化遗产的保护与利用、传承与发展，添砖加瓦，推波助澜。这不仅仅是为了表达我个人对绍兴文化的由衷崇敬之情，更是为了让我们的后人，能够在遥远的将来，感知山好水好的越中大地上曾经弥散的神圣的文化灵光，欣赏生他养他的越地天空中曾经闪耀的迷人的精神彩虹，从而更好地爱家爱乡爱国，享受幸福生活。

2011年8月28日，星期日，完稿。系为魏阳林主编，西泠印社出版社2011年11月出版的《秦〈会稽刻石〉考论》撰写的序言。后以《秦〈会稽刻石〉考论》为题，摘发于《绍兴文理学院学报》2012年第1期

## 注释

1　《国语·鲁语下》。

2　6〔宋〕嘉泰《会稽志》卷七。

3　《周礼·夏官·职方》。

4　《吕氏春秋·有始览》。

5　《周礼·春官·大司乐》。

7　〔北魏〕郦道元《水经注·渐江水》。

8　〔北魏〕郦道元《水经注》引《晋太康地记》曰："舜避丹朱于此，
故以县名。百官从之，故县北有百官桥。亦云：舜与诸侯会事讫，因
相虞乐，故曰上虞。"

9　《竹书纪年》卷上。

10　《韩非子·饰邪》。

11　《史记·封禅书》。

12　《墨子·节葬下》。

13　《史记·夏本纪》。

14　17胡文炜《会稽山志》，中国戏剧出版社2010年版，第5页、7页。

15　〔清〕朱彝尊《南镇》，《晚晴簃诗汇》卷四四。

16　《吴越春秋·越王无余外传》。

18　《吴越春秋·句践阴谋外传》。

19　《史记·高祖本纪》。

20　24　29　30　31　32　33　36　37　38　41　44　57　58《史记·秦始皇本纪》。

21　25《越绝书·记地传》。

22　23　40《越绝书·记吴地传》。

26　47《史记·越王句践世家》。

27　《吕氏春秋·顺民》。

28　《墨子·非攻》。

34　〔明〕焦竑《焦氏笔乘续集》卷三："东越一名东瓯，今温州；南越
始皇所灭，今广州；闽越今福州。皆句践之裔。"

35　陈桥驿《吴越文化论丛》序，中华书局1999年版。

39　张环宇《河兮·斯水：基于杭州案例群的大运河遗产价值分析与旅游规
划研究》，中华书局2010年版，第117页。

42　《论语·先进》。

43　《吕氏春秋·博志》。

45　46《史记·项羽本纪》。

48　陈五六《绍兴摩崖碑版集成》，中华书局2005年版，第317页。

49 《管子·水地》。

50 《越绝书·陈成恒》。

51 范文澜、蔡美彪《中国通史》第二册，人民出版社1994年版，第15页。

52 郭志坤《秦始皇大传》，上海三联书店1989年版，第333页。

53 〔清〕顾炎武《日知录·秦纪会稽山刻石》。

54 《史记·越王句践世家》《汉书·地理志》《论衡·四讳篇》《庄子·逍遥游》。

55 《淮南子·主术训》。

56 《庄子·让王》。

59 〔宋〕嘉泰《会稽志》卷九。

60 〔宋〕陆游《登鹅鼻山至绝顶访秦刻石且北望大海山路危甚人迹所罕至也》，《剑南诗稿校注》，上海古籍出版社2005年版。

61 〔唐〕张守节《史记正义》。

62 陈龙海《名碑解读》，岳麓书社2005年版，第39页。

63 吴羊璧《书法长河》，上海大学出版社2005年版，第18页。

64 67 金其桢《中国碑文化》，重庆出版社2002年版，第51—52页。

65 《鲁迅全集》，人民文学出版社2005年版，卷九第395页。

66 马衡《凡将斋金石丛稿》卷二，中华书局1977年版。

68 郭建勋《先唐辞赋研究》，人民出版社2004年版，第81页。

69 高利华、邹贤尧、梁晓云《越文化艺术论》，人民出版社2011年版，第95—96页。

70 〔南朝·梁〕刘勰《文心雕龙·诔碑》。

富而不骄贵而不淫　俞小兰绘

# 绍兴师爷考论

在有清一代近三百年的政治舞台上，活跃着一个十分特殊的幕僚群体。他们虽然没有被列入清朝政府的官员序列，却几乎遍及从中央到地方的各级官府衙门；他们虽然都不是朝廷命官，却几乎操纵控制了大清王朝地方政府乃至整部政治机器的运转；他们虽然已经销声匿迹了一百年，却声名绵延，其思想、其精神、其行为，至今仍余音袅袅、不绝于耳。这个特殊的幕僚群体，就是时人已广泛称呼、今人亦不改其名的绍兴师爷。

## 一

概说。

幕僚制度在中国古代的官僚政治史上延续了两千多年，其称谓、名称五花八门。宋朝时，幕僚的称谓有幕职、僚属等20种。到了清朝，幕僚的称谓更是多达24种，其中便多了师爷这一称谓。根据王文涛先生的研究统计，师爷在《儿女英雄传》中出现了90次，在《二十年目睹之怪现状》中出现了56次，在《清实录》中出现了3次。而其他称谓，如幕友，《清实录》中出现了817次，《清史稿》中出现了17次；幕客，

《清实录》中出现了36次，《清史稿》中出现了24次[1]。可见，师爷的称谓在文献、档案、正史中基本不用，而是"清代官署中幕僚的俗称"[2]。师爷非官非吏，无品无位，只是受聘于幕主官员的佐治人员，故而双方是宾主相待，师爷常常称幕主为东翁、东主等，幕主则常常称师爷为老夫子，而老夫子实为老先生、先生、老师的同义词，"对一般胥吏而言，由于他们是自己长官的师宾，故尊称为'师老爷'，简称作'师爷'"[3]。师长之师谓之爷，这或许就是师爷这一俗称的由来吧。

绍兴师爷这个幕僚群体，以绍兴来命名，是名正言顺、名副其实的。这是因为，在师爷队伍里面，绍兴人出道最早，数量最多，名声最大，他们既是清代幕业的开辟者，也在很大程度上自然而然地成了垄断者，成了师爷的典型代表、形象大使、代言人物。"所谓'绍兴师爷'，乃是活跃于清代，以绍兴为主的幕僚群体的总称，只是由于绍兴一地充当幕僚者名满天下，连并非是绍兴籍的幕僚也加入了'绍兴师爷'的行列"[4]。"实际上清代师爷，各省籍的人都有，但其中确实以绍兴人为多，而且'名幕'辈出。因此'绍兴师爷'这一名称，可以认为是师爷阶层的典型化"[5]。

与绍兴师爷这一俗称相关联，"无绍不成衙"这句谚语，在清代也已十分流行。这里的绍，主要是指绍兴师爷；这里的衙，当是指官府衙门。没有绍兴师爷，就不成其为衙门。事实果真如此吗？答案是，果真如此，一点不虚。

我们先来看看绍兴师爷的从业数量情况。著名师爷龚萼谓："吾乡之业于斯者，不啻万家"[6]。徐珂在《清稗类钞》中载："操是业者皆绍兴人"[7]。缪全吉说："京吏既以绍兴人为多，京吏又渐出而为外幕，则外幕依比例亦以绍兴人为多"[8]。郭建先生曾作过一个颇有意思的推测，说是"就清代1358个县、124个州、245个府与18个省的布政司、按察司、巡抚、总督各个地方衙门，以及朝廷六部、大理寺、理藩院、詹事府、都察院等中央机关衙门来看，只要每个衙门请4位师爷，全国的师爷总数就当有一两万人之多"[9]。其实，郭建先生的这个推测，还是保守的。因为根据著名师爷汪辉祖的记载，州县之中"巨者需才至十余人，简者或以二三人兼之其事"[10]。

我们再来看看绍兴师爷的作用与影响情况。清代，绍兴师爷与绍兴话、绍兴酒在全国各地"三通行"，"刑名钱谷之学……竟以此横行各直省"[11]。

我们可以从这些记述中，身临其境般地感受到绍兴师爷的人数之多，作用之大，影响之广，以至雍正皇帝为了防止结党营私，于元年（1723）即下诏明令："六部经承不许专用绍兴人"[12]。不过，从后来的情况看，这个诏令并没有起到多少实际作用，而且雍正本人后来也对绍兴师爷改变了看法，产生了好感，使用了起来。这也从一个侧面，证明了当时社会现实对绍兴师爷的客观需要。

由此看来，绍兴师爷的确是一个分布广大、规模庞大、影响巨大的幕僚群体。

二

成因。

绍兴师爷作为一个地域性、专业性极强的幕僚群体，作为清代各级官吏处理政务公事、行使管理职能的智囊和代办，横

◇ 绍兴师爷博物馆

空出世，横行天下，既是中国幕僚制度演变发展的结果，更是特殊的地域环境、特殊的人文基因和特殊的社会背景综合作用的结果。这种特殊性，主要表现在五个方面：

一是文风炽盛，人才辈出。

绍兴古称"荒服"[13]之地。大禹在此治水毕功，地平天成。越王句践"十年生聚、十年教训"，使绍兴实现了历史上的第一次腾飞。秦始皇巡越，祭大禹，立刻石，教化民众。汉时马臻筑湖，使绍兴风调雨顺，山清水秀，"俗始尚文"、"俗始贵士"[14]。晋室南迁，士人平民纷纷相随，成为我国历史上第一次大规模的汉族南迁和多民族融合，绍兴因以"俗尚风流而多翰墨之士"[15]，文风由此焕然，经济益加兴旺，出现了"今之会稽，昔之关中"[16]的繁荣景象。隋唐时期，越窑越纸名闻天下，丝绸茶叶异军突起，山水风光和美如昔，文人墨客纷至沓来，"俗好吟咏而多风骚之才"[17]，人文由是更加兴盛。两宋时期及至元明，文风更为灿然，形成了"好学笃志，尊师择友，弦诵之声，比屋相闻"[18]的动人局面和上至士大夫，"下至蓬户，耻不以诗书训其子。自商贾鲜不通章句，舆隶亦多识字"[19]的喜人风尚。

正是这种一脉相承的文风，使绍兴成了名人辈出的"名士乡"[20]。以文武进士为例，今之绍兴市境之内，就多达2238名，其中的文科进士中，唐12名，五代7名，宋618名，元24名，明560名，清744名[21]。绍兴师爷正是在这种炽盛文风的熏陶中成长起来的，他们无疑是绍兴成千上万"名士"的优秀代表。

二是人地矛盾，生活艰辛。

绍兴历史上堪称鱼米之乡，但由于"永嘉之乱""安史之乱""靖康之难"期间中原汉民的三次大南迁，人口不断增加，人地矛盾不断加剧。宋时，"四方之民，云集两浙，百倍常时"[22]，大大地加重了绍兴耕地的承受负担。根据王振忠先生的研究，"早在16世纪末，绍兴府平原的开发就已经达到了极限"[23]。晚明时绍兴人祁彪佳说："越中依山阻海，地窄民稠……以二人食一亩之粟，虽甚丰登，亦止供半年之食，是以每藉外贩，方可卒岁。"[24]

到了清代，绍兴的人口密度竟达每平方公里579.55口，居全国人口密度的第三位[25]，人地矛盾显得更加突出起来，以至"水岸田畔，凡可资耕种者，几无一隙之存"[26]。穷则思变，在这样一种困难的情况下，人们为了生计，便将视野转向了耕种之外、地域之外，想起了手工业、商业、借贷救贫等办法，动起了扬己之长、外出谋生、为人作幕等脑筋。

三是科举难就，功名诱人。

崇尚读书、追求功名，是绍兴的传统社会风尚；通过读书，求得功名，是一代又一代绍兴人的奋斗目标。逮及清代，这一风尚和目标得到了进一步的强化。"城中子弟成童就传举业射策。约十家坐一塾师，四隅内外攻制，举业者云集别业，子弟发未蓄，便能开笔成文，辄采芹藻，或再试。童子不利即弃文就武，习韬钤弓矢"，从而出现了"中式虎围者每科多至十余人，少亦不下五六人"[27]的情形。据统计，从顺治元年（1644）到宣统三年（1911），绍兴"中举人者二千三百六十一人次"[28]。"从顺治三年到乾隆三十九年（1646—1774），绍兴府的举人数达656人，占全省总数的15.5%"；本籍人本地考取的"进士数也多达505名"，"居全国科甲排行榜的第六位"[29]。

这些数字的背后，至少说明了几个问题：第一，竞争激烈，一个绍兴人要考中进士、举人，比起其他地方来，要困难得多；第二，励志效应，如此众多的人中进士、举人，刺激了更多的人去苦读书；第三，官职有限，不少中进士、举人者不得不做"后备干部"，先为人作幕，再等待机遇；第四，另辟蹊径，更大量的读书人因过不了科举这座"独木桥"，而另辟其他的求生求名之道，这其中最有代表性的便是作幕、经商。"我总不肯学做幕友或商人，——这是我乡衰落了的读书人家子弟所常走的两条路"[30]。"读书无成，迫于饥寒，则流为幕宾"[31]。"吾辈图名未就，转而治生。惟习幕一途，与读书为近，故从事者多"[32]。鲁迅先生和龚萼、汪辉祖的话，正反映了越中读书人在功名难就中流为幕宾、习幕治生的无奈心声。

四是亲缘认同，形成"声气"。

绍兴人特别讲求包括乡缘、血缘、师缘在内的亲缘关系，它们大量地被记录在师爷们的书牍当中，其中最有代表性的，是著名师爷许葭村的229篇《秋水轩尺牍》与龚萼的186篇《雪鸿轩尺牍》。

乡缘除了老乡之间的互相提携推荐之外，很重要的，是还有遍布各地的绍兴会馆，这些会馆不少具有"准师爷之乡"的性质，有的还举办专门培养师爷的幕学训练班[33]。

父死子继，兄终弟及，儿女联姻等血缘关系，自然是师爷群体中最重要、最亲密、最有用的一种亲缘关系了。比较有代表性的，如会稽陶氏家谱中，起家于幕友者，有数十人之多[34]；鲁迅所在的周氏家族中有十多人当过师爷，姻亲中有若干人当过师爷[35]；作为鲁迅本家的周恩来，家族和姻亲中也有许多人当过师爷[36]。这些家族，堪称师爷之家、师爷世家。

"学幕必有师承","递相传授","亦复繁衍","互强声势"[37]。在这里，为师除了尽好传道授业解惑的义务外，还承担起了为弟子介绍关系、觅馆择业的责任。这种"彼此各通声气，招呼便利"[38]的亲缘关系，是绍兴师爷群体形成、兴起、发展的重要原因。

五是时势需要，应运而生。

第一，满族在准备入关、入主中原、统一国家的过程中，认识到了依靠汉族知识分子的重要性，这就为汉族幕僚群体的出现提供了国家政策上的可能。

第二，清朝实行"科举为利禄之途"，"得之则荣，失之则辱"[39]的政策。但是，僵化的科举制和频发的文字狱，致使整个社会思想保守、万马齐喑。在这种情况下，科举优胜者虽被委以重任，但不善处理各种政事，只能依靠那些没有死读书、了解社情多、处事能力强的幕僚。

第三，西方文化的东渐、西方列强的入侵、民族矛盾的加深，使得清朝政局长期处于动荡不安当中。为了应付这种复杂局面，客观上促使各级官吏招揽更多的幕僚人才，为己所用。

时势需要英雄，时势造就英雄。正是在这样一种独特的时代背景下，绍兴师爷应时对景、应天顺人，登堂入室、登台亮相了。

## 三

兴衰。

绍兴师爷作为一个特殊的幕僚群体，经历了蓄势待发、顺势而生、因势而衰的漫长过程。

前面已经讲到，绍兴人素爱读书，向重功名，以至"代有闻人。守斯土者，皆辅相之才；生斯土者，多菁华之彦。载籍所记，历历可证"[40]。在官本位的中国封建时代，绍兴人自然是把当官做吏作为人生的第一追求的，所以历朝历代当官做吏的数量自然也是不少，及至明代，更是形成了空前的盛况。我们不妨来看看三位明朝人对此的记述。顾炎武称"今户部十三司胥算皆绍兴人"[41]。王士性谓"山阴、会稽……儇巧敏捷者，入都为胥办，自九卿至闲曹细局，无非越人"[42]。冯梦龙说"天下衙官，大半都出绍兴"[43]。这里的胥算、胥办、衙官，指的主要是胥吏——明代官府中的小官，他们与幕僚有着根本的不同。但正是胥吏"皆绍兴人"、"无非越人"、"都出绍兴"这种盛况，为绍兴师爷这一群体的出现，创造了得天独厚的条件。

事实上，除了当官做吏之外，绍兴也是代出名幕的。章学诚认为，绍兴人"治文书、托官府为幕客，盖天性然也"[44]。文种、范蠡、计然，佐助句践成就了复兴越国的伟业；谢灵运、沈约，既是南朝的著名文人，又是重要的幕宾人物；虞世南被唐太宗李世民誉为德行、忠直、博学、文辞、书翰都臻于完善的"五绝"；贺知章被人尊称为"贺秘监"；陆游一生相当长的时间为人作幕；元代的王艮由一般幕僚成长为朝廷任命的秘书官员。

绍兴人学律作幕，到了明代，更是大有人在了，嘉靖年间的徐渭就是典型的代表。人们更多知晓的，是徐渭的书、诗、文、画，其实他对于绍兴地方志也是做出了巨大贡献的。作为幕宾，他对于抗倭平寇更是出谋划策、功勋卓著。"总督胡宗宪招致幕府，掌书记。宗宪得白鹿，将献诸朝，令渭草表上之。世宗大悦，宠异宗宪，宗宪益重渭"[45]。"渭知兵，好奇计，宗宪擒徐海，诱王直，皆预其谋"[46]。正是徐渭们辛劳、有为的作幕，为绍兴师爷登上历史舞台拉开了序幕，他们堪称绍兴师爷的源头。

清朝初期，绍兴师爷开始在政治舞台上崭露头角，其中最早也是最有名的代表，似乎非沈文奎莫属。沈文奎（1604—1660），"为明崇祯会稽邑庠生。家贫如洗，又值世乱年荒，于是北游满洲。时满伐蒙，大营驻磐石，竟投满营，充教授轻（经）年者中文，兼行营文牍。蒙古平定，满军凯旋，建都奉天，开科取士，得连捷第一甲第一名，赐进士及第，入汉军镶白旗籍"[47]。这段文字告诉我们，沈文奎是为后来的绍兴师爷们树立了样板的。一是"游"，游幕；二是在教授工作的同时"兼行营文牍"，即后来的书启、挂号师爷的行当；三是"进士及第"，追求的还是功名成就。从这个意义上讲，沈文奎称得上是绍兴师爷群体的发端。

雍正、乾隆时期，绍兴师爷地位日隆。这一时期，清朝统治者从建立国家机构、一统天下、稳定社会、发展生产等需要出发，采取了利用汉人知识分子的政策。而绍兴师爷也乘朝廷急需人才之机，凭借自己的聪明才智，纷纷能官则官，能幕则幕，大出风头。这当中，邬思道无疑是杰出的代表。邬氏生于1774年，卒年不详，幼好学，有悟性，"习法家言，人称之为邬先生"。他在为河南山东总督田文镜当师爷时，因替主人帮助雍正除去权臣而名声大振，以致雍正常常在田文镜的请安折上批语"朕安，邬先生安否"？其他督抚更是"争以厚币聘之"[48]。正是在邬思道的影响下，各地衙门竞相聘用绍兴师爷，绍兴师爷的势力迅速扩大，异军突起，形成高潮。

鸦片战争以后，中国社会的政治、经济、文化发生了重大的变化。为应付层出不穷的新生事物和错综复杂的情况，各级官府对人才的需求急剧膨胀，这就为绍兴师爷队伍的进一步壮大，提供了新的机会。这时，最著名的师爷，几乎都投效到了地方实权派和封疆大吏门下。如会稽县的章士杰为曾国荃的师爷，马家鼎为张之洞的师爷；山阴县的程埙为左宗棠的师爷，娄春蕃更是先后为李鸿章、荣禄、袁世凯、端方等的师爷。甚至被誉为"旧文学殿军"的李慈铭，为人桀骜不驯，一心功名，不屑为幕，但也有在同治六年张之洞武昌幕中襄校文书两月的经历。这一时期的绍兴师爷，既为中央和地方各级官吏所瞩目，也为广大的黎民百姓所关注，队伍规模、地位作用、势力影响，已经达到了顶峰。

　　1898年的"戊戌变法"，虽然只进行了一百天的时间，但"变法"的思想已经无法禁锢。此后清政府采取的一系列变革举措，直接间接地对绍兴师爷的存在及其作用产生了重大的影响。从中央到地方重叠、虚设机构的裁并，缩小了绍兴师爷存在的空间场所，打破了绍兴师爷独体府衙的局面。废八股、停科举、兴教育、奖留学，使得新的知识群体迅速崛起，削弱了绍兴师爷原有的作用影响，打破了绍兴师爷独霸幕业的局面。司法制度的改革，动摇了绍兴师爷刑名司法的垄断根基，打破了绍兴师爷独断刑名的局面。各类经济财会类学校的兴起，取代了绍兴师爷师徒相授的钱谷秘诀，打破了绍兴师爷独理钱粮的局面。在这种情况下，尽管绍兴师爷作幕的现象仍然存在，但作为一个群体组织，已日渐瓦解，地位作用也每况愈下了。

　　绍兴师爷作为一个由特定区域人员构成，在特定时期发挥作用的特殊幕僚群体，伴随着经济社会的变革与发展，终于完成了特殊的历史使命，退出了特殊的历史舞台。但是，作为我国古代幕僚制度的终结与顶峰，绍兴师爷的人数之众、分工之细、历时之久，前所未有；其在当代之作用、对后世之影响，更是先前各代幕僚所无可比拟的。绍兴师爷为我们留下了弥足珍贵的历史遗产，提供了值得借鉴的有益启示。

<h1 style="text-align:center">四</h1>

绍兴师爷为国家留下了资治学识。

绍兴师爷当中，不乏颇有成就的诗人、文学家、文史学家、方志学家、金石书画家、政治家、军事家、思想家、法学家、医学家、数学家，他们对中华文明的贡献有目共睹，不可磨灭。这里，主要从幕业角度作些分析。按所从事的职业，绍兴师爷大体上可以分为三类：刑名师爷——主要负责办理刑事、民事案件；钱谷师爷——主要负责办理财政、赋税及相关的考核工作，故其中又有征比师爷的细分；文牍师爷——主要负责折奏起草、书信来往、公文处理工作，故又分别细称折奏师爷、书启师爷、挂号师爷。这几类师爷中，"其事各有所司，而刑名钱谷实总其要"[49]。由此可见，绍兴师爷所从事的工作，几乎涉及了政治、经济、文化、民生等各个方面。

在长年累月的实践和代代相传的积累中，绍兴师爷为后人提供了大量的"佐治药言"。这些思想，既构成了一部完整的幕学理论，又涉及了众多的学说见解，至今仍闪耀着灿烂的光芒，越来越引起更多的人的关注与重视。

一是在刑名方面，绍兴师爷的言行，颇有历史意义；直至今日，也仍颇有现实意义。

第一，注重熟悉律例。认为"律文解误，其害乃延及生灵"[50]。

第二，注重搞清事实。强调"要识得何处是真，何处是伪，何处是起衅情由，何处是本人破绽"[51]？办案"不可先有成心，又不可漫无主意"[52]。

第三，注重办案效率。强调"随到随审"，以既防"前事未去，后事又来，百事丛集，忙中有错"，又使当事人尽快脱离官司，免除"穷民守候缧绁之苦"[53]。被称为"骆大师爷"的骆照不仅办案干练利索，其所订的《清理积案规条十则》，还为曾国藩任畿辅时所应用[54]。

第四，注重宽仁省事。"事非急切，宜批示开导，不宜传讯捉人。非紧要，宜随时省释，不宜信手牵连他人……少唤一人，即少累一人"[55]。"可息便息，亦宁人之道，断不可执持成见，必使终讼，伤闾党之和，以饱差房之欲"[56]。

第五，注重释律汇例。结合刑名实践，注释《大清律例》，汇编典型案例。

绍兴师爷的这些思想与实践，为清代的地方法治文明、为民国司法制度的创新、为中国司法制度的延进发展，做出了巨大的贡献。

二是在钱谷方面，绍兴师爷的民本思想、务实精神，很值得学习借鉴。

第一，注重征收基础。"第一要清丈经界，既正则立鱼鳞册，册籍明则地与粮皆按籍可稽矣"[57]。

第二，注重科学催征。"晰其来历，查其委曲，或在官，或在役，或在民，或应征，或应免，了然分晓"[58]，反对简单化的追欠清查。

第三，注重赈灾救灾。灾情出现后，要"分定村庄，挨户清查，分别极贫、次贫"进行赈济，不使百姓"扶老携幼，纷纷四出"[59]。紧急情况下，还要"不待报，遽出仓粟"[60]。

第四，注重水利建设。为"便贸易之航"、"获灌溉之利"[61]，要"考察地形，贯穿原委。时险，工之；未出，培其岸，补其堤；已决，堵之；未决，防之"[62]。

绍兴师爷的这些思想与实践，为社会生产力的发展和民生的改善，做出了巨大的贡献。

三是在文牍方面，绍兴师爷同样给了后人不少可以借鉴的东西。

面对浩繁的公文，"绍兴师爷还创造了'江山一统'的分类方法。将汉字按江山一统四字的第一笔，点、直、横、撇分四部，较部首分类简便得多，容易检查。他们的笔记校题、案牍索引、各种簿册都按这样分类"[63]。这种分类方法，富有创新精神，是很有实用价值的。

绍兴师爷十分重视对文书的催办和督查，使公务及时处理，不致延误。"于刑名之案，则审限参限，时时扣算，一经报案，则催条时至，刑席稍惰者，无不惮之；于钱谷之案，则所征分数及报解期限，时时扣算，一切杂项征解，出入之数，无不序次详明，所谓每月自交盘一次者此也。"[64]这种有条不紊、按时推进工作的方法与精神，是很值得学习的。

绍兴师爷十分讲究公文的遣词造句。"虽报雨、请安各禀，亦不可不慎。蒙头盖面之文，土饭尘羹之语，最易取厌，尽汰为佳"[65]。

绍兴师爷的这些思想与实践，为近现代的文秘科学的形成与发展，做出了巨大的贡献。

# 五

绍兴师爷为国度留下了绵延功业。

不可否认，绍兴师爷在为人作幕的过程中，从维护自身利益、维护幕主利益、维护政府利益出发，也干过一些损害百姓利益，甚至与百姓为敌的事情；队伍中也有被鲁迅先生视为"鬼蜮"的章介眉等败类。但平心而论，绍兴师爷为国家、民族建立的功业是巨大的。

一是绍兴师爷建立了拒挡外敌入侵，维护民族独立的功业。

鸦片战争以后，面对西方列强侵略的加剧和民族矛盾的加深，面对民族救亡图存和近代化的主旋律，绍兴师爷或明或暗、或直接或间接地参与了抗击外敌的斗争，并利用其特殊的地位与权力，在其中发挥了重大的作用。他们号召商战，与洋商争利；创办报刊，唤醒民众；甚至拿起枪杆，冲锋陷阵。中日甲午战争期间，由绍兴师爷进而担任辽阳知州的徐庆璋"募饷练兵，号镇东军，沿边设防"，屡败日军，坚守辽阳五个多月[66]。面对八国联军的入侵，绍兴师爷"筹笔不停，力支危局"，娄春蕃更是在"日夜炮声振天地，弹下如雨"的战场上，"矻矻勿为动……与敌军相持"，并"屡获大胜"[67]。

二是绍兴师爷建立了维护国家统一，促进民族团结的功业。

清代边疆少数民族的分裂割据活动频繁发生，其中西南地区吴三桂、耿精忠、尚之信的"三藩之乱"与西北地区噶尔丹等的反叛，严重地威胁着国家的统一和民族的团结。在这一大是大非问题上，绍兴师爷保持了高度清醒的头脑，积极参与了平叛斗争。他们积极"为之运筹"，"凭几答之，灼中事宜"[68]，为统一的多民族国家的最终形成立下了大功劳。

三是绍兴师爷建立了维护地方秩序，安宁百姓生活的功业。

他们常常在"吃讲茶"的过程中，坐"马头桌"——茶室最外面的两张桌子，听取民间纠纷双方的陈述，并在茶客评议的基础上进行裁决，以此来调解纠纷，化解矛盾。他们将维护治安、打击不法、惩处豪强作为自己的重要职责，但又不草菅人命，滥杀无辜。雍正时，浙江总督李卫派人去苏州逮捕无辜，师爷童华以手续不全为由，予以拒绝，"无牒不与"，后雍正因此而予以重用，"命往陕西以知府用"[69]。汪辉祖在湖南宁远时，针对"积逋而多讼"的实际，"即捕其尤"，且在审理时"纵民观听"[70]，收到了缩小打击面、扩大教育面的功效。娄春蕃"夙夜筹虑，独为地方谋保安"[71]。

# 六

绍兴师爷为国民留下了立身之镜。

绍兴师爷留下的最为宝贵的财富，恐怕是莫过于能帮助后人"明得失"的两面"镜子"。从总体来看，从本质来看，绍兴师爷身上所展示出来的品行、情操、精神、魅力，既是他们自身成功的主观原因，也是值得后人学习的人格魅力。但是，从少数来看，从后期的一小段时间来看，绍兴师爷与其他任何社会群体一样，也不可避免地存在着、出现了一些"污垢"，而这正是绍兴师爷没落的重要内在原因，也是值得后人常读的反面教材。

绍兴师爷好学。

清代幕业的竞争是十分激烈的，"千人学幕，成者不过百人；百人就幕，入幕者不过数十人"[72]。可见，对作幕者的要求是很高的。龚萼提出了三条标准，即"须胸有经济，通达时务，庶有文藻，肆应不穷；又必须二十内外，记诵难忘，举一隅而反三；更须天生美才，善于应酬，妙于言论"[73]。在如此激烈的竞争中脱颖而出并进而立于不败之地，在如此高严的标准中名列前茅并进而稳坐钓鱼之台，没有在好学基础上的真才实学，是不可能的。

这种好学精神，是很值得红尘社会的人们学习借鉴的。

绍兴师爷忠诚。

一是尽心。汪辉祖《佐治药言》的第一条就是"尽心"，认为"食人之食而谋之不忠，天岂有以福之"？强调"佐治以尽心为本"[74]。

二是尽言。"必尽心之欲言，而后为能尽其心"[75]。

三是尽力。他们"自晓至暮，常据几案治文书，无博弈之误，无应酬之费，遇公事援引律义，反复辩论，间遇上官驳饬，亦能自申其说，为之主者，敬事惟命，礼貌衰，论议忤，辄辞去"[76]。许葭村说自己"笔耕墨耨，日埋头于尘牍之中"，见到堆积如山的文牍，"几如身到山阴，有万壑千岩，应接不暇之势"[77]。龚萼也说自己是"一片血心，埋没于簿书钱谷之中"，感叹"案牍浩繁，深劳擘画"，"自早至三更，不使有片刻之暇"[78]。

这种忠诚精神，是很值得浮躁社会的人们学习借鉴的。

绍兴师爷律己。

"幕之自爱，要在廉、慎、公、勤。"其中"公"是基础，所谓"宾主之义，全以公事为重"[79]。他们反对"强效豪华，任情挥霍，炫裘马，美行縢"，甚至"嬖优童，狎娼妓"，强调"欲葆吾真，先宜崇俭"[80]，认为"家之不俭，必至于累身"[81]。这样的职业道德与思想情操，是十分的高尚与崇高的。

这种律己精神，是特别值得诚信与道德缺失者们学习借鉴的。

绍兴师爷智慧。

一是遇事冷静善谋。譬如择业，"读书不成，去而读律"[82]。尊重现实，主动适应，不钻"牛角尖"，不挤"独木桥"。譬如择主，他们主张"不合则去"，即当幕主处理事务明显不公正，"反复言之而不听，则去之耳"[83]，千万不可"恋一馆而坐视官之虐民"[84]。这种"不在一棵树上吊死"的人才流动思想，颇具现实意义。譬如择字，当幕主在"屡战屡败"，既不敢谎报军情，又不甘就此受罪的矛盾情况下，绍兴师爷挥笔将奏折改成"屡败屡战"，既改出了精神状态，又得到了朝廷夸奖。

二是处事灵活机动。他们善于以变应变，从实际出发处理各种公务。譬如在处理公罪时采用从轻或者减轻的办法，而对犯私罪者则严格执法，这样做既体现了《大清律例》的立法精神，又取得了较好的社会效果；他们对《大清律例》的注释和大量案例的汇编，正是在这种灵活机动的实践基础上进行的。

三是做事留有余地。不走极端，把握分寸，恰到好处，留有退路，正如鲁迅先生所总结的，"我们绍兴师爷箱子里总放着回家的盘缠"[85]。

绍兴师爷的这种智慧，堪称放之四海而皆准的真理。

绍兴师爷好学、忠诚、律己、智慧，的确令人叹服、叹赏。

横行天下三百年，江湖庙堂理指间。刑名钱谷样样通，所作所为史无前。

我的这首小诗想表达的，正是这样一种心情。因为他们是何等的风光十足，何等的才华横溢，何等的佐治安邦，何等的有为苍生。

然而，绍兴师爷也的确十分的令人叹息、叹气。他们当中，除了少数能够通过学律从幕获取高官厚禄、过上较好生活之外，大多数抛妻别子，背井离乡，终生漂泊，充满艰辛。

他们或颠沛流离，奔走谋生，浪迹各地。如张廷骧从乾隆十九年（1754）入幕至四十七年（1782）归安，28年间更换作幕地点15次，其中长则6年，短则1年[86]。

他们或囊中羞涩，形只影单，饱尝孤苦。许葭村说自己"以孱弱之躯，寄劳形之地，宵灯晨砚，愁病兼之。回思二十多年来，历境何尝不顺，至今母柩未返，旅囊仍空，惟留此半担琴书，一肩风雨，作东南西北之人，每自寻思，不胜慨感。因念足下游历燕豫，几及廿年，苍苍者变为白发矣。客中花月，谅已饱尝"[87]。甚至有人"母病子殇，事多拂逆，急拟治装南返；而空囊羞涩，素手难归"[88]。

他们或老而无归，羁旅天涯，客死他乡。娄春蕃"焦劳益甚，猝病卒"，葬于直省[89]。连大名鼎鼎的娄春蕃都是如此，可想又有多少绍兴师爷无法叶落归根、安眠故土。以付出之艰辛而遭际之独厄，是难免让人"长太息以掩涕"的。

尤其令人叹惋、叹惜的是，绍兴师爷当中，在清朝后期，伴随着整个官僚制度的日益腐败，也确实出现了一些缺乏幕德、谋私作恶、有损二百余年辉煌历史、有毁大多数良好形象的所谓的"劣幕"。

民国时人李渔叔曾指出："清代有所谓绍兴师爷，大抵盛于康乾时，遍布各省县幕府，司刑名、钱谷者，皆若辈为之，至晚清徒众愈多，流品亦愈冗滥矣。"[90]晚清时人欧阳兆熊、金安清比较分析后认为，乾隆时的吏治因为有老吏、老幕、老胥而蒸蒸日上；道光以后，"三老"一变而成为老贪、老滑、老奸，"国家二百年纪纲法度皆失传"[91]，绍兴师爷原有的好名声受到了严重影响。李慈铭在光绪八年十一月二十日的日记中有言："越人之为幕客者怙恶无耻，习为固然，而有司多喜用本省人，其害尤烈。"[92]龚自珍更是称幕友是"豺踞而鸮视，蔓引而蝇孳"，"官去弗与迁"，"吏满弗与徙"[93]。

把制度本身的黑暗腐败而产生的官场及刑狱、钱谷等领域的黑暗腐败，完全归之于绍兴师爷，固然有失公允；把部分、少数绍兴师爷作为的黑暗腐败放大囊括为整支师爷队伍的黑暗腐败，将他们统统斥为刁钻、圆滑、庸碌、媚俗，甚至说成是反复无常、结党营私、欺压百姓的"小人"，也未免以蠡测海。但是，对于整支绍兴师爷队伍、整部绍兴师爷历史来说，其中确实存在的"劣幕"，总归还是令人感到十分的惋惜，甚至称得上是痛心拔脑。这或许正是应了月盈则亏、物极必反这两句古训吧。

## 七

期待。

绍兴师爷在中国古代幕僚史、清代官僚政治及经济社会发展史上的地位与作用，绍兴师爷留给我们的历史遗产与有益启示，决定了对绍兴师爷进行分门别类、广泛深入的研究的历史意义与现实意义。遗憾的是，由于研究资料的匮乏，也由于一些绍兴师爷在后期的不佳表现，使得至今对他们的研究，力量还很薄弱，内容还很单一，程度还很肤浅。这是与绍兴师爷在当年与对后世的影响很不相适应的。

我曾经在多种场合发表意见，建议有识之士从三个方面入手，来加强对绍兴师爷的研究。这三个方面，一是从相关资料中挖掘绍兴师爷的资料，以弥补这一群体文献中少有专载的缺憾。这是基础性的研究工作。这些相关资料，包括典章类，幕学类，方志类，野史、诗文、稗记、笔记、札记类，谱牒类等。二是绍兴师爷的个体研究、群体研究，包括形成及由盛而衰的原因、在当时及对后世的具体影响。三是对绍兴师爷文化的研究。

对任何历史问题的研究，都是为了在搞清"来龙"的基础上，更好地把握"去脉"。对绍兴师爷的研究，同样也是如此。我对这样的研究，是充满信心与希望的。

正是因为如此，前几天，娄国忠先生送来他与裘士雄先生编著的《绍兴六百师爷》的打印稿，并让我为之作序时，我是着实激动了一番的。因为他们奠定了一个绍兴师爷研究的全新基础，那就是对绍兴师爷代表性人物的资料进行了集中系统的整理与研究；因为他们开辟了一个绍兴师爷研究的全新领域，那就是为绍兴师爷树碑立传；因为他们开创了一个绍兴师爷研究的全新时期，那就是从先前对绍兴师爷群体的笼统研究，进入到了对绍兴师爷重点个体的专门深入的研究。

我为这本在绍兴师爷研究当中具有如此重大意义、堪称第一部绍兴师爷传的行将付梓出版，而感到欢欣鼓舞，并在先睹为快的基础上，不揣冒昧地利用"五一"假期的时间，写下了上面的这些文字，以表达我对本书作者的由衷感谢之情与对本书印行的由衷祝贺之情。

我期待着读者朋友们对这本书的青睐。

我也期待着这本书应有作用的充分发挥。

我更期待着有更多更好的绍兴师爷研究成果的不断问世。

2012年5月2日凌晨2时许完稿。系为娄国忠、裘士雄编著，中国电影出版社2012年8月出版的《绍兴六百师爷》撰写的序言。后以《绍兴师爷论》为题，摘发于2012年8月30日的《绍兴日报》

## 注释

1 王文涛《师爷称谓演变与幕僚制度试论》，朱志勇、李永鑫主编《绍兴师爷与中国幕府文化》，人民出版社2007年版，第258—260页。

2 《汉语大词典》第3卷，汉语大词典出版社1993年版，第722页。

3 23 29 王振忠《绍兴师爷》，福建人民出版社1997年版，第4页、7页、12页。

4 28 项文惠《绍兴师爷》，南京出版社1991年版，第33—34页、23页。

5 9 郭建《绍兴"师爷"》，上海古籍出版社1995年版，第3页、2页。

6 31 72 73 78 82〔清〕龚萼《增注秋水轩尺牍附雪鸿轩合璧》，民国上海文益书局石印本，卷四第6页、11页、6页、6页、5页，卷三第6页。

7 38 徐珂《清稗类钞》第3册，中华书局1984年版，第1381页、1381页。

8 37 缪全吉《清代幕府人事制度》、陈天锡《清代幕宾中刑名钱谷与本人业此经过》，《中央图书馆集刊特刊》1968年第11期。

10 32 49 50 55 56 74 75 79 80 81 83 84 〔清〕汪辉祖《佐治药言》，《续修四库全书》，上海古籍出版社2002年版，第755册第291页、291页、291页、288页、286页、286页、285页、283页、293页、285页、285页、284页、284页。

11 〔清〕梁章钜《浪迹续谈》卷四，中华书局1981年版，第317页。

12 沈起炜《中国历史大事年表·古代》，上海辞书出版社1983年版，第49页。

13 《尚书·禹贡》，《四库全书》，上海古籍出版社1987年版，第54册第136页。

14 15 17 21 任桂全总纂《绍兴市志》，浙江人民出版社1996年版，第一册第7页、7页、7页、6页。

16 《晋书·诸葛恢传》。

18 〔清〕道光《会稽县志稿·风俗志》，民国二十五年（1936）绍兴县修志委员会铅印本，第1页。

19 〔明〕万历《绍兴府志·风俗志》，《四库存目丛书》，齐鲁出版社1997年版，"史"200册第556页。

20 毛泽东《纪念鲁迅80周年寿辰·七绝二首》，《人民日报》1996年9月20日。

22 《建炎以来系年要录》卷一五八，《四库全书》327册，上海古籍出版社1987年版，第217页。

24 〔明〕祁彪佳《祁彪佳集·救荒杂议·节食议》，中华书局1960年版，第116页。

25 梁方仲《中国历代户口、田地、田赋统计》甲编，卷八续。

26 《会稽县劝业所报告册》，清宣统三年（1911）手写本，《绍兴丛书》，中华书局2010年版，第二辑第3册258页。

27 47 54 61 62《〈民国绍兴县志〉资料》，广陵书社2011年版，第一辑第5册56—57页、第6册171页、第16册55页、第15册163页、第16册127页。

30 《俄文译本〈阿Q正传〉序及著者自叙传略》，《鲁迅全集》，人民文学出版社2005年版，第7卷第85页。

33 郝树全《驻京同乡会馆是纯商业性质的》，《商业研究》1990年第1期。

34 许同莘《公牍学史》卷八，《民国丛书》第三编44，商务印书馆1947年版。

35 裘士雄等《鲁迅先生笔下的绍兴风情》，浙江教育出版社1985年版，第202页。

36 李海文《周恩来家世》，党建读物出版社1998年版。

39 《戊戌变法档案史料》，中华书局1958年版，第215页。

40 45〔清〕悔堂老人《越中杂识》，浙江人民出版社1983年版，序页、101页。

41 〔明〕顾炎武《日知录·吏胥》，《四库全书》，上海古籍出版社1987年版，第858册第575页。

42 〔明〕王士性《广志绎·江南诸省》，《四库存目丛书》，齐鲁出版社1997年版，"史"251册第745页。

43 〔明〕冯梦龙《醒世恒言·蔡端虹忍辱报仇》，西泠印社出版社2003年版。

44 〔清〕章学诚《章学诚遗书·汪泰岩家传》，文物出版社1985年版，第170页。

46 《明史·徐渭传》。

48 《清代野史》，巴蜀书社1987年版，第五辑第60—61页。

51 52 53 57 59 〔清〕万维翰《幕学举要》，清光绪十八年（1892）浙
　　江书局刻本，第1页、1页、2页、16页、30页。

58 60 66 69 70 71 89 《清史稿》，中华书局1977年版，卷四七七13016
　　页、13016页，卷四五二12579页，卷四七七13016—13017页、第13029
　　页，卷四五二12586页、12586页。

63 85 郑天挺《清代的幕府》，《中国社会科学》1980年第6期。

64 〔清〕裕谦《免益斋续存稿》卷五，清道光十二年（1832）刻本。

65 76 〔清〕汪辉祖《学治臆说》，《续修四库全书》，上海古籍出版社
　　2002年版，第755册第313页、309页。

67 严修《娄椒生先生事略》25页，民国抄本。

68 〔清〕乾隆《绍兴府志·人物志》，清乾隆五十七年（1792）刻本，第
　　28册第31页。

77 87 88〔清〕许思湄《新体广注秋水轩尺牍》，民国十七年（1928）上
　　海世界书局石印本，下册第2页、下册第9页、上册第6页。

86 〔清〕张廷骧《入幕须知·赘言十则》，清光绪十八年（1892）浙江书
　　局刻本，第25—27页。

90 李渔叔《鱼千里斋随笔》卷下，（台北）中华诗苑，1958年版。

91 〔清〕欧阳兆熊、金安清《水窗春呓·三老一变》，中华书局1984年版。

92 〔清〕李慈铭《越缦堂日记》，广陵书社2004年版，第13册第9676页。

93 〔清〕龚自珍《龚自珍全集》，第一辑《乙丙之际塾议三》，上海人
　　民出版社1975年版。

# 铜镜三章

　　张宏林先生是我上个世纪80年代的老同事，今年元旦，他为主提供藏品的"铜镜的故事"——会稽铜镜展览，在绍兴博物馆——2500年前越王句践建城的旧址隆重开展。我与原中国历史博物馆副馆长、研究员，现任中国文物学会青铜器专业委员会常务副会长，中国铜镜界德高望重的孔祥星老前辈应邀出席开展仪式，并分别致辞。孔教授在致辞与接下来的参观中，对宏林先生大加褒奖，对会稽铜镜大为称颂，对此次展览大发赞叹，我亦由此而大开眼界，大受教益，大有感悟。

　　展览过后没多久，宏林先生又将他的研究成果——《铜镜中的文化与故事》打印稿送来，嘱我为之作序。这真的使我有点左右为难。应允，怕缺少研究，写不好；推却，怕有损友情，不礼貌。好在他说时间不急，他自己也还要对文稿再细磨细琢，所以让我先慢慢翻翻，等有空时写上几句即可。现在，一晃已是半年多过去，我也已经翻阅了整部书稿，并且阅读了一些铜镜方面的书籍，如果再不写上几句，真的是有点"不识抬举"、"不知好歹"了。那就班门弄斧，写上几句吧。

◇ 镂空凤纹青铜镜

◇ 变形羽状纹青铜镜

一

一部铜镜发展史，半部中华文明史。

夏商周三代，号称中国历史上的青铜时代。"现代考古学证明，不少古国的文明时代的开始，和青铜时代的到来大体相当"[1]。"人们都知道，商代已是青铜时代，而且青铜器的制作工艺达到了非常复杂发展的高度……这在考古学上，叫做殷墟期的青铜器。比殷墟期更早的商代青铜器……叫做二里冈期的青铜器"[2]。"比二里冈期更早的青铜器……叫做二里头文化青铜器。若干学者主张二里头文化就是夏文化，有关的意见如果不错，这种青铜器便属于夏朝"[3]。"现在二里头文化的发现已将中国青铜器的传统上溯到夏代，那么这个传统的根源在哪里呢"[4]？"1975年，在甘肃东乡林家遗址的一处房子基址北壁下发现一柄铜刀。遗址属甘肃仰韶文化马家窑类型……可估计为公元前3000年左右。经科学鉴定，铜刀是含锡的青铜，系用两块范浇铸制定，这是我国已知最早的一件青铜器"[5]。

引用那么多李学勤先生的研究成果，无非是想说明：夏代已属青铜时代，而青铜文明的源头，至少在公元前3000年，即距今在5000年左右。

在如此源远流长的青铜器大家庭中，铜镜以其庞大的数量、繁多的种类、精美的图纹、秀丽的铭文而独占鳌头，真所谓"刻画之精巧，文字之瑰奇，辞旨之温雅，一器而三善备焉者，莫镜若也"[6]。的确如此，中国古代铜镜艺术，是中国青铜艺术的一朵奇葩，也是中国古代整个工艺美术百花园中的一枝独秀，甚至还是整部中华文明史的一大亮点、一个缩影。其艺术水平，不仅在中国，即使在世界冶金史、美术史乃至整部人类文明史上，也都占有极为重要的地位。

1—1　中国铜镜历史悠久，从现有的出土情况看，其源头至少可以追溯到4000年前。

1977年出土于青海省贵南县尕马台25号墓，现藏于青海省博物馆的"七角纹铜镜"，属新石器时代晚期的齐家文化时期，被公认为中国业已发现的最早的铜镜之一。根据青海省考古研究所资料记载，它的直接发现者，是当时在青海参加考古发掘实习的北京大学历史系考古专业绍兴籍学生董忠耿。三十多年前，当这枚铜镜从董忠耿先生负责的探方中"破土而出"的时候，中国古代铜镜的历史也就掀开了"开天辟地"的第一页，董先生也因此而成为发现中国古代铜镜源头的第一人。

很有意思的是，传说中的黄帝作镜的年代，居然与齐家文化时期铜镜出现的年代是大致吻合的。对此，文献上也多有记述。"轩辕作镜"[7]。"帝会王母，铸镜十二，随日用之。此镜之始也"[8]。"饶州旧传轩辕氏铸镜于湖边，今有轩辕磨镜石。石上常洁，不生蔓草"[9]。黄帝是传说中的远古时代的五帝之首，居轩辕之上（今河南新郑一带），故号轩辕氏。新莽时期的"黄帝冶竟（镜）"铭瑞兽博局纹镜，更是从另一侧面印证了这一传说与业已发现的铜镜来源一样的久远。

我们有理由相信，随着考古发掘、文献研究等工作的深入，铜镜起源的时间一定还会愈加接近青铜器出现的时间。

从考古发现的铜镜情况看，齐家文化至殷商时期，铜镜以简单的几何纹为主要纹饰，造型稚拙，数量也很少，大概只有极少数的贵人才能享用。

1—2　春秋战国时期，铜镜异军突起，形成了中国铜镜发展史上的第一个高潮。

此时的铜镜，开始小而薄，后趋大而厚，镜背装拱形弦纹钮，还出现了方镜，这是铜镜形制上的一大突破。

从纹饰看，有的采用纯地纹，以蟠螭纹最为流行，次为云雷纹；有的用地纹和主纹相结合，即用细线条的蟠螭纹或云雷纹作地纹，并加上粗线条的山字纹、四叶纹、菱形纹等。山字纹镜是战国镜中最大的门类，最典型的镜种，其中又以三山、六山镜最为罕见，四山镜最为多见。贝是中国最古老的货币之一，春秋战国时期，贝纹开始被用于铜镜上。孔祥星、刘一曼两位学者，"根据以主题纹饰划分类型的总原则，除特种工艺镜外"，将春秋战国镜分为十三类"，即素镜、纯地纹镜、花叶镜、山字镜、菱纹镜、禽兽纹镜、蟠螭纹镜、羽鳞镜、连弧纹镜、彩绘镜、透雕镜、金银错纹镜、多钮镜[10]。

从工艺看，出现了镂空复合镜、镶嵌松石、彩绘等特殊工艺以及极为少见的镂空钮，这些重大的突破，标志着我国古代铜镜铸造技术的基本成熟和重大发展。

春秋战国时期铜镜发展取得的巨大成就，是建立在此前漫长的时间准备和充分的技术准备基础上的，称得上是一种厚积薄发。

1—3 汉代是中国古代铜镜发展的黄金时期。

传世、出土的汉镜，不仅在数量上令人瞩目，更是在造型、纹样、工艺及意境等方面，承前启后，继往开来。

汉镜的第一个亮点，是纹饰丰富，种类繁多。此时，脆薄易断的拱形弦纹钮逐渐被淘汰，半球形钮渐成主流。地纹逐渐简化消失，主纹渐趋鲜明突出。纹饰题材多采用生活中常见的飞禽走兽，来表现想象中的奇珍异兽。纹饰布局多样，有四分法、重圈分布法、分段布局法。纹饰技术由线雕发展到了高浮雕，开创了铜镜高浮雕的新时代。根据孔祥星、刘一曼教授的研究，汉代除了继续沿用战国镜外，最流行的铜镜大致有十五类，即蟠螭纹镜、蟠虺纹镜、草叶纹镜、星云纹镜、连弧纹铭文镜、重圈铭文镜、四乳禽兽纹镜、规矩纹镜、多乳禽兽纹镜、连弧纹镜、变形四叶纹镜、神兽镜、画像镜、夔凤（双夔）纹镜、龙虎纹镜[11]。其中，西汉早中期，以蟠螭纹镜和草叶纹镜最具代表性；中期后，盛行星云镜、昭明镜和日光镜，直至新莽时期；西汉末至东汉中期，最具代表性的是连弧纹镜、四乳四螭镜、四神规矩镜；画像镜、神兽镜与龙虎镜成为东汉开创性的镜种。

汉镜的第二个亮点，是铭文盛行，书体成熟。铜镜铭文从战国末年开始出现，到西汉早中期，已经比较普及。及至东汉，铭文更是空前盛行，在祝福吉语、相思情话、形容镜子明亮等基础上，还增加了神仙、弭战、察举等方面的内容。铭文的书体，由西汉早中期的篆体、隶中带篆，渐变为东汉时的成熟的隶书，其线条之婉转优美，笔划之从容不迫，结构之开合有度，字形之精妙雍容，书风之丰富多彩，堪称登峰造极。汉代铜镜上的书法艺术，成为除甲骨文、钟鼎文与碑刻之外，中国书法艺术的又一本源。清代赵之谦等，就是在吸取其中营养的基础上，开拓创新，而成为一代印学宗师的。

汉镜的第三个亮点，是落款署名，诚实守信。大多镜中出现了工匠名、店铺名等铭文，如"尚方作镜真大好"、"周仲作镜四夷服"等，会稽、丹阳、鄂州等地成了铸镜中心。这类铭文，可以视作产品质量的责任状，也堪称中国历史上最早的"广告词"和"商标"，说明古人对产品质量与信誉的重视，也说明汉代铸镜业的空前发达及由此而来的激烈竞争。

◇ 车马神仙画像镜

◇ 东汉建安十年重列式神兽镜

铜镜三章　　297

东汉末年至三国两晋南北朝时期，由于时局动荡，生活不安，铜镜的需求受到影响，铜镜铸造的质地较差，纹饰也较粗拙，铭文虽承袭汉代，但普遍减笔，即减少笔划、省略偏旁。这从一个侧面，反映出了当时的社会现实。

1—4　隋唐时期，中国古代铜镜发展到了空前绝后的高度。

"从考古学资料看，东汉中期以来南北铜镜呈现不同特点的状况又趋向统一，各地出土的镜在形制、纹饰、铸造方面表现出很大的一致性"，标志着铜镜"新形式新风格的确立与成熟"[12]。隋唐镜种类众多、纹饰复杂、形制多变，其主要流行镜类有：四神十二生肖镜、瑞兽镜、瑞兽葡萄镜、瑞兽鸾鸟镜、花鸟镜、瑞花镜、神仙人物故事镜、盘龙镜、八卦镜、万字镜、特种工艺镜[13]。

与繁荣的大唐经济、精深的大唐文化和广博的大唐胸怀相应，唐镜经过隋镜的短暂过渡，呈现了叹为观止的几个特点：

一是形制丰富多彩。唐镜突破了以圆为主的形式，出现了各式镜形，如葵形、菱形、亚方形等。

二是纹饰变化多样。唐镜纹饰突破了汉镜的刻板与图案化，布局灵活多变，构图新颖巧妙，风格生动华丽，题材中西融合，不少还富有异域人文色彩，主要有狮子、海兽、天鹿、麒麟、天马、凤凰、葡萄、荷花等。以此为主要题材的花鸟菱花镜、瑞兽葡萄镜、人物故事镜等，雍容华贵、富丽堂皇，包容开放、恢弘开张，优雅浪漫、繁花似锦，充满了盛唐气派。

三是铭文书艺精到。唐镜中有"铭"则精，内容、形式、字体较汉镜均为之一变。其文多用骈体，以四言韵语为主，亦有五言诗与回文，辞旨温雅，寓意深刻；其书则与作为书法圭桌的唐楷相应，大多结体严谨、笔画平直，形体方正、典雅秀逸，字体端庄、笔法稳重，实乃中国书法艺术的杰出代表，后人临摹学书的极好范本。

四是工艺水平空前。唐镜工艺推陈出新，采用弧面浮雕，大大增强了铜镜的立体感；创造出了金银平脱、嵌螺钿、槌金银等特种工艺。

唐镜在形制、纹饰、铭文、工艺等方面，均实现了历史性的突破，达到了空前的水平，成为中国铜镜发展史上的又一个也是最后一个高峰。

1—5  五代宋辽金时期，中国古代铜镜在衰落征兆中仍然保持了丰富多彩、万千风采。

就五代宋镜而言，主要种类有：都省铜坊镜、"千秋万岁"镜、素镜、缠枝花草镜、花鸟镜、神仙人物故事镜、蹴鞠纹镜、海舶镜、八卦纹镜、纪名号铭镜[14]。表现在形制上，在唐代八出葵花形及八瓣菱花形镜的基础上，增添了六出葵花形及六瓣菱花形镜，尤其是独辟蹊径，开创了其他时代无法比拟的众多新形制，如钟形、鼎形、盾形、炉形、桃形。

表现在镜钮上，因有的宋镜加上了长柄，且出现了镜架，由此，从宋代开始，镜钮由半球形变为圆柱形。

表现在纹饰上，以素地为主，线刻手法盛行，说明宋代已经注重铜镜制作上的方便与实用；纹饰有花鸟、龙纹、八卦、吉语、人物故事等，其中的缠枝花草镜，体现了宋代匠师的卓越技艺，成为宋镜的杰出代表。

表现在铭文上，宋代镜铭重兴，但内容、形式、字体等又为之一变。不少铭文中，有"真"、"真正一色"等字样，字体多用当时盛行的宋版书体，铭文也与宋版刻书的牌记相仿，多刻于招牌形式的长方框内，部分镜还刻有铸造机构及有关人员的签押，质量意识、"商标"意识与版权意识较汉镜更加浓重。这些都表明宋代铜镜商品生产的发展与商品竞争的加剧。这种名号形式，一直延续到了清代。

表现在铸造技术上，镜的铜锡比例，从汉唐时的高锡青铜变成了低锡青铜，铜的质地也由汉唐时的硬脆变得偏软，匠师据此而创造出了细线浅雕这一重要的铜镜制作技艺。

辽镜、金镜地域特色浓厚，民族特色鲜明，历史地位特殊。传世、出土的辽镜，多为仿汉、仿唐镜，而具有缠枝花草宋镜韵味的龟背纹镜和菊花纹镜，更是具有独特的工艺。

金镜的主题纹饰丰富，以用浮雕手法表现纹饰的双鱼镜为代表。其另一重要特征，是由于金代铜禁甚严，为防止私铸，多在铜镜边缘錾刻官府验记文字和押记。

1—6 元明清时期，中国古代铜镜出现了落日余晖这一悲壮动人的景象。

元代铜镜工艺已趋衰落，纹饰沿袭宋金，制作粗陋，传世、出土较少，较有代表性的有：缠枝牡丹纹铜镜、神仙人物故事镜、至元四年双龙镜、"寿山福海"铭文镜、素镜[15]，其中较为珍贵的有龙纹镜与洛神镜。

明代，铜镜因欧洲传入我国的玻璃镜而加速衰落，但有两点值得一提。一是纹饰丰富，图必有意，意必吉祥。明镜一般大而厚重，质地较差，工艺较简陋。形制以圆形为主，纹饰有龙、凤、鹿和花草等。特别是创新出了轮、螺、伞等佛教吉祥物组成的"八宝"图案和钱纹、祥云、灵芝、珊瑚等宝物组成的"杂宝"图案，以示吉祥如意。

二是出现了一些颇具时代特色，甚或为明代所特有的镜子。如始发于元末，流行于明代早中期的人物多宝镜，因镜上铸银锭钮（元宝钮）故而又称银锭钮（元宝钮）人物多宝镜，为明所特有。又如印章钮式镜，主要流行于嘉靖年间，印钮在中央，钮平面戳记"xx铸造"、"xxx造"等字，为明所特有。再如明镜中的铭文镜，大多为隆庆以后铸造，铭文多为纪年、吉语、铸造者与使用者的姓名，书体楷、隶、行、草、篆均有。还有，明镜中仿制的汉唐镜数量庞大；从迄今发现的情况看，万历纪年镜数量最多。

清代铜镜铸造业已衰落。纹饰主要有龙、双鱼、狮子滚绣球、双喜五福等，多属民间铸造，工艺较为粗糙。但此时亦有以珐琅彩、髹漆、戗金等装饰手法铸造而成的上品铜镜。尤其是乾隆内务府造办处铸造的铜镜，精细雅致，有的还备有镜架、镜套。更值得一提的是，此时的部分铜镜，成了高堂摆设的工艺品与宫廷陈设的器物。如"大清乾隆甲辰年制"铭八卦诗文镜，直径195毫米，厚13毫米，重2335克，八方形，圆柱平台钮，八方钮座。钮座上铸刻有十六瓣复莲纹，莲瓣上有铭："月清波皎，雪澄河晓"，回文体，任一字起始皆可成文。再外主纹饰区为八出葫芦形纹饰，内镌极为规整的馆阁体铭文192字，为四字连读："延年益寿，代变时移……"[16]从其规模、纹饰及铭文内容来看，很可能是具有镇宫护国、安宅佑民用意的器物。

随着玻璃镜的推广使用，铜镜作为传统意义上以照颜饰容为主要功能的实用生活品，终于曲终奏雅，在完成了漫漫4000年的历史使命后，离开了历史的舞台。但是，作为一种历史遗产，铜镜积累了深厚的文化底蕴，形象而真实地反映了各个时代的社会风貌、风土人情、典章制度、宗教信仰、丧葬

◇ 伍子胥画像镜

习俗等，将继续承担起弘扬中华文化的历史使命。

二

神州铜镜处处有，会稽铜镜本无俦。

"浙江是我国古代汉、六朝和南宋时期的铜镜产地，其中会稽镜及湖州镜更是闻名遐迩，成为中国铜镜发展史上最重要的镜类之一"[17]。"从出土数量而言，浙江山阴（今绍兴）、湖北鄂城（今武昌）无疑是东汉至三国时铜镜的主要产地"[18]。会稽铜镜在国际上也很有影响与地位，日本著名考古学者梅原末治还专门写了《绍兴古镜聚英》一书。

2—1 据目前所知，会稽铜镜历史悠远，最早可以追溯到春秋战国时期。

对于这一问题，越地的文史和考古工作者曾进行了一段孜孜不倦的探索。傅振照先生认为，"青铜镜是古代绍兴的另一种著名的金属加工产品……问题是至今还没有春秋战国时期制成的铜镜出土。而汉朝和三国时期绍兴已成为全国的铜镜铸造中心，那么，至少在战国，绍兴应该已有铜镜的制造业，这种推断大概并不为过"[19]。

越国境内蕴藏着丰富的铜锡资源，拥有杰出的冶铸匠师、高超的冶铸工艺和闻名天下的精品越剑，这从考古发掘、文献记载、民间传说中，都得到了充分的证明。孟文镛先生从五个方面分析了以越剑为代表的越国青铜冶铸技术，即"铜锡合金的精当配比"、"复合金属的创新工艺"、"熔模铸造法的精巧使用"、"磨制工艺的精密细致"、"防锈抗蚀的独特工艺"[20]，指出"越国如此精良的冶铸术，远远超过中原诸国，必须有极为悠久的历史和传统"[21]。从这些精良的技术与悠久的历史和传统来看，越国当年是完全具备铸造铜镜的条件与可能的。

那么，为什么现在还难见越国铸造的铜镜实物呢？这恐怕有两个方面的原因：一个是考古发掘少，地下出土少；一个是原本生产就少。"越国的青铜冶铸不同于中原，中原青铜冶铸精于礼器；而越国则精于兵器，同时青铜生产工具也得到了高度重视。这是因为中原重视礼乐，而越国则注重耕战"[22]。浙江省文物考古所原所长王士伦先生认为，越国"不能大量铸造铜镜等日用器物"，是"由于交战的需要，越国大力发展青铜兵器生产，终于以铸剑名天下，但毕竟物力有限"[23]。

学者们关于会稽铜镜起源问题的分析判断是正确的，张宏林先生在书中已经给出了明确的答案。2004年4月，中国社会科学院历史研究所原所长、清华大学教授李学勤先生在铜镜研究专家孔祥星先生等的陪同下，在绍兴发现了一批铜镜，认为颇具越地风格，该属当地生产，或可称为"越式镜"。负责接待的冯谋泰先生还据此而与宏林先生合作撰写了《越国铜镜初探》一文，认为"在争霸征战开始前和北上称霸成功后，越国都应有日用青铜器的生产，而铜镜则是其中一项重要的内容。至迟到春秋中期，越国在故地山会地区已有青铜镜的制造"[24]。

宏林先生在书中还写道，对于传世器物，可以通过考古资料的类比方法来推定其相应时代。饰有粟地勾连云纹的铜镜，可与1997年在绍兴县兰亭镇里木栅村印山越国王陵填土中发现的青铜铎上的饰纹相类比而推定为铸造于越国时期，从而为越国铜镜在越地的存在找到了答案。这真是一个令人振奋的好消息。

2—2 从目前发现的会稽铜镜来看，西汉中叶以后，数量较多；而到东汉早中期，更是数量大增，给人以蓬勃兴起之感。之所以出现这种情况，我们可以寻找出一些历史原因。

一是人口的增长，尤其是贵族、富豪、士人的增长，增加了对作为日常生活用品的铜镜的需求。汉武帝元狩四年（前119）冬，"关东贫民徙陇西、北地、西河、上郡、会稽凡七十二万五千口"[25]。由于北方人口南迁，会稽郡有"户二十二万三千三十八，口百三万二千六百四"[26]。东汉初年，"天下新定，道路未通，避乱江南者皆未还中土，会稽颇称多士"[27]。南朝宋时的会稽"民物殷阜，王公妃主，邸舍相望"[28]。

二是农业的繁荣，社会的稳定，为铜镜手工业的兴起，奠定了基础，创造了环境。东汉时会稽太守马臻筑鉴湖，灌溉良田九千余顷，使越中成了风调雨顺的鱼米之乡。东汉中期，外戚干政，宦官专权，政治腐败，豪强称雄。到了后期，战乱不断，社会动荡，经济衰退。而绍兴在整个东汉时期，未受战乱殃及，社会相对安宁。

三是会稽有得天独厚、十分丰富的铸造青铜镜所必需的铜锡等矿藏。对此，《越绝书》、《会稽地志》、嘉泰《会稽志》、《水经注》等文献有详尽记载；越国时期开采过的姑中山、赤堇山、西施山等矿冶遗址，也大量存在。

四是会稽有春秋战国时期传承下来的青铜冶铸的传统技术。

正是因为如此，会稽"具备了制造铜镜的先决条件"[29]，成为全国的铜镜制造中心。

汉晋时期的会稽铜镜，数量庞大，种类繁多，主要有昭明镜、日光镜、四螭镜、博局镜、尚方镜等，堪称丰富多彩，气象万千。其中，最具代表性的，当数画像镜、神兽镜与龙虎镜，它们在中国铜镜发展史上，独创一格，独放异彩。

2—3 画像镜中，以神仙车马画像镜和历史故事画像镜最具代表性。

神仙车马画像镜的流行，始于东汉早中期，盛于中晚期。

从出土情况看，代表性的有：1972年浙江富阳东汉早中期墓中出土的一枚，1955年宁波火车站工地东汉早中期古墓中出土的一枚、东汉中晚期古墓中出土的一枚、东汉晚期古墓中出土的四枚，新昌西岭公社凤凰大队东汉中晚期古墓中出土的一枚[30]。王士伦先生认为，"画像镜的镜铭中尚未发现纪年"[31]。但据笔者了解，画像镜的纪年铭已有发现，如洛阳孟津獐羊村出土的一枚东汉时银背车马画像镜，上有"永元五年（93）"[32]的纪年铭文；孔震先生收藏的一枚东汉时的东王公西王母画像镜，上有"永元三年（91）"[33]的纪年铭文。

从这些纪年情况来看，画像镜早在东汉初期就已经出现了，而神兽镜的出现与流行则是东汉中期以后的事。这类画像镜的镜铭中，除已发现有纪年外，还多刻有地点和姓名，代表性的有"吴胡阳里周仲作"车马神仙画像镜[34]、"吴向阳周是作"神人车马画像镜（绍兴县上灶虎山脚下出土）[35]、"杜氏作珍奇镜兮"西王母画像镜[36]。

神仙车马画像镜中，多为西王母形象。这类镜又可分为三类：西王母车马画像镜、西王母群仙画像镜、西王母瑞兽画像镜。这些画像镜中的西王母故事，是《山海经》《神异经》《穆天子传》《淮南子》《汉武帝内传》等书当中的神话故事与民间传说相结合的产物。西王母的侍者多为玉女，她们或拱手而立、席地而坐，或持华盖、操扇面，或抚琴、舞蹈；还有一类，是羽人——生有羽毛的仙人。东汉思想家、上虞人王充在其《论衡》的《无形篇》《道虚篇》中，多有羽人之载，想必当时会稽一带是流行羽化升天成仙思想的。这些镜中的车马，形象逼真，惟妙惟肖，特别是其中的骏马，虽匹数不等，但均矫健精神，生动有趣；车子的顶篷，或卷棚式，下部平坦；或四坡顶，翼角起翘，充分展示出了匠师们的高超技艺。

历史故事画像镜，主要是刻画伍子胥忠直敢谏，谏而不纳，最后被吴王赐剑自刎的故事。

关于这个故事，文献上是这样记载的：越王句践被吴王夫差打败后，发愤图强复仇，在"生聚教训"的同时，施用"美人计"，把美女送给吴太宰嚭与吴王夫差，"以惑其心，而乱其谋"[37]。《国语·越语上》云："越人饰美女八人，纳之太宰嚭曰：'子苟赦越国之罪，又有美于此者将进之。'"《史记·越王句践世家》载：句践"以美女宝器令种间献吴太宰嚭"。《越绝书》记得更为具体："越乃饰美女西施、郑旦，使大夫种献于吴王曰：'昔者越王句践，窃有天下之遗西施、郑旦。越邦涝下贫穷不敢当，使下臣种再拜献之大王。'吴王大悦。申胥谏曰：'不可……胥闻贤士邦之宝也，美女邦之咎也。夏亡于妹喜，殷亡于妲己，周亡于褒姒。'吴王不听，遂受其女，以申胥为不忠而杀之。"[38]这些记载与镜中的画面，是十分的一致的。镜中，伍子胥忠正直谏，视死如归；夫差怒目而视，极不耐烦；西施、郑旦拱手而立，面无表情；句践、范蠡则是暗自窃喜，不露声色。这些栩栩如生的人物刻画，如同展开的历史画卷，令人情不自禁地对匠师们的高超技艺佩服得五体投地。

2—4 神兽镜有三个特征，值得关注。

一是纪年较多。其中有记明会稽铸造的，如：三国魏"黄初二年（221）十一月丁卯朔廿七日癸巳扬州会稽山阴唐豫命作竟（镜）"[39]、三国魏"黄初四年（223）五月丙午朔十四日会稽师鲍作明竟（镜）"[40]、三国吴"黄武五年（226）二月辛未朔六日庚巳会稽山阴安本里"[41]。

二是分布广泛。但是，"主要产地可能是以会稽山阴为中心的吴地"[42]。分布的地方除浙江外，还涉及湖北、江苏、江西、湖南、广东、广西、安徽等地。根据王士伦先生的考证，湖北鄂州出土的三国吴黄武六年（227）重列神兽镜，有铭文"会稽山阴作师鲍唐"、"家在武昌思其少"，"说明山阴工匠曾到鄂州去作镜"[43]。

三是纹饰丰富。题材多为道家神仙，镜中，青龙、白虎、朱雀、玄武四神的位置，往往按方位排列；天皇与五帝占有重要地位，天人感应，神星合一，多见"上应列宿，下辟不祥"类铭文。除道教神仙图像外，历史人物伯牙弹琴也在神兽镜中时有出现。

2—5 会稽是铸造龙虎镜的重要地区。会稽龙虎镜有三个特别之处：

一是流行长久。新莽时期有零星制作；东汉中晚期量多艺精，式样丰富，形成高峰；至三国两晋南北朝，逐渐衰落，历经五百余年。但宋金时又出现仿制镜，可见这是流行时间较长的一类铜镜。

二是多有落款。镜上大都刻有姓、名及铸镜机构。朝廷铸造的称"尚方"，如"右尚方师作竟（镜）清且明"，但此类铭文镜传世、出土不多。更多的是铸有姓名的私坊镜，如田

◇ 七乳双龙镜

◇ 羽人骑马画像镜

氏、孟氏、马青、周忠等。落款的形式，也有规律可循，多数是将匠师的姓名连同其他吉祥语等铭于纹饰周围，如"张氏作竟（镜）四夷服，胡虏殄灭多贤天下复，长保二亲乐毋巳，传告后世得天力兮"[44]。少数则是把姓名巧妙地嵌于相应的空隙处。

三是地位崇高。会稽龙虎镜流行久远，传世较多，出土量大，纹饰多样，图文并茂，是会稽镜的杰出代表，不仅在制镜业鼎盛的当时风行迷人，而且在我国铜镜史上留下了浓墨重彩的一笔。

# 三

小小铜镜传千秋，只因文化积淀厚。

一枚小小的铜镜，之所以会延续使用、传承4000年，一方面，固然是由于它具有实用价值，是人们的日常生活用品；另一方面，更是因为铜镜的形制、纹饰、铭文等当中，浓缩了古人的精神世界，传递了古人的精神意识，成了古人的精神家园。正是这种文化功用、文化价值，成就了铜镜的千秋。也正是因为如此，即使在失去实用价值后，铜镜作为一种独特的文化现象，依然闪闪发光，引人注目，滋人心田。

3—1  铜镜充当了照颜饰容的工具。

爱美之心，人皆有之，这是与生俱来的天性，古人自然也不例外。新石器时代的彩陶文化，堪称古人爱美意识表达的发端。从文献记载来看，古人最早是以水为镜的。"镜于水，见面之容"[45]。"人莫鉴于流水，而鉴于止水"[46]。

正是有了水镜这种大自然的启示，古人的智慧才逐渐演进，最终发明了铜镜。梁上椿为我们描绘了铜镜的诞生经过：

"止水—鉴盆中的静水—无水光鉴—光面铜片—铜片背后加钮—素背镜—素地加彩绘—改彩绘加铸图文—加铸字铭。"[47]郭沫若对此作了更为具体的推断："古人以水为鉴，即以盆盛水而照容，此种水盆即为监，以铜为之则作鉴，鉴字即像一人立于水盆旁俯视之形……普通人用陶器盛水，贵族用铜器盛水，铜器如打磨后很洁净，即无水也可以鉴容。故进一步，即由铜水盆扁平化而成镜。铜镜背面有花纹，背心有钮乳，即是盛水铜器扁平化的遗痕。盛水铜器的花纹是在表面的，扁平化后则变成背面了。钮乳是器足的根蒂。"[48]

铜镜的横空出世，极大地满足了古人的爱美之心，唤起了人类的礼仪意识，促进了人类的文明进化，实在是一件开云见日的大事。

铜镜中，不少铭文的内容，直接反映了其照颜饰容的功用。如"清浪铜华以为镜，昭察衣服观容貌，丝组杂还以为信，清光乎宜佳人"、"昭容貌，身万泉（全），见衣服，好可观，宜佳人，心意欢，长吴（毋）忘，固常然"、"玉匣聆看镜，轻灰暂拭尘，光如一片水，影照两边人"、"花发无冬夏，临台晓夜月，偏识秦楼意，能照美妆成"、"照日菱花出，临池满月生，官看巾帽整，妾映点妆成"、"炼铁为鉴，衣冠可正"[49]。

3—2 铜镜反映了图腾崇拜的思想。

从铜镜的纹饰、铭文等来看，古人的图腾崇拜，主要有这样几种：

一是太阳崇拜。1976年河南小屯妇好墓出土的四面铜镜，镜背纹饰有两种，一种是叶脉纹，一种是六圈同心弦纹，内有细密的放射状短纹线[50]。"这是最直观、最典型的太阳芒纹"，"可以说，早期铜镜，首先是远古先人太阳崇拜的神器法物"[51]。这种太阳光芒纹饰后来逐渐演变成一种经典的纹饰元素，不仅在早期铜镜中出现，就是在以后的汉晋铜镜中也大量应用，如栉齿纹镜、芒纹镜，都体现了这种纹饰的遗风。

二是山岳崇拜。这类铭文常见的有，"上大山，见仙人，食玉英，饮澧泉，驾交（蛟）龙，乘浮云，白虎引，直上天，宜官秩，葆子孙"[52]。

三是植物崇拜。战国、两汉时期的先民，有"万物皆神灵"的思想。表现在铜镜纹饰上，出现了大量的花叶、花瓣，如西汉时的"大叶花瓣镜"，直径355毫米，厚5毫米，重3215克，其尺寸与重量是目前所知两汉及其之前铜镜之最[53]。

四是神仙崇拜，以神仙车马镜为代表[54]。

五是神兽崇拜，以神兽镜为代表[55]。

六是生殖崇拜，以龙虎镜为代表[56]。东汉时，集中性地出现了一种铸有生殖器的铜镜，最近十余年来，已发现了百余枚。有人将其释读成龙虎交媾的纹饰，如"杨氏作镜"铭龙虎交媾镜、一龙二虎交媾镜、"辟邪配天禄"铭辟邪天禄交媾镜、七乳画纹带双辟邪单虎争媾镜[57]。2002年，中州古籍出版社还出版了《中国东汉龙虎交媾镜》的专著。但是，也有对此观点持完全否定态度的。张宏林先生认为，"汉代铜镜的瑞兽图案中装饰的男根，应该与当时流行的阴阳五行观念、男性崇拜意识和辟邪习俗相关"[58]。这样的争鸣，自然是一件好事，表明人们对这类铜镜纹饰的关注，也有助于答案的最终水落石出。不过，不管是哪一种观点，在那个男权社会，充满着对男根的崇拜，当是共同的认识。

3—3 铜镜表达了辟邪避魔的愿望。

一方面，铜镜是道人、方士的法器法宝，在他们看来，铜镜具有直接的辟邪避魔功能。"望蟾阁十二丈，上有金镜，广四尺。汉武帝元封（前110—前105）中有祇国献此镜，照见魑魅，不获隐形"[59]。"古之入山道士，皆以明镜九寸以上悬于背后，则老魅不敢近人"[60]。此类镜，比较有代表性的，如八卦符篆星象纹镜[61]，其中的符篆因模仿天空云气形状或古篆籀体，晦涩难懂，人称天神显现的天书，用以召神劾鬼，降妖伏魔。又如五岳仙山纹镜[62]，整个纹饰是一幅道教的五岳仙山叠翠图——五岳真形图，即道教的御符。"修道之士，栖隐山谷须得五岳真形图以佩之，则山中魑魅虎虫，一切妖毒，皆不能近"[63]。

另一方面，铜镜更是常人的护佑神明。"镜乃金水之精，内明外暗。古镜如古剑，可辟邪魅"[64]。铜镜中，这方面的铭文，是大量的。如" 言之止（此）镜，青龙居左虎居右，辟去不详（祥）宜"、"新有善铜出丹阳，和以银锡清且明，左龙右虎掌四彭（旁），朱爵（雀）玄武顺阴阳，八子九孙治中央"、"尚方作镜自有纪，除去不祥宜古（贾）市"[65]。直到今天，从寺庙道观，到农家宅院，依然大量地保留了铜镜辟邪的古老习俗。

3—4 铜镜体现了歌舞表演的民风。

汉代画像镜中，多有歌乐舞蹈的图案。大体而言，这些舞蹈可以分为长袖折腰舞、盘鼓舞、建鼓舞和巾舞等种类。其共同的特点，是体态婀娜、罗衣从风、身似惊鸿、袖如素蜺、手舞足蹈、妙姿绝伦，给人以身临其境之感。画像镜是会稽的独创。东汉孝女曹娥之父曹盱"能抚节弦歌，婆娑乐神"[66]。曹娥是会稽上虞人，说明当时会稽一带是盛行舞蹈的。

画像镜中的西王母，多为跪坐姿式，但也有大量是做舞蹈姿态的，常常是双手并用、各执长巾、细腰长裙、裙随舞飘的动人形象。"西王母是神仙，神仙本属子虚，匠师刻画西王母所依据的模特很可能是女巫"[67]。譬如"仲御从父家女巫章舟、陈殊二人，妍姿洽媚，轻歌曼舞，状若飞仙"[68]。张宏林先生认为，"画像镜中装饰的舞蹈图案，与古代歌舞的兴盛关系密切。古代歌舞又与巫风祠祀的关系不可分割"[69]。由此看来，汉代会稽一带盛行的舞蹈，的确有一部分是与祭祀活动相联系的。

舞蹈画像镜较有代表性的，有"唯祀与戎"舞蹈画像镜、"驺氏作竟"铭舞蹈车马画像镜、"东王公车马"铭舞蹈画像镜、抚琴舞蹈画像镜、东王公西王母舞蹈车马画像镜等[70]。

3—5 铜镜寄托了富贵吉祥的企盼。

这种企盼，集中地体现在大量的铭文上，大体上可以分为三个方面。一是企盼升平安康。如"冶铅华清而明，以之为镜宜文章，延年益寿去不羊（详），与天无极如日月光，千秋万岁长乐未央宜"、"日有憙，月有富，乐毋事，常得意，美人会，竽瑟侍，贾市程，万物平，老复丁，死复生"、"黄帝冶竟（镜）四夷服，多贺新家人民息，官位尊显天下复，幸逢时年五谷熟，上有龙虎四时宜，长保二亲子孙力，传告后世乐无极兮"、"延年益寿，长乐贵富"、"尚方御镜知人情，道同巧异各有制，维古今世天下平，四夷降伏中国宁，人民安乐五谷成"[71]。

二是企盼升官发财。如"吾作明镜，幽涑三商，配像万疆，统德序道，敬奉贤良，雕刻无极，富贵安乐，士至公卿，子孙番昌，其师命长"、"君宜高官，位至三公"、"君宜高官居侯王，子孙番昌吉祥"、"官位尊显蒙禄食，风雨时节五谷熟"[72]。

三是企盼升天永生。有羡慕仙人生活和神人世界，企求得道成仙的。如"尚方作镜真大好，上有仙人不知老，渴饮玉泉饥食枣，浮游天下敖四海，徘徊名山采芝草，寿如金石为国保，乐未央宜侯王兮"、"长寿仙"[73]。也有希望死后取光破暗、永镇阴精的。"今世有大敛，而用镜悬之棺盖，以照尸者，往往取光明破暗之义"[74]。明代时，更是出现了墓志铭镜[75]。将墓志铭铸于镜上，目前尚为首见，堪称将葬俗用镜发展到了极致。葬俗用镜历史悠久，使用普遍，绵延持续，体现了先人对生命的渴望和虽死犹生的期待。

3—6 铜镜扮演了婚恋情爱信物的角色。

这方面的铭文，蔚为大观。如"长相思，毋相忘，长富贵，乐未央"、"洁精白而侍君，窕污骓之弇明，彼玄锡之流泽，恐疏远而日忘，怀气之美穷皑，外承骓之可说（悦），慕窈窕之灵景，愿永思而毋绝"[76]。

铜镜中象征婚恋情爱的纹饰图案，也称得上是琳琅满目。如菱花形鸳鸯纹镜，因为鸳鸯"雌雄未尝相离，人得其一，则一思而至死"[77]，象征夫妻之间琴瑟和谐；菱花形双凤纹镜，因为凤凰乃吉祥之鸟，喻示夫妻生活美满；葵花形双鸾鸳鸯荷花纹镜，将圣洁之花荷花、凤凰之属鸾鸟与鸳鸯结合在一起，更是充满了婚庆嫁娶的幸福和美。

铜镜纹饰当中，还有很多美丽动人的情爱故事。如金代较为流行的"柳毅传书"故事镜，《中国铜镜图典》收录了4枚[78]。狄秀斌先生收藏有一枚宋金时期的人物故事镜，镜背纹饰内容中，右边男子装束类似女子乔装，或许讲的就是梁山伯与祝英台的故事[79]。张国枢先生收藏的一枚金元时期的铜镜，则是讲述了"张羽煮海"的故事[80]。故事出自元代李好古杂剧《沙门岛张羽煮海》，讲的是樵夫张羽常在海边吹笛，赢得了东海龙王琼莲公主的爱情。龙王不许，将公主关入石牢。公主侍女盗出龙宫的镇海三宝，张羽据此煮沸东海，终于争得了与公主的婚姻。

3—7 铜镜成了赏赐外交的重宝。

唐代铜镜的空前绝后，与诗、书等一样，是与帝王将相、朝廷重臣的青睐推崇分不开的。"千秋节赐千秋镜"的故事就很有代表性。唐玄宗在开元十七年（729），将自己的生日八月五日定为千秋节。次年的千秋节时，玄宗在花萼楼"赐四品已（以）上金镜、珠囊、缣彩"[81]。玄宗还写有两首《千秋节赐群臣镜》诗："铸得千秋镜，光生百炼金。分将赐群后，遇像见清心。台上冰华澈，窗中月影临。更衔长绶带，留意感人深。""瑞露垂花绶，寒冰澈宝轮。对兹台上月，聊以庆佳辰。"[82]

铜镜还是馈赠外邦的国礼。三国时魏景初二年（238）六月，日本邪马台国遣使者到魏都洛阳。魏明帝颁诏封该国女王卑弥呼为"亲魏倭王"，并赠送包括"铜镜百枚"在内的大量"好物"[83]。这是铜镜作为国礼赠送外邦的较早记载。

铜镜更是中国古代对外交往的重要使者，人类文明发展的重要力量。中国同周边国家和地区的交流，可以上溯到夏商周乃至史前时期。但是，作为一个国家，中国真正同世界上其他国家和地区进行交流，真正打开国门走向世界，却是从汉代开始的，而铜镜无疑是这个开始的重要标志。

在中亚西亚及欧洲东南部地区，迄今已在二十多处遗址或墓地，发现了以铜镜最为常见的西汉中期至东汉末年的汉代文物。

在蒙古及西伯利亚，已在二十多处遗址和墓葬中，发现了包括铜镜在内的汉朝文物。

在朝鲜半岛北部，出土了公元前2世纪至公元3世纪汉代的各种铜镜；南部的三十多处遗址和墓葬中，出土了公元前1世纪后半期的蟠螭纹镜、星云纹镜、连弧纹铭带镜、四乳四虺纹镜、多乳禽兽镜、方格博局纹镜等汉朝文物。

在日本列岛，八十多处弥生文化遗址和墓葬中，已发现了包括西汉镜、新莽镜、东汉镜在内的完整铜镜250枚，铜镜残片约270件，差不多囊括了汉镜的主要种类，成为发现地点最多、出土数量最多的汉朝文物。

在亚洲东南部的中南半岛，包括马来半岛，铜镜出土数量较多，分布地域较广，其种类除了与朝鲜半岛南部出土的相同种类外，还有夔凤镜和盘龙镜等，其年代为公元前2世纪后半期至公元3世纪初。

白云翔先生在研究汉代对外开放、汉文化走向世界及其影响时认为，"在中亚西亚及欧洲东南部，汉文化被当地吸收；在蒙古及西伯利亚地区，改变了当地的历史进程；在朝鲜半岛北部和中南半岛东北部，社会政治实现了从早期国家到郡县制的历史性跨越；在朝鲜半岛南郊和日本列岛，对于当地从氏族社会向国家社会的演进产生了刺激、催化和加速的作用"[84]。据此，我们似乎可以得出这样一个结论，以铜镜为代表的汉文化走向世界，对人类历史和文明的发展产生了重大的开化、引导、领跑、助推的作用。

3—8 铜镜传递了工艺美术的脉搏。

中華文明史悠悠，小小銅鏡源流久映容照顏正

衣冠故飾銘文記春秋富貴吉祥樂未央壁

邪避魔安無憂畫像神獸難尋覓更有

龍鳳少同儔

甲子秋月錄會稽銅鏡詩　雨菲

中国古代铜镜首先是实用品，而就其历史意义与价值而言，更是十分珍贵的艺术品。从主题图案看，珍禽异兽，自战国时期的蟠螭、凤鸟，到明清时期的祥龙、鸾凤，其龙凤呈祥的艺术思想一脉相承；神话传说，自汉代的伏羲、女娲、西王母、东王公，到唐代的月宫嫦娥、乘鹤仙人，再到宋代的吴牛喘月、柳毅传书，其形象生动的艺术风格代代相传；草木花鸟，从汉代的草叶，到唐代的华贵瑞花、华美禽鸟，再到宋代的柔枝细叶、嬉戏游鱼，其贴近生活的艺术追求生生不息。

从纹饰手法看，线条式、透空雕、浅浮雕、高浮雕、圆雕、斜雕，由朴拙到精致，与时俱进。

从特种工艺看，涂朱彩绘、金银错、鎏金、包金、漆背加彩画、金银平脱、嵌螺钿、搥金银、彩绘嵌琉璃、掐丝珐琅、景泰蓝等，由简朴到繁复，不断提升。

由以上的分析可以看到，铜镜是一个完整、系统的艺术领域，是工艺美术大家庭的重要成员，为工艺美术的发展起到了推波助澜、锦上添花的作用。"工艺美术是测定民族文化水平的标准，在这里艺术和生活是密切结合着的"[85]。我们正是从铜镜的身上，感受到了工艺美术的发展脉搏，感受到了劳动人民的创造精神，感受到了民族文化的前进力量。

3—9 铜镜见证了历史演进的脚印。

中国古代铜镜的发展，是与中国古代历史发展相伴而行的。不同时期的铜镜，无不烙有相应时期的印记。我们可以从铜镜的身上，判断不同的历史发展时期，想象那些遥远年代的风土人情、民生百态。

4000年前，在铜镜开始崭露头角、登堂入室的时候，那些直线、曲线组成的几何纹饰，与彩陶的纹饰一样，代表的是新石器时代古人日用器纹饰的主流。"色彩是更为原始的审美形式，线条则不然。对线条的感受、领会与掌握，往往伴随着人类自身更多的感悟、想象与创造"[86]。我们似乎从这些古朴的线条图案当中，看到了先人心智与审美的日渐成熟。

战国时期铜镜的迅猛发展，是与整个中国青铜器的发展、青铜艺术的长进、审美观念的剧变，紧密相连的。我们似乎从战国铜镜精美的纹饰、流畅的线条、轻巧的镜身当中，看到了列国纷争、百家争鸣这样一种热火朝天的时代景象。

汉代铜镜的纹饰与铭文，体现了对现实生活的强烈呼唤，表明了对未来生活的美好向往。"他们对神仙世界的憧憬，实际上是对现实生活的肯定；他们希望长生不死，实质上是对现实生活的留恋；他们执着地希望高官厚禄，是想最大限度地满足自己的享乐生活；他们企望子孙蕃昌，家族兴旺，是幻想现实生活中所能得到的一切，永远永远地存在下去"[87]。我们似乎从这些林林总总的汉镜当中，感受到了欣欣向荣的时代气氛。

唐镜给人的感觉，是一切都在变。镜形从流传了几千年的圆形变成了各种花形；铭文的内容变成了通过赞美镜子来描绘梳妆美丽，而在唐高宗、武则天至开元、天宝时期的镜子上，铭文，特别是圈带铭文更是几乎消失了；纹饰的主题变成了各种各样的花鸟，纹饰当中甚至出现了异域的风情。我们似乎从那些禽鸟俊美、花枝华丽、生机盎然的图案中，感受到了雍容华贵、轻快自如、开放包容的时代情调和万众安居乐业、八方蜂拥来朝的盛世壮观。

3—10 铜镜促进了民族文化的融合。

每一种类型的铜镜，每一种铜镜的形制、纹饰与铭文，都凝结着一种底蕴深厚的传统文化，展示着一种因文化而致的迷人的美丽，散发着一种由文化而来的诱人的芬芳。而它们越有文化、越是美丽、越加芬芳，感染力、吸引力、传播力就越强，人们就越是冲破地域界限、冲破种族区分而接受它们。铜镜作为一种文化，就是这样在交汇碰撞中融合同化，在春风化雨中以文化人，在不同的人群中得到了认同，成为大家的"共同语言"。正是有了这样一种文化认同，这样一种"共同语言"，原来不同地域、不同种族之人，便成了同群同族。从不同到相同，从多元到一统，中华民族、中华文明正是在包括铜镜文化在内的文化融合中，凝聚而成，发展进步的。

一枚小小的铜镜，居然会为泱泱中华民族、悠悠中华文明做出如此巨大的历史贡献，不要说当年的发明者、制作者与使用者们绝对没有预料到，即令今天的人们，也是难以想象的。然而，这恰恰是历史的事实。

千古一帝唐太宗李世民曾经说过："以铜为鉴，可正衣冠；以古为鉴，可知兴替；以人为鉴，可明得失。"[88]而今，铜镜早已失去了"正衣冠"的实用价值。但是，铜镜见证着历史，我们仍然可以以铜镜为镜，通过神交万古，穷览千载，来"知兴替"；铜镜包含着人文，我们仍然可以以铜镜为镜，通过原始察终，阐本述末，来"明得失"。如此说来，在科学技术日就月将、人类生活日新月异的今天，继承弘扬铜镜文化，其意义自然是十分重大的。

其实，说到镜子，本书的作者张宏林先生，本身就是一面很好的镜子。宏林先生结缘铜镜三十年如一日，持之以恒，终有所成；倾囊而为，终有所为；半路"出家"，终于成

"家"。在我的心目中，他本身就是一面生动活泼的铜镜、生意盎然的"史镜"、生机勃发的"人镜"。如果读者对此还有什么怀疑的话，那么就请你眼见为实，抓紧读一读这本书吧。我想，它一定会帮你了解历史的来龙去脉，观照人生的本来面目，也一定会令你像唐代大诗人李白那样，享受到"掩卷忽而笑"[89]的读书妙趣的。

2012年8月28日晚定稿。系为张宏林著，文物出版社2015年4月出版的《鉴影觅韵——铜镜中的文化与故事》撰写的序言。根据张宏林先生的建议与中国铜镜研究会会刊《中国铜镜》主编刘东先生的函请，以此为题，发表于《中国铜镜》2013年3月期（总第6期）

## 注释

1 2 3 4 5 李学勤《走出疑古时代（修订本）》，辽宁大学出版社1997年版，第24页、24页、24页、25页、25页。

6 罗振玉《古镜图录》，民国五年影印本。

7 〔明〕罗颀《物原》器原第十七凡二十九条，《四库存目丛书》，齐鲁出版社1997年版，"子"178册第25页。

8 64 〔明〕李时珍《本草纲目·金石部》，《四库全书》，上海古籍出版社1987年版，第772册第617页、617页。

9 〔南朝·梁〕任昉《述异记》，《四库全书》，上海古籍出版社1987年版，第1047册第618页。

10 11 12 13 14 15 孔祥星、刘一曼《中国古代铜镜》，文物出版社1984年版，第24—25页、57—58页、173页、138页、186—195页、208—209页。

16 33 49 52 53 57 61 62 70 71 72 73 75 76 79 80 浙江省博物馆编《古镜今照——中国铜镜研究会成员藏镜精粹》，文物出版社2012年版，图版298，图版141，图版051、067、160、166、167、257，图版085，

图版041，图版133—136，图版215，图版221，图版142、144、145、153、154，图版058、059、069、076、099，图版119、122、125、132，图版101、243，图版297，图版049、061，图版265，图版270。

17 18 23 29 30 31 35 41 42 43 54 55 56 65 67 王士伦编著，王牧修订《浙江出土铜镜（修订本）》，文物出版社2006年版，第1页，7页，17页，23页，23页，23页，23页，26页，27页，27页，彩版12—19，彩版30—53，彩版54—56，图版15、17、47，第24页。

19 傅振照《绍兴史纲》（越国部分），百家出版社2002年版，第163页。

20 21 22 孟文镛《越国史稿》，中国社会科学出版社2010年版，第403—409页、707页、391页。

24 《绍兴史志》，2005年第1期。

25 26 《汉书》之《武帝本纪》、《地理志》。

27 《后汉书·任延传》。

28 《宋书·蔡廓蔡兴宗传》。

32 洛阳博物馆《洛阳出土铜镜》彩色图版4，文物出版社1988年版。

34 〔日〕梁上椿《岩窟藏镜》第二集下25图，大业印刷局育华印刷所1935年版。

36 〔日〕梅原末治《绍兴古镜聚英》50图，桑名文星堂1939年版。

37 〔汉〕赵晔《吴越春秋·句践阴谋外传》，《四库全书》第463册，上海古籍出版社1987年版，第55页。

38 《越绝书·内经九术》，《四库全书》，上海古籍出版社1987年版，第463册第116页。

39 王仲殊《关于日本三角缘神兽镜的问题》，《考古》1981年第4期。

40 〔日〕梅原末治《汉三国六朝纪年镜图说》，桑名文星堂1943年版。

44 虞一静《精美会稽龙虎镜拍出170万元》，绍兴《天天商报》2012年8月17日。

45 《墨子·非攻中》，《四库全书》，上海古籍出版社1987年版，第848册第57页。

46 〔晋〕郭象《庄子注·德充符》，《四库全书》，上海古籍出版社1987年版，第1056册第30页。

47 〔日〕梁上椿《古镜研究总论》，《大陆杂志》第五卷第五期，1952年。

48 郭沫若《三门峡出土铜镜二三事》，《文物》1959年第1期。

50 中国社会科学院考古研究所《殷妇好墓》，文物出版社1980年。

51 刘东《中国古代铜镜的社会地位与艺术之美》，浙江省博物馆编《古镜今照——中国铜镜研究会成员藏镜精粹》，文物出版社2012年版。

58 张宏林《也谈龙虎镜中装饰的男根》，《收藏家》2012年第9期。

59 〔东汉〕郭宪《洞冥记》，《四库全书》，上海古籍出版社1987年版，第1042册第301页。

60 63 〔晋〕葛洪《抱朴子·内篇·登涉》，《四库全书》，上海古籍出版社1987年版，第1059册第97页、110页。

66 〔汉〕邯郸淳《后汉会稽上虞孝女曹娥碑》，俞苗荣、龚天力《绍兴图书馆馆藏地方碑拓选》上册，西泠印社出版社2007年版，第47页。

68 〔唐〕徐坚《初学记·乐部上》，《四库全书》，上海古籍出版社1987年版，第890册第252页。

69 张宏林《古代铜镜中的民俗文化》，《收藏家》2012年第3期。

74 〔南宋〕周密《癸辛杂识·棺盖悬镜》，《四库全书》，上海古籍出版社1987年版，第1040册第104页。

77 〔晋〕崔豹《古今注·鸟兽》，《四库全书》，上海古籍出版社1987年版，第850册第106页。

78 孔祥星、刘一曼《中国铜镜图典》，文物出版社1992年版，第844—847页。

81 《旧唐书·玄宗本纪上》。

82 89 唐明皇《千秋节赐群臣镜》两首、李白《翰林读书言怀呈集贤诸学士》，《全唐诗》，中华书局1960年版，第一册第32页、41页，第六册1865页。

83 《三国志·魏志·乌丸鲜卑东夷传·倭》。

84 白云翔《汉代：开启国门走向世界》，《光明日报》2012年6月18日。

85 沈从文编著《中国古代服饰研究》，上海书店出版社2011年版。

86 庞雅《彩陶猜想》，《中华遗产》2012年第4期。

87 李泽奉、刘如仲主编《铜镜鉴赏与收藏》，吉林科学技术出版社1994年版，第188页。

88 《新唐书·魏徵传》。

# 绍兴佛教源流考

一

初播。

东汉(25—220)末年至西晋（265—317）时期，会稽在中国佛教史上先声夺人，具有不同寻常、举足轻重的地位。特点有三：

一是直接真传。

安世高入会稽，对绍兴来说，是一件开天辟地的大事，标志着当地佛教传播的开始。同时，这也是这种外来宗教南传的嚆矢。安世高，名清，字世高，是东汉时"安息国王正后之太子"，于汉桓帝建和二年（148）到达京师洛阳，主要从事佛经的翻译工作。"值灵帝（168—189）之末，关洛扰乱，乃振锡江南"，"达会稽，至便入市，市中有乱相打者，误着高头，应时陨命"[1]。其时大约在汉献帝初平元年（190）。安世高在会稽的具体作为，史无记载，但此后佛教开始在会稽传播，却是不争的事实。从这一事实而言，会稽佛教是得到了直接的真传的。

三国（220—280）时，吴大帝孙权（222—252）优礼来自月支国的支谦和来自天竺国的康僧会，支持他们译出了

《微密持经》《阿弥陀经》等江南第一批佛经。他还将支谦"拜为博士，使辅导东宫，甚加宠秩"[2]；召见康僧会后，"权大加服，即为建塔，以始有佛寺，故号建初寺（在今南京），因名其地为佛陀里。由是江左大法遂兴"[3]。

不仅如此，西晋太康十年（289），西域僧幽闲还在剡县澄潭（今属新昌县）卜筑新建寺[北宋治平三年（1066）改兴善寺][4]。幽闲的事迹现在不得而知，但他在那个交通条件极差的年代，不远万里，从西方佛国来到会稽，卜筑寺院，本身就证明会稽佛教得到了直接真传。

考古发掘也很好地证明了这一点。"就目前发现有确切纪年的早期佛教造像，多在三国西晋时期……尤以青瓷谷仓罐的主要产地会稽越瓷和婺州窑为主……特别是堆塑罐上形态多样的胡僧，说明当时在建业、武昌、吴（郡）会（稽）三个地区有许多来自印度、西域各地的僧人"[5]。

二是先声突人。

突出地表现在作为这种宗教发展的重要标志——寺院建筑上。

东汉末，会稽已出现了山阴型塘的白云庵、狮子庵和岭下的信义庵等作为佛教传播场所的尼庵。

三国时期，会稽所建寺庵大增，仅吴孙权赤乌年间（238—251）建成的就有5处，即山阴上冯村的天化庵，嵊县广爱寺（又号德政院），诸暨上省教寺、大雄寺和道林讲寺（始称宝华院）。

西晋时，会稽建造寺庵之风更盛。所建寺院，有郡城的第一座寺院——建于永康元年（300）的灵宝寺（后称大庆尼寺），在府河大庆桥东；有山阴福全兴仁寺，剡县清化报恩寺等。

根据木田知生的研究论证，汉至西晋，江南共建佛寺68
处，而会稽所辖的山阴、剡县和诸暨三县占了12处[6]。由此
可见，会稽在佛教传入中国的初始阶段，就已是不同凡响的
了。

考古发掘同样证明了会稽佛教的初播盛况。上个世纪
八九十年代，在上虞县、绍兴县、嵊县等地大量出土的三国
吴、西晋时的青瓷谷仓、三足樽、双系罐及砖甓上出现的佛
像以及相关的铭文表明，佛教已经广泛深入到了人们的生
产、生活和丧葬习俗当中[7]。

三是事出有因。

世上诸事的出现，总不会是空穴来风。有些事情的出
现，看起来很偶然，而其实是必然。因为有因必会有果，世
上诸事都是相互联系的。安世高与幽闲们来会稽以及佛教在
会稽的迅速初播，就是与会稽特殊的民风习俗密切相关。
安世高来会稽，一方面是因为他有一位叫陈慧的弟子是会稽
人。从后来三国时，成为吴帝孙权座上宾的康僧会曾随其学
佛来看，陈慧的佛学造诣一定是很高的，也一定是安世高的
得意门生。另一方面，安世高自己说，是来寻求"宿缘偿
报"的[8]。但不管怎么说，会稽当时浓厚的祭祀神灵思想一定
是吸引安世高与幽闲的主要原因。

说到越地具有悠久历史的祭祀活动，我在为《秦〈会稽
刻石〉考论》一书所写的序言中曾经指出，"最早祭禹的，
可以追溯到夏王启派遣的使者及禹之后人"[9]，"最早祭祀
会稽山神的是越王句践"[10]，"最早亲祭大禹的帝王是秦始
皇"[11]。正是在这种官方祭祀活动的带动与影响下，越地的

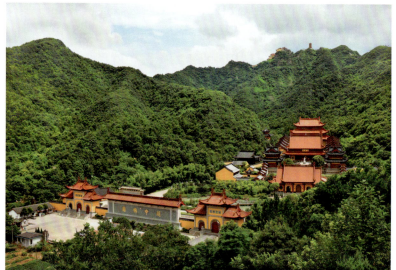

◇ 炉峰全景

◇ 诸暨市五泄禅寺

祭祀之风达到了"俗信鬼神，好淫祠"[12]的程度。

这种敬畏祖宗神灵、祈求安康福祉的民俗心理、宗教氛围，无疑为佛教的传播提供了良好的思想基础与群众基础，也无疑为之后的生长提供了适宜的"土壤"条件与"气候"条件。由此看来，安世高、幽闲等异域高僧们来到会稽，并不是偶然的。

## 二

勃兴。

东晋（317—420）至南朝（420—589）时期，佛教被世人普遍接受，在中国真正站稳了脚跟。"晋南渡后，释氏始盛"[13]。《晋书》诸传中所记载的信佛者远远超过了《三国志》，其中绝大多数生活在东晋。会稽在一百二十余年佛教初播的基础上，发展成为与建康（今南京）齐名的我国南方佛教中心[14]。特点有五：

一是"民物殷阜"[15]。

东汉吴会分治、鉴湖筑成后，会稽的生态环境明显改观，粮食生产大幅度提高，纺织、冶炼等手工业加速发展，对外贸易蓬勃兴起，成为风调雨顺之地，安居乐业之乡。而北方战乱，晋室南迁，会稽自然成为中原百姓安家落户的理想之处。特别是琅玡王氏等南下的名门望族与山阴贺氏等土著的豪门士族汇为一体，使会稽名士荟萃盛于前朝，人文鼎盛冠于江左。这就为会稽佛教中心的形成，提供了经济、社会、人文等方面极为有利的条件。

二是高僧云集。

"有非常之境，然后由非常人栖焉"[16]。正是在上述大背景下，四方高僧趋之若鹜，纷至沓来，云集会稽，相会林下。尤为知名的，有来自高阳的于法兰，敦煌的于道邃，陈留的支道林，琅玡的竺法潜，吴郡的竺道壹，下邳的竺法旷，吴兴的昙翼，长安的超进、昙机，陇西的僧镜，丹阳的僧柔，钱塘的慧基，临沂的智顺等等。慧基在山阴法华寺时，"刘瓛、张融并申以师礼，崇其义训。司徒文宣王钦风慕德，致书殷勤，访以《法华》宗旨"[17]。何胤"以会稽山多灵异，往游焉，居若耶山云门寺"[18]。他们与本籍的白道猷、昙巘、道敬、昙光、昙颖、弘明、僧护、昙斐、道琳、慧皎、洪偃、警韶等高僧一起，研究佛学理论，传播佛教思想，成为当时佛教领域里的领袖群体与思想天空中的璀璨明星。

三是弘法立说。

"从汉到西晋250年间翻译佛经共1420卷，而东晋这一时期（包括同期北方的后秦、西秦、前凉、北凉）则共译佛教1716卷，100年间超过以前的250年"[19]。佛经的大量翻译，极大地促进了佛教主要宗派在会稽的传播。

律宗的始传者为僧祐、慧皎。僧祐于南朝齐末到剡县石城寺，受命雕刻石城大佛，著有《出三藏记集》、《弘明集》。慧皎曾受业于僧祐，有《涅槃义疏》、《梵网经疏》行世。

净土宗的始传者为慧虔，从庐山投山阴嘉祥寺，讲鸠摩罗什译经；道敬，为王羲之后裔，从庐山慧远出家，后栖若耶山悬溜精舍。

成实宗的弘传者，有山阴灵鹫寺僧柔；云门寺洪偃，著有《成实论疏》数十卷；上虞籍僧警韶。

涅槃宗的弘传者，南朝宋有慧静，梁有智顺、智藏、慧皎，陈有警韶等。

般若学的"六家七宗"，得益于与当时盛行的玄学思想的关联相近，在会稽的发展如阳春三月，千红万紫，烂漫一时。这些学说的创始人或代表人物，有六家、六宗、六人生活或活动在会稽[20]。

这些大德高僧讲经弘法，创宗立说，留下了大量对后世有重大影响的佛学典籍，如缘会宗创立者于道邃的《缘会二谛论》、即色宗创立者支遁的《即色游玄论》、幻化宗创立者竺道壹的《神二谛论》等。还需特别一提的是，上虞人慧皎（497—554），"学兼内外，博通经律。住嘉祥寺，春秋弘法，冬夏著述"[21]，著成《高僧传》一书，录东汉明帝永平十年（67）至南朝梁天监十八年（519），凡453年间的高僧257人，附见239人，是一部始创僧传体例，且为后世仿效的开山之著，实在是功德无量。

四是寺院林立。

寺院是佛教发展的重要标志。东晋时，有寺院1768座；南朝时，宋有1913座，齐有2015座，梁有2846座，陈有1232座；北朝时，北魏有30900座，北齐有43座，北周有93座[22]。北朝首都，据《洛阳伽蓝记》所载，有寺院1300余座；而南朝首都建康则是"南朝四百八十寺，多少楼台烟雨中"[23]。

自东晋至南朝，"今绍兴市境内，相继创建寺庵达65处之多"[24]。根据张伟然、顾晶霞的考证，南北朝时，共有寺院825座，其中南朝534座，治所在建康的丹阳郡有226座，居江南第一；治所在今湖北江陵的南郡有48座，居第二；会稽有39座，居第三。如果剔除丹阳，则会稽占了南朝寺院总数的13%[25]。这些数字的口径与确切性，可作进一步考证。但当时的会稽寺院数量众多、蔚为壮观当是事实，对后世的影响也的确深远。

会稽的这些寺院，除云门寺、国庆禅寺在乡间，余均在郡城；除僧人所建外，大多为郡守、名士等舍宅而建，如王羲之舍宅建戒珠寺，谢安故居建国庆禅寺，王献之舍宅建云门寺等。云门寺建于东晋安帝义熙三年（407），称得上是千年文墨之大客栈，万数游者之大驿站。明代绍兴状元张元忭曾撰《云门志略》五卷。我曾于2013年4月22谒访遗址，抚今追昔，百感交集，作《访云门寺遗址即事》诗三首，发出了"今日尚和正成风，但待云门早重开"的期待。

舍宅为寺，早在东吴时就有。传说，通元寺系"吴大帝孙权吴夫人舍宅置"[26]。至东晋南朝时，这已成为一种十分流行的社会现象。其动因，多是为便于自己和家人烧香拜佛做功德，属家庙的性质。南朝时会稽陈氏有三女，父病母去，"祖父母寻相继卒，三女自营殡葬，为庵舍居墓侧"[27]。

五是三教融合。

"玄释交融是这一时期（东晋南朝）主导的思想潮流"[28]。佛教加速传播与玄学扩大影响的需要，使僧侣与士大夫们历史性地走到了一起，仅《世说新语·文学》篇中有关双方交往的记录就有十六条之多。他们由谈玄、谈佛而谈道，实现了历史性的合流，留下了十八高僧与十八名士交往等历史佳话[29]。这种合流，从大的方面来讲，是促进了佛教的中国化，加速了道教的世俗化，巩固了儒学的正统化，促成了山水诗和山水画在江南的首先诞生；从小的方面来讲，是僧人进入当时的主流社会，推动了佛教在会稽境内的传播。也正是在这个基础上，儒、释、道三教，开始了历史性的融合，并最终构成了以儒家思想为主体，兼融释、道思想的中华传统文化。

当时，士大夫崇佛的情况相当普遍。王羲之的好友孙绰和许询，都倾心佛教，研究佛学。孙绰著有《喻道论》，而许询则达到了与支遁在山阴灵嘉寺同台演讲《维摩经》的水平。

东晋后期，还出现了一波高过一波的帝王崇佛浪潮。晋"孝武帝不亲万机，但与道子酣歌为务，姆尼僧，尤为亲昵，并窃弄其权"[30]。

高僧们对政治及儒、道也是兴趣浓厚，积极参与，融会贯通，活学活用。南朝宋时的慧琳，"元嘉（424—453）中，遂参权要，朝廷大事，皆与议焉。宾客辐凑，门车常有数十两，四方赠赂相系，势倾一时"[31]。会稽孔觊称其为"黑衣宰相"[32]。白道猷与竺道壹居若耶山，"纵心孔、释之书"[33]。竺法潜在越中"优游讲席三十余载……释《老》、《庄》"。这位高僧真是了不起，他是东晋丞相王敦之弟，般若学本无异宗的主要代表人物。东晋时，元帝、明帝"钦其风德"，待以宾友；哀帝"物重佛法"，两次请其御前开讲，"哀帝及朝士并称善焉"；废帝时，司马昱（史称简文帝）又"遵以师资之敬，数相招请，屡兴法祀"[34]。竺法潜一生受到四位皇帝的敬重，为佛教赢得了空前的发展空间与社会地位，也为儒、释、道的交融起到了推波助澜的影响，更为会稽佛教中心的形成发挥了关键性的作用。

三

繁荣。

隋（581—618）、唐（618—907）至五代十国（907—960）时期，经过东晋至南朝二百六十余年的发展，越州佛教出现了空前繁荣的局面；而作为吴越国的东府，越州更是与杭州一起，成了中国佛教中心。特点有四：

一是寺院遍布各地。

隋朝文帝时，全国有寺院3792座，炀帝时有3985座[35]。张国刚对唐代不同时期的寺院作了考证统计，648年为3716座，650—683年为4000座，713—755年为5358座，842—845年为4600座[36]。隋唐时期，越州"共创建佛寺208处、庵舍8处，其中尚不包括修建和会昌毁佛后重建的。如果按朝代分，隋代5处，唐代91处，五代120处"[37]。根据李映辉的研究考证，唐时，以安史之乱为界，此前有寺院834座，除长安、洛阳两都外，越州有23座，与所在今山西代县的代州并列第4位，占南方总数364座的6%；此后有寺院664座，除长安与苏州外，越州有28座，与东都洛阳并列第1位，占南方总数365座的8%[38]。另据他统计，唐代寺院最密集地区为今浙、苏两省，包括越、扬等十州，该区域唐前期"总共有140所寺院，占全国点数的17%"，后期升至"169所寺院，占全国总数的25.5%"[39]。照此算来，越州寺院占该区域的比例，唐前期为16%，后期为17%。由此可见越州寺院在南方与全国的地位。

唐武宗会昌五年（845）七月敕令毁佛，越州以浙东观察使治所而留大善一寺，"且延僧五人守之"[40]，余均在毁撤之列。然而，实际毁撤的并不多，地方志有明确记载的才

59处。这一方面，是由于佛教在会稽的强大势力与社会基础；另一方面，是由于唐宣宗次年五月即位后即敕复佛寺。在这样的情况下，越州修建寺庙之风益盛。仅宣宗大中年间（847—860），就一下恢复了16处。在以后的40年间，除嘉祥寺外，其他都相继获得了恢复。

吴越国（907—978）的71年间，不仅修复前代废弃佛寺，还新建了120处。其中，钱镠除赐钱八千万恢复新昌宝相寺（今大佛寺）外，还创立了越州开元寺、会稽澄心寺、嵊州瑞像院；钱元瓘在位的9年中，建成了44处佛寺；而钱弘俶则称得上是佛教徒的领袖，他在大兴佛寺的同时，还铸造了约84000个封藏佛经的铜制宝箧印塔。

这一时期，寺院的组织管理也得到了加强。"寺有上

筬印陀羅尼經
如是我聞一時薄伽梵在摩
伽陀國無垢園寶光明池中
與大菩薩衆及大聲聞僧天
龍夜义捷闥婆阿蘇羅迦樓
羅緊那羅摩睺羅伽人非
人等無量百千衆俱前後圍
遶介時衆中有一大婆羅門
名無垢妙光多聞聰慧人所
樂見常常奉十善於三寶所決
定信向善心慇重智惠微細
常欲令一切衆生相應善利
大富豐饒資具圓端時彼婆
羅門無垢妙光從座而起往
詣佛所遶佛七匝以衆香花
奉獻世尊無價妙衣瓔珞
珠鬘而持覆佛上頂礼雙足

◇ 五代吴越 宝箧印陀罗尼经

座、寺主、都维那，是为'三纲'"[41]。上座为首席长老，
寺主主持日常寺务，都维那主诵经、功课等业务。寺主有官
方任命的，也有众僧推选的，如山阴县大庆尼寺"用十方规
制选名行尼主焉"[42]。

二是理论成果卓然。

这时的越州，出现了一批在中国佛教史上具有重大影响
的大德高僧及其不朽的著作，表明了越州在江南乃至整个中
国佛学上的创造与领先地位，为中国佛教主要宗派的形成、
发展与流播作出了历史性的贡献。

三论宗的实际创始人、真正缔造者吉藏（549—623），
祖籍安息，生于建康，隋文帝开皇九年（589）来越，先后
在嘉祥寺住了12年，"嘉祥结肆，独檀浙东"[43]。应召入
京时，"禹穴成市，问道千余"[44]。他博学多才，法华、华

吴越国王钱俶敬造资
箧印缝八万四千奉水
老供養時乙丑岁記

严、般若诸学皆通，于三论尤精，一生讲述三论一百余遍，著有《三论玄义》、《三论略疏》等三十余部，现存二十余部，注引宏广，发明颇多，为三论宗带来了吉祥之光。他因此而成为唐初全国最高僧官"十大德"之一，被后人尊称为"嘉祥大师"。其弟子智颙（？—646）在嘉祥寺继讲三论时，"四方义学八百余人，上下僚庶，依时翔集"[45]。另有一系代表法敏（579—645），开讲时，"众集义学三门七十余州八百余人，当境僧千二百人，尼众三百，士俗之集不可复记，时为法庆之嘉会也"[46]。三论宗由此而又称"嘉祥宗"，嘉祥寺由此而堪称三论宗的祖庭，越州也实际上成为当时中国三论宗的传播中心。唐武宗灭佛时，祖庭嘉祥寺毁，三论宗衰落并最终销声匿迹。

天台宗在越州亦较为盛行。先是有会稽籍僧普明

（534—616）和山阴籍僧大志（568—609）皈依天台宗的实际创始人智𫖮。后又有天台宗五祖灌顶（561—632）、会稽称心资德寺僧大义、诸暨焦山寺僧神邑、会稽大禹寺僧神迥、山阴大善寺僧湛然等大加弘扬。智𫖮学识广博，适应时宜，深得统治者敬崇。南朝陈宣帝曾为他特诏："禅师佛法雄杰，时匠所宗，训兼道俗，国之望也。宣割始丰县调以充众费，蠲两户民用供薪水。"[47]他还为隋炀帝杨广授菩萨戒，后者尊他为智者大师，在他灭度后还在天台山依其遗愿修建了国庆寺。他对佛学的论述主要分为止观、忏法、教判三大部分，有《法华经玄义》《摩可止观》《请观音忏法》等近四十部著作，弟子灌顶整理了其中的大部分。灌顶不仅为天台宗在江南的传播做出了贡献，也为该宗北传起到了推波助澜的作用。隋炀帝时，曾诏其"并《法华经疏》随使入京"[48]。湛然是天台宗的九祖，除教授弟子外，还著有《法华文句记》《法华玄义释签》《摩诃止观辅行传弘诀》等五十余部著作。他在理论上的主要贡献是提出了"无情有性"说，使天台宗在创新中保持了兴盛。

禅宗在越州同样盛行。"南方禅法如寻根究底，可上溯到安世高和康僧会，以及《安般守意经》在江南的传播"[49]。可见其历史源流之长。唐时，初传者为会稽妙喜寺的印宗（627—713），于广州遇禅宗六祖慧能而得禅玄。印宗颇受越州民众与刺史王胄尊重，除在妙喜寺外，还在越州天柱寺、报恩寺设置戒坛，度僧数千，著有《心要集》，纂集梁至唐高僧语录，《宋高僧传》有传。诸暨僧慧忠（？—776），创"义理禅"，受唐玄宗、肃宗、代宗三帝礼遇，被尊为"国师"。山阴大云寺僧慧海，所著《顿悟入道要门》引得四方僧众来越依附[50]。唐宪宗时，灵默禅师（748—818）到诸暨创立三学禅院（今五泄禅寺），其弟子良价（807—869），诸暨人，晚唐时与弟子本寂创立了禅宗曹洞宗。

律宗于东晋南朝时已在越地传播，至隋唐五代十国时，越州已是浙东的传播中心了。会稽籍僧文纲（636—627），先从道宣学律，后在长安讲律，为唐中宗、唐睿宗、武则天、唐玄宗四朝帝师。文纲高足道岸（654—717），常住越州龙兴寺，"江淮释子，辐辏乌合"[51]，《四分律》由此盛行江淮。后应诏入朝，颇受唐中宗尊重。晚年回龙兴寺，并在此圆寂，时僧俗共哀，披麻戴孝，数以万计。他曾为高足玄俨授具足戒，为鉴真授菩萨戒，而这两人后来都成为一代律学大师，足见他是一位了不起的佛学泰斗。玄俨（675—

742）本籍诸暨，俗姓徐，20岁受具足戒，住越州法华寺近30年，建置戒坛，招集律行，同宣般若；讲唐玄宗亲注之《金刚般若经》，颇合帝意，影响甚大；修剡县石城大佛像，七宝八珍，琳琅纷呈；著有《辅篇记》10卷、《羯磨述章》3篇、《金刚义疏》7卷，为"僧徒远近传写"；他还"受毗尼之密行"，为门人"觉引灌顶，皆不倾油钵，无漏浮囊"，史称三千门人、五百弟[52]。鉴真第三次东渡日本时，"天宝三载（744）岁次甲申，越州龙兴寺众僧请大和上讲律授戒"，"时越州僧等，知大和尚欲往日本国，告州官曰：'日本国僧荣叡，诱大和上欲往日本国。'时山阴县尉遣人于王蒸宅搜得荣叡师，着枷递送京"[53]。可见越州僧众与官民对他的崇敬。当时浙东的主要律寺——越州开元寺（后称大善寺）住持昙一（692—771），一生讲《四分律》35遍，《删补钞》20余遍，著有《发正义记》，"从持僧律，盖度人十万计矣"[54]，连湛然也成为他的弟子，华严宗四祖澄观亦从其学律。这一时期，在越州讲授传播律宗的还有昙休、丹甫、允文、元表、灵一、灵澈等。唐末五代，律宗在越州渐次衰落。

华严宗也在越州得到了传播，特别是走出了像澄观这样的大德高僧。澄观（738—839）本籍山阴，11岁依宝林寺洪霈禅师出家，20岁始四方求师，曾从昙一学律，从湛然学天台止观，从慧云、无名学禅，从玄璧学三论，从法诜学华严，可谓广涉佛学。后游五台山，住大华严寺，精研华严，著成《华严经疏》等400余卷，现存170余卷，有"华严疏主"之称，成华严宗四祖。曾奉诏参与翻译《四十华严》，并撰成《贞元新译华严经疏》10卷。唐德宗贞元十五年（799），赐以"清凉法师"，礼为"教授和尚"；唐宪宗元和五年（810），诏入内殿讲华严法界宗旨，加号"僧统清凉国师"[55]。华严宗全盛时，法藏"因奏于两都及吴、越、清凉山五处起寺，均榜华严之号"[56]，将越州也列为通过官方力量建立全国性象征、与两都并立的五个地区之一。智藏"及游会稽，于杭坞山（今诸暨境内）顶筑小室安禅。乃著《华严经妙义》，宣吐。亹亹学者归焉"[57]。

越地信仰净土，始于东晋慧虔、南朝宋道敬。至立宗后，弘传者为唐元英，在越州大禹寺结成九品往生社，有社员1250人。在净土教义里，观世音扮演着阿弥陀净土的指引菩萨的角色。"山阴比寺有净严尼，宿德有戒行，夜梦见观世音从西郭门入。清辉妙状，光映日月，幢幡华盖，皆以七宝庄严。见便作礼，问曰：'不审大士今何所之？'答云：'往嘉祥寺迎虔公。'因尔无常……虔既自审必终，又睹瑞相。道俗闻见，咸生叹羡焉"[58]。俨然是一幅观世音接迎慧虔去净土的图像。与此同时，观世音对现世的"救苦救难"，又使其获得了广泛的民间基础，表现为专奉寺庙的大批涌现。嵊县法性院，"晋天福七年（942），邑人于古大宁寺基上建。有大士像随潮而至，父老迎置于院，改观音院"[59]。

密宗在越州的传播者为寂照，住持龙兴寺；还有顺晓，为日僧最澄授过灌顶礼。他们都受业于该宗三大创始人之一的不空的弟子慧果。五代后，密宗渐融于诸宗。严耀中因其"没有自身独立的传授系统，但却在其它诸宗中流传不息"，而称之为"寓宗"[60]。从这个角度而言，净土宗也是"寓宗"。不过越州密宗在融于诸宗、与民俗民风打成一片的同时，内容上还是保留了密宗寺院、密迹与会密传的僧人等相对的独立性。剡县惠安寺"有灌顶坛。张继剡县法台寺灌顶坛诗：'九灯传像法，七夜会龙华；月静金殿广，幡摇银汉斜；香坛分地位，室印辨根芽。'"[61]这是一幅活灵活现的灌顶密法图。会稽开元寺的"戒坛四面，皆为天王及日月星宿之象"[62]，实际上也是密坛。

唯识宗兴起于唐代，也在越州得到了传播。具有象征意义的，是以"慈恩"为名的寺院的出现。山阴县慈恩院，"后唐长兴二年（931）谢君彦舍地建……大中祥符元年（1008）七月改赐今额"[63]。后唐会稽郡大善寺僧虚受，"《法华》、《百法》、《唯识》，各有别行《义章》"[64]，可以说是继承了唯识宗创始人玄奘一专多能的遗风。

三是禅诗相得益彰。

隋唐时期的越州，是佛教僧侣的圣地，也是文人墨客的天堂。特别是这一时期，出现了僧人与诗人相友相兼、佛教与诗歌相交相融的神妙景象，成为越州乃至全国佛教与文化领域中的一大奇观。2200余位《全唐诗》的作者中，有400位左右来过越州，他们或壮游、或为官、或寓居，佛不离心，诗不离口，成就了有名的"唐诗之路"[65]。他们遍访越中名山古刹，表达山水禅林心境，丰富了诗歌创作的新题材，开辟了诗歌创作的新意境。李白的《石城寺》、秦系的《云门寺》、宋之问的《游法华寺》、白居易的《题法华山天衣寺》、方干的《题宝林山禅院》、孟浩然的《题大禹寺义公禅房》等都是极佳的诗篇。

与此同时，许多越中僧侣，也崇尚课余咏诗，表达禅意禅趣，出现了一批著名诗僧。云门寺僧灵澈，曾从严维学诗，与诗人刘长卿、皇甫曾倾心相交，同诗僧皎然一见如故。悬溜寺僧灵一，"每禅诵之隙，辄赋诗歌事，思入无间，兴含飞动"；传法时，也是"示人文艺，以诱世智"[66]。诗僧们借助于诗歌这样一种文学形式，来观照世界、理解人生、阐发禅理、弘扬佛法，既是对佛教的一大贡献，同时更是对文学的一大推动。

四是对外影响巨大。

越州为中国佛教三论宗、天台宗、密宗和曹洞宗传入日本、高丽等，发挥了重要的源头活水与桥梁纽带作用。最早"入隋受嘉祥吉藏三论之旨"的，是来自高丽（今朝鲜）的慧灌，他学成后赴日传授，成为日本三论宗的初祖[67]。日本的求法僧最澄、空海、圆珍和留学僧义真、圆载等，都到越州求过法。最澄在越州龙兴寺、法华寺习天台止观的同时，还在镜湖峰山道场受顺晓法师的密宗灌顶，唐贞元二十一年（805）归国时从越州带去了佛经102部115卷及大量佛具等。由于在越州的经历，他在日本创立天台宗时，主张台、密两教合一，成为日本天台宗的一大特点。由于禅宗五家之一的曹洞宗创始人的关系，日本曹洞宗法嗣经常到越州参禅。

## 四

兴盛。

宋（960—1279）、元（1206—1368）两朝的408年间，在全国佛教总体上已日见式微的情况下，绍兴佛教得益于隋唐繁荣的余辉与南宋陪都的优势，保持了兴盛的局面。特点有四：

一是赐额广泛。

早在东晋南朝时，会稽佛寺就有了皇帝赐额的先例，这在全国来说，也是较早的。如许询"舍永兴、山阴二宅为寺，家财珍异，悉皆是给。既成，启奏（晋）孝宗。诏曰：'山阴旧宅为祇洹寺，永新新居为崇化寺。'"[68]

有宋一代，绍兴在原有寺庵的基础上，"在府城和山、会两县又新建了佛寺42处、庵舍41处"。对这些新建寺庵，朝廷多次敕赐匾额，其中规模较大的有两次：一次是宋真宗大中祥符元年（1008），"赐额今绍兴市境内寺院80处"；另一次是宋英宗治平三年（1066），"共赐额58处"[69]。赐额不仅是为了控制寺庙的数量与命名，而且也是显示朝廷对佛教事务享有的权威。不过，也有在地方官府许可或默许下，将废旧寺额移到新寺，以免赐额的麻烦与限制的。如绍兴的观音教院，是"乾道九年（1173）有沈安中舍所居，请于府，移会稽县界圆通妙智教院旧额建"[70]。与此同时，官府对寺主任命和僧侣人数的控制也较唐代有所放松。寺主除极少数敕差和一些十方寺（或称丛林）由地方官提名外，甲乙寺（或称子孙寺）等一般都自行产生，官府备案了事。如山阴灵秘院，"绍兴（1131—1162）中僧智性创……（智性）请于府，移江北安昌乡灵秘废院额。智性年九十余，精神犹不衰，犹能领院事，淳熙十六年（1189）九月，准尚书礼部符甲乙住持"[71]。

在广泛赐额的同时，有的佛寺还得到了特殊的护持。建于晋义熙三年（407）的云门寺，宋太宗于淳化五年（994）诏改"淳化寺"，绍兴十八年（1148）宋高宗又赐御书"传忠广孝之寺"额。建于北宋至道二年（996）的天章寺，宋太宗当年即赐"天章寺"额，天圣四年（1026）宋仁宗又赐御书"天章之寺"额，绍兴八年（1138）宋高宗赐御书《兰亭集序》，淳熙十年（1183）宋孝宗诏重建御书阁以奉安仁宗皇帝。建于南朝宋元徽元年（473）的宝林寺，绍兴七年（1137）改名报恩广孝（又名光孝）禅寺，寺奉徽宗香火。

敕赐御书匾额给佛寺，始于晋代，南朝隋唐亦有，而如两宋之盛，则实在是前所未有，虽或有过滥之嫌，然亦说明宋时朝廷对佛教之护爱有加，绍兴佛寺与皇家宗室之关系十分密切。

二是功用广众。

宋元时，始于六朝的城隍、土地和龙王崇拜在绍兴得到了进一步发展，出现了大批城隍庙、土地庙和龙王庙。它们与佛教寺院和平相处，互相影响，使佛、道、儒三家观念又找到了一个新的结合点，从而壮大了稳定社会基层的信仰力量。

城隍崇拜的兴盛与城市的发展成正比，表达了祈求城市安宁的愿望。土地神崇拜的兴盛与绍兴人多地少的矛盾相符合，旨在祈求一方平安与农业丰收。龙王崇拜与绍兴作为水乡泽国相关联，目的是祈求风调雨顺，因为越地先民"常在水中，故断其发，文其身，以象龙子，故不见伤害也"[72]。有的佛寺，还将与这些神祇有关的神迹作为特色来吸引信众。嵊县龙藏寺"旧号龙宫院，有巨井深浚，水色绀寒，疑有蛟龙居焉。又有老松如龙，数百年物也"[73]。不过，这些专门神庙的规模一般都较小，如会稽的显宁城隍庙仅有"一僧掌香火"[74]。

这时的寺院，社会化的功能进一步强化，用途日益繁多，反映了佛教的加速世俗化，这是与包括绍兴在内的江南经济的发达相关联的。有的寺院，作为读书讲习之处，寄厝棺枢之地，隐士避世之居，行人旅宿之舍。有的甚至成了生死二途的共同旅舍，如有个名叫唐信道的人，"宣和五年（1123）自会稽如钱塘，赴两浙漕试，馆于普济寺。寺后空室有旅梓，欲观之"[75]。由此看来，庄严的寺院已经成为人们生活中的一个繁忙的联结点。

三是寺产广大。

这时，寺产规模空前扩大，寺院经济空前繁荣。这样的结果是，一方面，寺院因有了稳定的经济来源而使佛教更加繁荣；另一方面，也使佛教的世俗化进程加快了。

寺产多为房、田、地、山、荡，来源或为朝廷所置，或为官绅所捐，或为百姓所资。云门寺曾有田地300余亩。天章寺朝廷供田1000亩。宝林寺宋孝宗乾道间（1165—1173），置田5000亩，寺宇、佛像之藻绘尤盛。嵊县普安寺宋景祐二年（1035）赐额并置御田800亩、山60亩。宋淳熙十三年（1186），承节郎（宋代五十三阶武臣官阶中之第五十一阶）河北薛纯一"以家所有山阴田千一百亩，岁为米千三百石有奇，入大能仁寺（建于晋时，在府城）"[76]。元代本立大师，"竭其心思，不惮劳勚"二十余年，建成绍兴路至大报恩接待寺，"买田千亩以充饥餐之需，买山五百余亩以供薪樵之用"[77]。

另外，始于东吴时的舍宅为寺，到宋时，发展成为一种较为普遍的作为家庙延伸的坟寺。这是建造在家族茔地附近，并为其照料坟墓的寺庙，是"欲先世流泽常在子孙，使坟墓永有荫托"[78]。法云寺是陆游五世祖——光禄大夫、太子太保陆仁昭的功德院。雍熙院和宝山证慈寺均为陆游祖父——尚书左丞陆佃的功德院。天衣寺曾为宋孝宗子魏惠宪王的功德坟寺，南宋末僧福闻"乃魏宪靖王坟寺守僧也"[79]。

与此同时，还出现了权贵指射民间寺庙为自家功德坟寺的现象。黄敏枝认为，"功德坟寺的发展结果，出人意表"，使"寺院已完全丧失其独立自主权，而俯首听命于权贵阶级，受他们摆布。权贵阶级在指射寺院为坟寺之后，无不视之为私产，有如新置一庄，一针一草皆为私物"[80]。不过，将佛寺转为坟寺，对佛教来说，也非全然就是坏事。从一个角度而言，这也有利于佛寺处于权贵强有力的保护之下，甚至得到额外好处。如会稽报恩广孝禅寺（初名宝林寺），"绍兴初以濮安懿王园庙寓焉。郡守汪纲以钱十万令寺僧重加葺修，于是庭宇益整肃焉"[81]。

张弓认为，"舍宅为寺，移产入释，名为无上功德，实则含有借释荫产的明显动机"[82]。同时，由于拥有财产权，也很容易衍生出施主对住持的任命权。这种情形，现在似乎又在重演了。历史真是有着惊人的相似之处。

四是诸宗广传。

这一时期，佛教的主要宗派继续在绍兴广泛传播。

弘扬华严宗的，在宋时，有慧定（1114—1181），山阴人，师从道隆、师会、景从，尽得其说，曾住戒珠寺、石佛妙相寺，著有《金刚经解》《法界观图》《会三归一章》等，皆盛于世。有子猷（1121—1189），山阴人，师从师会，博尽所疑，于百家之书，无所不读，佛教诸宗，莫不究探，以佐己说，住石佛妙相寺二十余年。元代，有春谷弘华严于景德寺、宝林寺。其弟子大同终身弘扬华严，被视为华严正宗传人，信徒广众，同时扶植他宗，毫无猜忌，元至正（1341—1368）初，受赐"佛心慈济妙辨"之号。特别是相当部分士大夫也接受了华严思想，并积极支持建设华严教寺。绍兴"府东五里华严寺"重建时，其记文由"中大夫宝章阁侍制邑人陆游撰"[83]。陆游是一位佛教爱好者，他的诗文中有大量这方面的内容。如在《家世旧闻》卷下记邵成章言云"元符（1098—1100）、建中（1101）之间，蔡京以宫官居浙，中宫遣（童）贯诣天竺祷观音求嗣"。这是一条重要的史料，中宫遣使"祷观音求嗣"到杭州的天竺而不去普陀山，说明北宋末年普陀山尚未因观音而成名。

天台宗在绍兴府的传人，在宋代，有指堂，会稽人，善诗文，工书法；宋光宗绍熙元年（1190）住持天台国清寺，时称"治山法师"；与朱熹等交游；有《指南集》行世。有仲休，被誉为"紫衣海慧"。元代，有性澄（1265—1342），会稽人，曾应召入京，奉旨校正《大藏经》，宠赉优渥，赐号"佛海大师"并赐无量寿佛等经及金襕衣；至元间（1264—1294），奏请收回为禅宗所占的国清寺，恢复台宗根本道场。有弘济（1271—1356），悉通台宗玄义，连性澄也延请其分座说法，曾与高昌国般若空利共译《小止观》。有允若（1280—1359），弘法于云门寺、圆通寺。有善继（1286—1357），弘法于灵秘寺。有元静（1312—1378），弘法于长庆寺、天衣万寿禅寺。

禅宗在唐末分出五家后，曹洞宗在绍兴的弘传者有天衣寺法聪禅师、超化藻禅师，临济宗有云门寺显庆禅师、姜山方禅师和石城宝相寺的显忠禅师，沩仰宗有清化禅院全怣，法眼宗有开创者文益弟子德昭的法嗣希辩、道圆等，云门宗主要有北宋天衣寺义怀及其弟子天章寺元善禅师、云门寺灵侃禅师等。

佛教宗派在中国民间影响最深最广的，是净土宗，绍兴同样也是如此。可以说，阿弥陀净土、弥勒净土思想影响着、吸引着无数的信众。出现这种情况的原因，一是净土思想给人以最形象、最重要的终极关怀；二是"借他力"，即主要不是依靠自己的修行，而是借众佛、菩萨的慈悲弘愿来渡苦海，达彼岸，往生西方极乐世界与兜率天国；三是"易行道"，即不用苦苦坐禅和悟解佛义，只要通过做功德和称念佛、菩萨的名号等行为即可获得正果，系念其简而证果甚速。在这种理论影响下，宋时，禅宗、律宗、天台宗、华严宗弘扬者多兼修净土。天衣寺禅师义怀倡导"禅净双修"，认为"若言无净土，则又违佛语"[84]。这种顺应众生通过简便途径往生净土心理的主张，不但为众生接受，也为寺僧接受，从而使禅宗得到了更好的弘扬，义怀本人也因此于宋徽宗崇宁（1102—1106）中，赐谥振宗禅师。净土宗于是风行绍兴，影响广泛，并逐渐融会诸宗，成为实际上的绍兴共宗、天下共宗。

应当说，宋元时期绍兴佛教的兴盛，是与诸帝护持佛教这个大背景紧密相关的。宋太祖派沙门行勤等去印度求法，还使内官张从去成都雕大藏经版。元世祖"崇尚释氏"，将以密教为骨格的西藏佛教——喇嘛教作为国教，把帕克思巴（又称八思巴）"尊为国师，授以玉印"，委密僧杨琏真伽"江南释教总统"之要职[85]。元代还实行"正使而下，必以僧为副使……帅臣以下亦必僧俗并用，军民皆属统理"[86]的僧官制度。这一制度，赋予僧人很大的权力，这固然有利于佛教的发展与统治的巩固，但另一方面，也直接导致了"僧徒贪利无已，营结近侍，欺昧奏请"[87]。可以说，这也是至元二十二年（1285）八月和十一月，震惊国人、史上罕见的杨琏真伽先后盗掘宋宁宗、杨后、理宗、度宗、徽宗、郑后、韦后、高宗、吴后、孝宗、谢后、光宗及元祐孟后等七帝六后十三陵[88]及大臣冢墓事件的制度祸根。他"发掘故宋赵氏诸陵之在钱塘、绍兴者及其大臣冢墓凡一百一所；戕杀平民四人；受人献美女宝物无算；且攘夺盗取财物，计金一千七百两、银六千八百两、玉带九、玉器大小百一十有一、杂宝贝百五十有二、大珠五十两、钞一十一万六千二百锭、田二万三千亩；私庇平民不输公赋者二万三千户"[89]。他甚至"下令袤陵骨，杂置牛马枯骼中，筑一塔压之，名曰镇南"[90]。在这一事件中，山阴天衣寺僧福闻、允力，会稽泰宁寺僧宗恺、宗允，剡僧演福，扮演了极不光彩的角色，因而被永远地钉在了历史的耻辱柱上。

五

世俗。

明（1368—1644）、清（1644—1911）两朝的绍兴佛教，大众化、社会化、世俗化成了主流。特点有五：

一是浅显诸宗义理。

这一时期，净、禅、天台诸宗在绍兴继续弘传。

弘传净土宗的，明代，有会稽的明证（1544—1593）、上虞的如清（？—1583）、嵊县的法祥（1532—1610）、诸暨的大勖（？—1649）。清代，有山阴大云坊大悲道场海湛（？—1656），山阴兴教寺（今云栖寺）、会稽称心资德寺僧智铨，会稽籍僧广志（？—1763）。

天台宗传人，有山阴天衣寺僧元瀞、会稽籍僧岱宗、会稽东塔寺僧易庵（1523—1595）、山阴籍僧志若（1554—1617）和大善寺僧妙宣等。

禅宗五家中的曹洞宗传人圆澄（1561—1626），会稽人，主张"以心统摄融会禅教净律"，被誉为明代曹洞宗"中兴祖师"。他与弟子先后住持的会稽显圣寺，曾有寺舍242间，僧人200余人，拥有大批历代佛经、字画、法器和其他珍贵文物，被称为曹洞宗的"中兴道场"。临济宗传人圆悟，在吼山化城寺弘法，皈依者逾3万，法嗣12人，以道忞为最。道忞（1596—1674），明末曾住持山阴大能仁寺。清顺治十六年（1659），奉诏进京，赐号"宏觉禅师"。康熙五年（1666），奉敕在绍兴化鹿山建平阳寺，曾血书《法华经》一部。乾隆年间（1736—1795）绍兴人弘礼（1720—1787）大开法门，雷震海内，重振临济宗。

曹洞宗与临济宗，于绍兴出现中兴局面，在中国佛教史上留下了重要一页。而这次中兴与宋元时出现"禅净兼修"局面的根本原因，都在于针对民众的思想心理来宣传佛教义旨，在于教义的浅显易懂，深得在俗众生的欢迎。这就极大地促进了佛教知识、佛教信仰的普及，从而为佛教赢得了更为广泛、深入的社会基础。其实，对于其他的理论、学问、思想来说，又何尝不是如此呢？

二是庵舍数量大增。

清末，绍兴有寺院584座，而庵舍之多，竟达2183处，其中绍兴县（含越城区）1359处，上虞178处，嵊州387处，新昌238处，诸暨21处[91]。"庵舍最多的绍兴县（含越城区），总共才1115个行政村，几乎每个村子都有庵舍，大一些的村子有四五处"[92]。这些庵舍，多为家庵，为官绅或有钱人家以舍宅、合资或独立形式而建，如绍兴县平水孤竹庵为王思任家庵、梅墅香琳庵为祁彪佳家庵。家庵成因复杂，但至少说明一点，佛教世俗化已经成为民众的一种普遍需求。

咸丰十一年九月二十九日（1861年11月1日），太平军攻克绍兴后，"专以烧毁庙宇耀耳目……夜间城外望之，照耀如昼"[93]。"铜佛钟磬之类，也均在毁废之列"[94]。毁坏的寺庵地方志上有明确记载的，就达55处之多，而实际当然远不止此数。同治二年正月二十日（1863年3月15日），太平天国军撤离后，毁坏的寺庵大部分很快又得到了修复重建，这从另一角度说明了佛教世俗化的力量。

三是士人佛教兴盛。

僧人与士大夫的"交往东晋时已十分频繁。唐宋以后又发展成著名的居士佛教"[95]。明清时，绍兴的居士佛教十分兴旺，他们自觉修行，著书立说，极大地推进了佛教的普及化与世俗化，正所谓"释迦的文教，其译于中国，必托于儒之能言者，然后传远"也[96]。会稽歇庵居士陶望龄（1562—1609），进士出身，授翰林学院编修，晚年受菩萨戒，以布衣蔬食终身，著有《放生解惑篇》、《宗镜广删》10卷、《歇庵集》20卷。山阴云来居士王应遴（？—1645），著《慈无量集》4卷。山阴王野，著《五灯集要》。高咏著《金刚经随说》。骆印雄著《心经集解》

《心经白话浅解》《净土三要述义》《胜莲华室漫录》。董金鉴著《西斋净土诗》。

明代绍兴居士尤以研究《楞严经》闻名，可以说是盛况空前，成果卓然，瞩目全国，引领海内。如会稽居士王舜鼎，官工部尚书、太子太保，精研佛学，著《楞严妙指》10卷。会稽徐廷槐，著《楞严评》。山阴祁骏佳，著《首楞严经旁训》。特别值得一提的是，徐渭从"疑佛谤经"，到"持诵功德"，中年后对佛教亦颇多研究，居然以一位名士而非居士的身份，写出了数篇颇有"新意"的《首楞严经解》，还著有《金刚经序》、《金刚经跋》等佛学文章[97]，实在是士大夫推动佛教世俗化的极好佐证。

明清时，有大量的逃避政治、仕途失意或忠君爱国者，加入了僧人队伍，"使得江南产生了新的僧侣群体"[98]，我们不妨称之为名士僧人。绍兴在这方面也很有代表性。这些人文化素质高，精通儒学，又仍然有着忘却不了的政治情结。明"靖难之变"后，"会稽有二隐者：一云门僧，二若耶溪樵。僧每泛舟赋诗，归即焚之。樵每于溪沙上以荻画字，已，辄乱其沙。人有疑之者，从后抱持观之，则皆孤臣去国之词也"[99]。而"贯串经范，旁通儒典"的山阴僧傅洽，"靖难兵起，傅洽为建文君（即建文帝朱允炆）设药师灯，忏诅长陵（即朱棣）；金川门开，又为建文君薙发。长陵闻其事，囚之十余年"[100]。陈洪绶（号老莲）在清兵陷浙东后，即去云门寺为僧，并自号悔迟，以明其志。这些文人，以这种方式来反抗社会现实，实现自身价值，当是可歌可泣的。相对于居士佛教，我们不妨称之为名士佛教。

四是多重信仰相融。

这种相融，既表现为不同民间信仰之间，也表现为不同宗教信仰之间，还表现为民间信仰与宗教信仰之间，呈现出了相安无事，相得益彰，各得其所，五彩缤纷的景象。

普通百姓家，一般是门口奉门神，堂前奉祖宗，退堂奉财神，偏屋奉观音，灶间奉灶君，堪称五位一体。

寺观里边的情况，也是如此。嵊州金庭观，传为王羲之五世孙王孟平舍宅而成，南朝齐帝萧道成赐名，后人在观内三清殿外，又增设佛殿，还将原书楼改为祭孔用，使之成了道、释、儒融为一体的场所。嵊州天竺寺，始建于五代后晋天福七年（942），几经废兴，至清末，"中供原有铁铸文佛，并新刻阿弥陀佛及观音大士像各一尊，旁塑南北星君、三官大帝。并组织南北斗会，每逢大士、南北斗、三官神诞期，虔诚礼忏，普超一切为定规。另设各姓祖先堂，以为立碑纪念之所"[101]。

绍兴这种信仰上的多元性与兼容性，是历史形成的，是绍兴地方民俗风情文化的生动反映，是经济社会政治的现实写照。

五是紧贴社会生活。

佛教的世俗化，宋代就已经十分明显的了。明清时，佛教的世俗化，进一步表现为紧贴社会生活、热心地方公益。这种情况的加剧，一方面与佛教之因果报应和福田思想有密切的关系；另一方面也是与佛教寺院之大众化与社会化互为因果的，表明了佛教社会功能的加强。

佛教的社会功能，何兹全分为劝化人民、对人民之保护与教育、救济贫穷三类，全汉昇则分为济贫赈灾、治病、戒残杀、慈善事业的宣传四类[102]。大体而言，佛教的社会功能，可分为教化与慈善两大类。绍兴佛教的教化与慈善作用，主要表现在四个方面：

有影响曲艺的，集中表现为佛教的梵呗唱导，通过采摘各种音乐素材而成为民间音乐曲艺，使之走上了地方化、民歌化的道路。早在唐以前，就已"世有法事，号曰荷花；通引皂素，开大施门"[103]，具体地指出了民间化的佛调。"我们不知道它和后来唱遍江南的莲花落究竟关系如何，但莲花落之类的民间曲调中有着佛教音乐的渊源却是毫无疑问的"[104]。这样的结果，对佛教而言，无疑是宣传了教义，扩大了影响，加快了大众化。

有慈善救难的，集中表现为寺院出钱出力出物，修桥铺路、兴修水利、赈灾济贫、施茶施医、施粥赈饥等。

有助教兴学的，集中表现为田产作膏火费及科举路费与书塾公费，房屋作校舍、书院，甚至僧团直接办学。明万历二十一年（1593），上虞知县杨为栋搜集寺田、以山换田计251亩多，全部作为学田充入县学，被称为"旷代未有"之举[105]。清光绪二十五年（1899），会稽上灶大阐寺寺田63亩，充入稽山书院。至清末，山阴、会稽府城的天王寺、柯桥融光寺等寺院兴办的学堂多达30余处[106]。

有影响乡俗的，集中表现为民间的风俗习惯上。如本属僧尼戒杀生而不吃荤的戒律，演变为普通民众中的"吃素"风俗。每年农历七月十五，佛教超度历代宗亲的"盂兰盆会"，演变为民间的做"七月半"[107]。还有一种叫做去寺院"寄名"、盼菩萨保佑的习俗，如鲁迅先生所回忆的那样，"有一个避鬼的法子，是拜和尚为师的，也就是舍给寺院了的意思，然而并不放在寺院里。我生在周氏是长男，'物以稀为贵'，父亲怕我有出息，因此养不大，不到一岁，便领到长庆寺里去，拜了一个和尚为师了"。这位叫龙祖的和尚，还给了少年鲁迅一个叫"长庚"的法名，一件"衲衣"和一根挂有历本、镜子、银筛之类的"牛绳"[108]。这类习俗，至今尚存，且大有蔓延加剧之势。

# 六

新生。

宗教的兴衰成败，皆在于民间。扎根于民间，宗教才有力量，才能兴旺成就。然而，民间也犹如一个大熔炉，如果不是精神上抱着强烈的、神圣的使命感，不是出自由衷的信仰与自觉，她也能将宗教的庄严与神圣融化掉。其实，这对于所有的理论、学问、思想来说，也都是一样的。佛教是这样，绍兴佛教也同样如此。明清佛教的世俗化，一方面，使佛教在民间获得了广泛的传播；另一方面，也导致了寺院佛教的衰落。

鸦片战争以后，由于战乱不断，社会动荡，经济萧条，民不聊生，更是加速了寺院佛教的衰落。为挽救衰落的局面，绍兴佛教界也采取了一些革新措施。如成立各县中华佛教会分会、佛教研究会。绍兴城区戒珠寺住持华智与居士骆印雄发起成立莲社，创办《大云》佛刊，还延请弘一法师讲经说法。

辛亥革命时，绍兴佛教界的一些爱国人士积极响应。开元寺住持魏峰变卖寺田百余亩，成立了僧团义勇队。绍兴女子北伐队、自治研究所、平民借贷所、同善局等，也以寺舍为阵地开展活动。

◇ 新昌大佛

民国初年，许多寺院庵舍改作乡公所办公。同时，绍兴城区龙华寺、绍兴县齐贤石佛寺等，"相继改办小学，总数约在100处以上，对绍兴教育事业发展起了很大的推动作用"[109]。

抗日战争爆发后，绍兴佛教界募缘集资，参与游行，支持抗日救亡运动。1941年4月，日军侵占绍兴时，绍兴天章寺、显圣寺、普照寺，诸暨五泄寺，嵊县下鹿苑寺等大批寺庵被日军焚毁殆尽。日军的烧杀抢掠，使绍兴佛教一蹶不振。

1949年新中国成立后，绍兴佛教与全国一样，"从奄奄一息的状态中得到复兴和发展，宝镜重光，法炬复燃，像设严饰，气象万千。尤其是1979年以来，一切恢复整顿工作顺利进行"[110]。2000年底，全市共有登记佛教活动场所203处，僧尼200余人，列为省、市（县）各级重点文物保护单

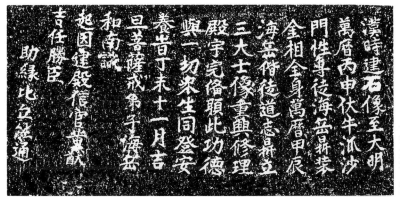

◇ 僧海岳和南题记

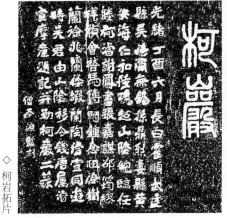

◇ 柯岩拓片

◇ 云骨拓片

位的寺院、佛像、佛塔、碑记18处。至2013年8月，全市登记佛教活动场所增加至260处，僧尼增加至407人；列为各级重点文物保护单位的寺院、佛像、佛塔、题刻增加至55处，占了全市重点文物保护单位总数的13.9%。这些文物保护单位，越城区有4处，绍兴县有18处，诸暨市有8处，上虞市有8处，嵊州市有8处，新昌县有9处。其中，绍兴县的舜王庙、柯岩造像及摩崖题刻，诸暨市的东化城寺塔，上虞市的

◇柯岩大佛

曹娥庙，嵊州市的崇仁村建筑群——伟镇庙，新昌县的大佛寺石弥勒像和千佛岩造像，被列为国家级重点文物保护单位，占了全市国家级重点文物保护单位的20%；越城区的大善塔，绍兴县的大王庙，诸暨市的枫桥大庙、藏绿乡土建筑——霞堂庙，嵊州市的城隍庙及溪山第一楼，新昌县的沃州山真君殿大殿与配殿，被列为省级重点文物保护单位，占了全市重点省级文物保护单位的10%。

中国共产党第十八次代表大会报告提出，要"全面贯彻党的宗教工作基本方针，发挥宗教界人士和信教群众在促进经济社会发展中的积极作用"。要"建设优秀传统文化传承体系，弘扬中华优秀传统文化"[111]。

佛教是当今世界信仰人数最多的一大宗教，是人类精神天空中的一大彩虹，是中华传统文化的一大支柱。赵朴初先生曾经有言，"作为灿烂的民族古典文化的绚丽花朵，作为悠久的东方精神文明的巍峨丰碑，中国佛教必将随祖国建设事业的发展而发展，并在这一伟大事业中，为庄严国土，为利乐有情，为世界人类的和平、进步和幸福做出应有的贡献"[112]。

◇云骨石

我也深信，作为为中国佛教的发展做出了独特贡献，在中国佛教史上独放异彩的绍兴佛教，必将随着中国佛教的发展而发展，继续做出独特的贡献，更加放出独异的光彩。

中国佛教的前途无限光明。

绍兴佛教的前途无限光明。

> 2013年8月31日、星期六；9月1日、星期日，7日、星期六，8日、星期日，19日、星期四、中秋假期第一天，21日、星期六、中秋假最后一天，28日、星期六；10月4日、国庆假日，断断续续撰写于寓所。10月26日、星期六，27日、星期日；11月3日、星期日，断断续续校改于寓所

## 注释

1 3 8 17 33 34〔南朝·梁〕慧皎《高僧传》之《安清传》、《康僧会传》、《安清传》、《慧基传》、《竺道壹传》、《竺法潜传》，中华书局1992年版。

2 96〔南朝·梁〕僧祐《出三藏记集》之《支谦传》、《康僧会传》，中华书局1992年版。

4 24 37 69 91 92 109 《绍兴佛教志》，浙江人民出版社2003年版，第157页、5页、6—7页、10页、23—178页、14页、18页。

5 张恒《浙江嵊县发现的早期佛教艺术品及相关问题之研究》，《东南文化》1992年第2期。

6 〔日〕木田知生《江浙早期佛寺考》，《东南文化》1992年第1期。

7 参见上虞县文物管理所《浙江上虞江山三国吴墓发掘简报》，《东南文化》1989年第2期；阮春荣《早期佛教造像的南传系统》，《东南文化》1990年第1、2、3期；蒋明明《佛教与六朝越窑青瓷片论》，《东南文化》1992年第1期；周燕儿、蔡晓黎《绍兴县出土的六朝佛教题材青瓷器》，《东南文化》1992年第2期。

9 10 11《秦〈会稽刻石〉考论》，西泠印社出版社2011年版，第22页、23页、23页。

12《隋书·地理志下》"扬州"条。

13 钱大昕《十驾斋养新录·沙门入艺术传始于晋书》。

14 〔日〕镰田茂雄《简明中国佛教史》，上海译文出版社1986年版。

15 《宋书·蔡廓传·蔡兴》。

16 29〔唐〕白居易《沃洲山禅院记》，收入宋高似孙编纂的《剡录》卷五。

18 32《南史》之《何尚之传·何胤》、《夷貊传·天竺迦毗黎国》。

19 汤一介《从印度佛教传入中国看研究比较哲学、比较宗教学的意义》，《中国哲学》第八辑。

20 汤用彤《汉魏两晋南北朝佛教史》，中华书局1963年版。

21 43 44 45 46 47 48 58 103〔唐〕道宣《续高僧传》之《慧皎传》、《灌顶传》、《吉藏传》、《智凯传》、《法敏传》、《智顗传》、《灌顶传》、《慧虔传》、《杂科声德篇论》，见《高僧传合集》，上海古籍出版社1991年版。

22 35〔唐〕法琳《辩证论》。

23 〔唐〕杜牧《江南春》。

25 张伟然、顾晶霞《中国佛寺探秘》，长春出版社2007年版，第130—133页。

26 陆广微《吴地记》"通元寺"条。

27 《南史·孝义传（上）·会稽陈氏三女》。

28 张述坼《六朝思想史》，南京出版社1992年版，第48页。

30 《晋书·简文三子传·会稽文孝王司马道子》。

31 《宋书·夷蛮传·天竺迦毗黎国》。

36 张国刚《佛学与隋唐社会》，河北人民出版社2006年版，第98页。

38 李映辉《唐代佛教地理研究》，湖南大学出版社2004年版。

39 李映辉《唐代佛教寺院的地理分布》，《湘潭师范学院学报》1998第4期。

40 77〔清〕嘉庆《山阴县志·肇兴庙碑记》、《绍兴路至大报恩接待寺记》，绍兴县修志委员会民国25年刊本。

41 《唐律疏议》卷七"诸称'道士'、'女官'者，僧、尼同"条。

42 50 59 62 63 70 71〔宋〕嘉泰《会稽志》卷七"山阴县大庆尼寺"条、卷一一《高僧·大珠慧海传》、卷八"嵊县法性院"条、卷八"开元寺昭庆戒坛"条、卷七"山阴县慈恩寺"条、卷七"府城观音教院"条、卷七"山阴县灵秘院"条。

49 60 95 98 104 严耀中《江南佛教史》，上海人民出版社2000年版，第154页、172页、15页、368页、301页。

51 52 54 55 57 64 66〔宋〕赞宁《宋高僧传》之《道岸传》、《玄俨传》、《昙一传》、《澄观传》、《智藏传》、《虚受传》、《灵一传》，中华书局1987年版。

53 〔日〕真人元开撰、梁明院校注《唐大和上东征传》，广陵书社2010

年版，第43页。

56　〔新罗〕崔致远《唐大荐福寺故寺主翻经大德法藏和尚传》。

61　〔宋〕高似孙《剡录》卷八"惠安寺"。

65　参阅竺岳兵主编《唐诗之路综论》，中国文史出版社2003年版。

67　〔日〕《元亨释书》卷一。

68　《建康实录·孝宗穆皇帝》"永和三年（347）十二月"条。

72　《汉书·地理志下》"越君封于会稽，文身断发，以避蛟龙之害"条，
　　应劭注。

73 74 81　〔宋〕宝庆《续会稽志》卷三"嵊县龙藏寺"条、"城隍显宁庙"
　　条、"报恩广孝禅寺"条。

75　〔宋〕洪迈《夷坚志·乙志》卷一〇"余杭宗女"条。

76　〔宋〕陆游《渭南文集·能仁寺舍田记》，中华书局1976年版。

78　〔宋〕叶适《水心文集·郭氏种德庵记》。

79　〔明〕邵景詹《觅灯因话·唐义士传》。

80 102　黄敏枝《宋代佛教社会史论集》，（台北）学生书局1989年版，序
　　言、第435页。

82　《汉唐佛寺文化史》卷上，中国社会科学出版社1997年版，第210页。

83　〔清〕乾隆《绍兴府志·宋重建华严寺记》。

84　《高僧传合集·新续高僧传四集·义怀传》，上海古籍出版社1991年版。

85 87 89　《元史·释老传·八思巴》。

86　〔清〕《续通志·帕克思巴传》，浙江古籍出版社2000年版。

88　〔清〕西吴悔堂老人《越中杂识·陵墓》，浙江人民出版社1983年版。

90　〔明〕陶宗仪《南村辍耕录》卷四"发宋陵寝"条。

93　〔清〕会稽杨德荣《夏虫自语》，光绪七年大亭山馆丛书本。

94　〔清〕古越隐名氏《越州纪略》，光绪年间上海申报馆聚珍本丛书本。

97　〔明〕陶望龄《徐文长传》，《徐渭集·附录》，中华书局1983年版。

99　《明史·牛景先传·程济（等）》。

100　〔清〕钱谦益《列朝诗集小传·南洲法师洽公》。

101　嵊州《天竺寺碑记》。

102　何兹全《中古时代之中国佛教寺院》、全汉昇《中古佛教寺院的慈善
　　事业》，均载《五十年来汉唐佛教寺院经济研究》。

105　〔清〕光绪《上虞县志校续·学校·学产》。

106　民国《绍兴县志资料》（第一辑），广陵出版社2011年版，第二册第
　　7—14页。

107　任桂全总纂《绍兴市志·风俗·岁时习俗》，浙江人民出版社1996年版。

108　鲁迅《我的第一个师父》，《鲁迅全集》，人民文学出版社2005年
　　版，第6卷第596—597页。

110 112　赵朴初《佛教常识答问》，陕西师范大学出版社2006年版，第

197页。

111 胡锦涛《坚定不移沿着中国特色社会主义道路前进为全面建成小康社会而奋斗——在中国共产党第十八次全国代表大会上的报告》（2012年11月8日），《求是》2012年第22期。

# 瓷　源
## ——中国越窑青瓷简史

　　瓷器，在英语中与"中国"同为一词。这是因为，瓷器是由中国人最早发明的，西方人了解中国是从瓷器等开始的。

　　"瓷器应该说是在'四大发明'之外，中国对人类文化的又一重大贡献，而从越人的原始青瓷进展到著名的越窑青瓷，正是中国瓷器历史的主脉之一"[1]。

　　考古发现与文献记载表明，中国最早的瓷器是青瓷，以先秦越国中心故地而名的越窑，则是起源最早、规模最大、种类最全、纹饰最繁、烧制时间最长、影响最为广泛深远的青瓷窑系。越窑青瓷的诞生，在人类发展史上具有开天辟地的意义，她的成长与壮大，有力地促进了人类的文明与进步。而在这其中，越地、越人实在是功德无量、功不可没的。

### 第一节　源头——新石器时代
#### （距今约10000年—4000年）的越陶

　　1—1　于越，是远古时期生活在太湖和钱塘江流域的古老的民族。越国，是于越族以会稽（今浙江绍兴）为中心建立的国家[2]。这个地处中国东南一隅的于越国，曾一度成为春秋战国之际的霸主，更以其辉煌的文化而为中华文明做出了不可或

缺的贡献，陶器的发明便是其中之一。

　　于越人活动的踪迹，今日可知的最早时间，大约在距今45万年前的旧石器时代（约170万—10000年前）[3]。

　　1—2　于越人创制的陶器，今日可知的最早时间，大约在距今9000—11000年之间的新石器时代的早期。这一点，已经被在2006年6月召开的"全国第四届环境考古学大会暨上山遗址学术讨论会"上，正式命名为"上山文化"的浙江省浦江县上山遗址中出土的陶器实物以及栽培稻遗存所证明[4]。这里出土的陶器，烧造温度低，多厚胎，多素面红衣，多大敞口、小平底、外腹附粗圆桥形纽盆形，多夹炭，夹炭陶片表面或胎中多有稻谷壳或印痕。由此也可得出结论，"上山遗址是迄今发现年代最早的保存丰富栽培稻遗存的新石器时代遗址，证明了长江下游地区是世界稻作农业的最早起源地之一"[5]。陶器是人类创造的最早的生活工具，是古代人类第一次改变自然的发明创造，越民族无愧为富有发明创造力的伟大民族。

于2005年考古发掘，在距今约10000—8000年的浙江省嵊州市甘霖镇上杜山村小黄山遗址，出土了数百件陶器及陶件。这些新石器时代早期的出土器物表明，越人的制陶技术有了相当的水平，所制陶品已经出现了胎壁变薄、器类变多、盆的器形变小、釜罐的器形变大、夹砂灰陶为主、绳纹彩绘装饰流行等趋势[6]。

1973年、1977年两次进行考古发掘的浙江省余姚县河姆渡文化遗址，属于新石器时代的中期，距今约7000—4700年，证明"长江下游是我国早期文明的另一个中心"[7]，"长江流域也是中华文明的发祥地"[8]。其中出土的器物，以陶器数量最多，完整器与复原器多达1695件，陶片20余万片。这些陶器，多为夹砂陶；器型已囊括釜、甗、灶、鼎等炊器，罐、盆、钵、盂、贮火尊等盛贮器，盘、豆、觯等食器，带嘴器、杯、垂囊式盉等饮器；造型与花纹装饰也丰富多彩，特别是出现了现在人们仍在使用的有蒸笼作用的陶甗与三个支座的陶灶，既方便了人们的生活，改善了人们的生活质量，更表明当时的制陶水平又跃上了一个新的台阶[9]。而"河姆渡的原始居民，很可能就是春秋于越部族的祖先"[10]。"河姆渡文化就是一种先越文化"[11]。

2004年11月至2005年1月发掘的浙江省绍兴县杨汛桥镇寺前村遗址，属于晚于"河姆渡文化"的"马家浜文化"。这里出土了约6000年前的陶器，主要有夹砂红陶双目式圆锥足鼎、泥质红陶牛鼻耳平底罐、泥质红陶大喇叭圈足豆等，陶鼎口沿下多有鸡冠状把手，表面多为素面红色。

1936年在浙江省余杭县良渚镇附近发现，1959年被考古学界命名的"良渚文化"，距今约5300—4000年。这时的陶器，质地以夹细沙的灰黑陶和泥质灰胎的黑皮陶为主，已普遍使用轮制，胎壁厚薄均匀，器形规整，器面打磨光滑，开始出现云雷纹、重菱纹和排针状的戳印纹。其在绍兴范围内的遗址，主要有嵊州的孙村、朱孟村，上虞的五星村、马慢村、乌竹林等[12]。其中，1983年在当时的绍兴县马鞍镇马鞍山北坡下发现的凤凰墩和仙人山遗址，经过1984年、1985年两次发掘，在前处发现了夹砂红陶、泥质灰陶和泥质黑皮陶三种陶器，距今约4000多年[13]；在后一处发现了距今约5000—3500年的夹砂红陶鱼鳍形鼎、绳纹形鼎，泥质灰陶圈足盆、罐，泥黑皮陶镂孔竹节把豆等陶器[14]。

1—3 总体而言，新石器时代的越陶制作，经历了从不成熟向成熟的发展过程[15]。

从选料来看，是由粗放到精细。最初是作为越地陶系源头的夹炭陶——在陶土中羼入一定数量的植物茎叶碎末或谷壳等，以防止焙烧时破裂、变形。后来发展成越地持续生产时间最长的夹砂陶——在陶土中掺入一定比例砂粒，既防止焙烧时开裂变形，又有较好的耐高温性能，故多作炊具。随着技术的进一步提高，又出现了泥质陶——选用地表易熔粘土作为材料，再经捣碎、淘洗、捏练等程序处理，使所制陶器更加细腻光滑。

从制法来看，是由徒手到工具。先是最原始的泥片贴筑法——把捏出的一块块泥片，贴在预先编织好的类似篮子一样的模具上进行焙烧。大概到了新石器时代的中期，出现了泥条盘筑法——将拌制好的陶土搓成泥条，从器底依次盘筑成器形，有的较大器物，则用分段拼接与拍打加固。到了新石器时代的晚期，开始了慢轮修饰法——用有旋轮、荡箍、轴、轴承、复杆等组成的原始"陶车"，对陶坯进行修整、装饰。这一制陶史上的技术革命，有力地促进了制陶业的发展和第二次社会分工，具有十分重大的意义。

从装饰来看，是由简单到丰富。开始时，品种单一，质量低劣，刻划纹为主。后来，器类、器形逐渐增加，出现拍印绳纹等。到最后，品种更加丰富，器物在绳纹的基础上，增加了肩部堆纹、镂孔装饰，鼎成了越民的主要炊器。

1—4　陶器的发明，是继火的应用之后，人类发展史上又一次具有里程碑意义的大事变。它标志着人类从采集、渔猎的流动生活，进入到了从事种植、养殖的安定生活，为人类烧煮、饮食和盛贮食物提供了极大的便利条件，对人类的健康与繁衍起到了极大的促进作用。

## 第二节　滥觞——夏商周时期
### （约公元前21世纪—前256年）的几何印纹硬陶

2—1　几何印纹硬陶的名称，有两个方面的含义：一是指在陶器表面拍印有各种几何形的图案。与会稽铜镜相类似[16]，常见的有云雷纹、叶脉纹、方格纹、曲折纹等，它既是人类审美意识萌芽的体现，又是人类精神寄托加重的标志。二是指陶器的质地。它是陶工在烧制一般夹灰陶的长期实践中，总结吸取经验教训，选择含铁量高的粘土，并在完善制作成型工艺、改进陶窑结构、提高窑室温度的基础上烧制而成的。"是夏代以来越地最主要的日用陶器"，"在宁绍地区制陶业最终发展成制瓷业的过程中起过承上启下的作用"，"实际上就是成熟瓷的滥觞"[17]。"一系列考古发现证明，自几何印纹硬陶演化

而来的所谓'吴越青瓷'，应视为瓷器的直接前身"[18]。

2—2　在新石器时代末期的马鞍仙人山遗址中出土的印有条纹、方格纹、云雷纹、叶脉纹、编织纹等纹饰的陶器告诉我们，早在距今4000年左右的夏代，越地的几何印纹硬陶已初见端倪，勃然兴起[19]。

2—3　商代（约公元前16—前11世纪）是几何印纹硬陶的成熟时期。这时的生产已有相当规模，出现了专烧几何印纹硬陶的龙窑，窑址大多分布在会稽山北麓的低丘冲积扇上，以今绍兴市越城区、柯桥区、上虞区为最。代表性的有绍兴火车站遗址、今绍兴市越城区陶里壶瓶山遗址、新昌县蓝治遗址等。今越城区富盛镇长竹园发掘的一座古窑，依山而建，长约6米，内宽2.42米，具有容量大、抽力强、热利用高、能耗低的特点。在上虞樟塘的凤凰山西麓，还发现了迄今为止最为古老与完整的商代几何印纹硬陶专烧窑群，6座龙窑均沿山坡而建，窑温已达1200℃左右[20]。此时代表性的器型有陶里壶瓶山遗址出土的编织纹圆腹瓮、方正云雷纹深腹坛及敞口高领席纹罐等[21]。

2—4　西周（约公元前11世纪—前771）、春秋（前770—前476）时期，是几何印纹硬陶的鼎盛时期。这时，窑址进一步增加，遍及会稽山的北、西、东各地。代表性的有今绍兴市柯桥区平水镇东堡印纹陶遗址，今绍兴市越城区富盛镇万户印纹陶遗址、富盛镇倪家溇原始青瓷和印纹陶遗址、皋埠镇吼山原始青瓷遗址，诸暨市阮市镇柁山坞印纹陶遗址与下檀印纹陶遗址等。从这些遗址的考古发掘与出土物情况来分析，往往是几何印纹陶和原始瓷同窑合烧，且原始瓷占比不断加大，专烧几何印纹硬陶的数量明显减少。

这时的烧造水平又较前有了很大提高。在制作技术上，发泡变形减少，器形更趋规整，胎壁厚薄均匀，胎色较纯，没有加入掺和物，因火候较强致使烧结更加坚硬。

在纹样上，更为丰富，出现了绮丽多姿的模仿自然界及动物形象的图案。

在器型上，西周早中期具有代表性的有上虞凤凰山先秦第一期墓葬出土的云雷纹平底坛及带状曲折纹、云雷纹、深腹瓮等[22]；西周晚期至春秋初期，具有代表性的有大形体、无圜底的印纹坛、罐等贮盛器及豆、碗、盂、碟等原始青瓷食用器。

2—5　战国（前475—前221年）、秦（前221—前207年）、两汉（前206—25年，25—220年）时期，是几何印纹硬陶的衰落时期。这时，随着装烧技术的进一步改进，几何印纹硬陶与原始瓷混烧的现象已十分普遍。而且陶器的纹饰日趋单一，器型日渐减少。代表性的有绍兴东堡窑址[23]、绍兴漓渚战国墓[24]出土的弧肩鼓腹细方格纹及米字纹、席纹罐，鼓腹米字纹坛，圆腹方格纹坛。

至战国末，经考古发掘的窑址、墓地中，已很少出现几何印纹硬陶。1986年发掘的今绍兴市越城区斗门镇袍谷战国晚期遗址，印纹陶只占了出土陶器的9.8%[25]。今绍兴市柯桥区漓渚镇31座西汉至东汉末期的墓穴中，出土的几何印纹硬陶也只占出土陶器的9.6%[26]。这一情况更是说明，至汉代，几何印纹硬陶的生产已几近绝迹。

2—6几何印纹硬陶的衰落，一方面，是由于釉陶与原始瓷的兴起。战国末期，在几何印纹硬陶的生产过程中，出现了一种革命性的新产品——釉陶。它的技术更先进，实用性更强，既意味着几何印纹硬陶时代的基本结束，也意味着原始瓷质量的提高与成熟瓷出现的曙光。与商代、西周、春秋不同，这时的窑址改变了过去环越国都城集群分布的格局，出现了沿"山阴故水道"[27]逐渐东移的现象，从而为后来成熟瓷在上虞的诞生奠定了空间上的基础。釉陶与原始瓷表面光滑，釉色润泽，实际使用效果和视觉效果明显优于陶器，因此深受人们的喜爱。

另一方面，可能也与越被楚灭后，受楚文化的影响有关。1975年，绍兴上蒋凤凰山发现的两座战国木椁墓，共出土陶器25件，其中有楚式鼎、敦、壶等，而印纹陶仅2件[28]。"这种印纹陶急剧消失的原因，可能与楚军入越后，有意识摧毁越国民族工业，破坏陶瓷作坊有关"[29]。

## 第三节 初生——商周秦汉时期（约公元前16世纪—220年）的原始越瓷与东汉晚期成熟青瓷的诞生

3—1 制陶技术水平，尤其是几何印纹硬陶烧制技术水平的提高，表明先人在原料选择、窑炉改进、烧制温度等方面积累了丰富的经验，从而为原始瓷的创烧成功，提供了"万事俱备"的前提；而釉的发明，更是为原始瓷的创烧成功，提供了必不可少的"东风"。

3—2 瓷来源于陶，而陶不一定都能发展成瓷。陶与瓷，都用硅酸盐作为原料，都经过对原料的选择、淘洗、练泥、拉坯、成型、烧成等环节。因为这些共性，人们通常习惯称其为陶瓷。实际上，瓷与陶有四个明显区别：一是在出现时间上，前者迟，最早在东汉中晚期，后者早，新石器时代即已产生；二是在主要原料上，前者为高岭土或瓷土，后者为易熔粘土；三是在烧造温度上，前者高达1200℃，后者则在1000℃以下；四是在表面处理上，前者施釉光滑，后者无釉粗糙。

"原始瓷的烧造……当为南方长江下游地区的发明……原始瓷后来在长江下游地区逐渐改善，终于在汉末出现了瓷器，成为中国文明特点之一"[30]。浙江当是长江下游地区的重要代表，因为这里盛产瓷土原料，山区植被丰茂，柴薪充足。而且从考古发掘来看，今浙江的绍兴、湖州等地，也确实出土了大批商、周时期的原始瓷器。这就说明，以今绍兴为中心的越地，是青瓷的发源地。

3—3 商代（约公元前16世纪—前11世纪）是原始青瓷的初创时期。原始青瓷伴随着原料的精选、高温窑炉的出现和釉的发明而诞生，是制陶工艺向前发展的必然结果。釉是在瓷土的运用和高温窑出现后，早期瓷胎与几何印纹硬陶胎长期同窑合烧时，受高温陶胎"暴汗"的启发，经窑工们反复实践，配置而成的。釉的出现，给最初的原始素面瓷披上了美丽的外衣，实际上是为"越窑青瓷"这位新娘准备了嫁衣。

这时的原始瓷，与几何印纹硬陶同窑合烧。坯质较粗糙，器形少规整，胎釉易脱落。已知出土最早的越地原始瓷，是浙江东苕溪中游湖州南山商代原始瓷窑址发现的商代早期原始瓷豆残片[31]。从目前发现的原始青瓷烧制窑——当年吴越交界区的今湖州青山镇黄梅山商代窑址来看，主要器型有尊、罐、瓮、豆及簋、钵，多为圜底、凹底，外壁多素面，也有弦纹、绳纹、圆圈纹及沿用几何形印纹硬陶的方格、云雷等纹饰[32]。

3—4 西周时期（约公元前11世纪—前771年），是原始青瓷蓬勃发展时期。这时的原始瓷多与几何印纹硬陶同窑合烧，风格相近，比翼双飞，数量增多，质量提高。从浙江义乌平畴西周墓出土的情况来看，这时的原始青瓷用泥条盘成型后，再用转轮进行修饰，所以器物的上半部都较规整光滑。但施釉尚厚薄不匀，未及底。典型器型有豆、罐、盂、尊、盉、盘、碗等，纹饰一改商代以素面为主而渐趋多样，主要有弦纹、篦状纹、圆圈纹、云雷纹、禾苗纹、S形附加堆纹等[33]。

至西周晚期，原始瓷的数量与品种已明显超过了几何印纹硬陶，开始在人们的生活中扮演越来越重要的角色。

3—5 春秋时期（前770—前476），是原始青瓷以全新的面貌独立发展的时期。突出地表现为分布范围扩大，质量大幅提高，已经脱离了几何印纹陶的影响。从浙江北部德清县原始瓷第一类窑址[34]和绍兴陶里壶瓶山窑址[35]第三文化层出土的情况来看，器型除贮盛器外，尤以饮食器见多。造型明显具有越地青铜器的特点，精巧美观。成型采用泥盘加轮修的方法。装饰普遍、多样，常用刻划、拍印及堆贴等方法，新出现大量的S纹堆贴纹以及蟠虺纹、锥刻小C纹等纹样。施釉采用浸釉法，釉色较深。

这一时期越地原始青瓷的发展，很大程度上得益于越国推行的以"生聚"、"教训"为核心的耕战政策。

3—6 战国时期（前475—前221），是越地原始瓷的鼎盛时期。这时的制造技术取得了重大进步，器物大都由轮制成型，胎质较细，胎壁薄匀，施釉均匀，烧结坚硬，造型端正，样式繁多，品种丰富。从绍兴吼山原始瓷窑址[36]、德清原始青瓷窑第二类窑址[37]、诸暨柁山坞窑址[38]和绍兴富盛窑址[39]的出土情况来看，器型以碗、盘、盅等饮食器皿为主，其内底均有紧密的螺旋纹，外底有切割痕。

到了战国中晚期，原始青瓷胎质更细腻，器形更规整，胎釉结合得更好，器物种类更多，出现了仿青铜鼎、钟、句鑃、錞于等礼器、乐器、兵器、工具农具与盉、鉴、匜等酒具和水器，品种几乎涵盖了社会需求的各个方面。代表性的，有浙江余杭崇贤战国墓出土文物[40]、海盐出土文物[41]及绍兴出土文物[42]。

尤为引人注目的是，丘承墩特大型越国贵族墓出土的581件成组成套、造型规整、制作精良、工艺成熟的仿青铜器原始青瓷礼器、乐器和生活用器，以其高超的造型、施釉和烧造工艺成就，震惊了国内陶瓷学界[43]。

战国原始瓷在装饰上有两个明显特点：日常用器碗、罐等，素面、简洁或以拍印竖条纹饰；仿青铜礼器的明器，则纹饰丰富，尤其是戳印的小C锥刻纹及折线、旋涡、斜线等几何纹饰流行，耳、足部的装饰盛行。

3—7 秦汉时期（前221—220），是原始瓷风格发生重大变化和成熟瓷诞生的时期。这时的原始瓷，具有承前启后、受

中原文化影响的特征。

西汉（前206—25）早期，原始瓷的种类以鼎、壶、盒、瓿等大型器物为主，少见战国时期的盘、碗、钵、盅等小件饮食器皿[44]。其中的盒，圆形，子母口，上为圆鼓形盖，下为器身，两半扣合而成，底部有低圈足。这时大型器物的烧制，充分说明当时窑炉结构已较前大为改进，从而为成熟瓷的出现创造了重要条件。

西汉中期，器物种类以鼎、壶、罐为主，但器形有一些变化，趋精细实用，盒的数量减少，瓿还少量存在[45]，还出现了陶制的灶、釜、甑、井、仓、牛、马、羊、狗、鸡、猪圈和麟趾金等种类繁多的明器[46]。

西汉晚期，器物种类仍以壶、罐等大型器物为主，并伴有碗、盘等日用品[47]。器身以弦纹、水波纹或云气纹配以神兽飞鸟，线条流畅，画面生动，制作较精。陶质明器种类减少，仅见灶、釜、甂、麟趾金、五铢钱等[48]。

进入东汉（25—220），随着社会的恢复稳定和生产的向前发展，陶瓷业也出现了新变化。从越瓷主产区上虞曹娥江两岸30余处东汉窑址来看，器物烧制呈现出了由开始时的烧制陶器为主，到兼烧原始青瓷，再到陶瓷合烧，最终专烧瓷器的发展演变过程。这时，鼎、甂等礼器逐渐消失，代之以壶、罐、罍等实用器，同时还出现了臼等新器型和酱色釉器物[49]。臼的形状似杯，与当时的铜臼、石臼相似，形制很小，应是捣药的用具。酱色釉原始瓷，是因为其胎料中的含铁量比原始青瓷高，烧成后呈暗红、紫或紫褐色[50]。

东汉早期，各窑以烧釉陶为主，兼烧原始瓷。主要的器物为壶、罐、罍。其中的罍，器形较大，敛口，鼓腹，平底，口沿下饰有弦纹，腹部拍印梳状纹。

东汉中期，仍以釉陶生产为主，但原始瓷的产量明显增加，主要的器物有罐、罍、壶、碗、盆、洗以及钟、托盘、耳杯、五联罐、虎子等日用器。还出现了高层楼屋庄院和仓屋模型。其中的五联罐，上部为五个联壶形小罐，其中中罐较大；下半部为椭圆形大罐，罐上部壶形小罐旁堆塑熊形兽、小鸟、爬虫[51]。颈腹部堆饰有栩栩如生、充满异域情调的"胡俑"，既反映了中西交流、民族融合的实情，又体现了工匠们的艺术水平。其中的虎子，作虎站立咆哮状，遍身刻划虎毫，外施褐釉，用途有溺器、酒器、水器等说，以1972年1月上虞百官糜家岭出土者为代表[52]。房屋模型，设有庭、院、阁楼，主楼有高四层者，陶质为主，也有原始青瓷，多施酱褐色釉[53]。

东汉晚期，是成熟青瓷的诞生期。这时，上虞曹娥江两岸窑址达49处之多[54]。随着社会的发展，人们对物质生活的要求日益增多，粗糙厚重的原始瓷已不能满足他们的要求。在长期的陶瓷制作实践的基础上，东汉晚期对瓷器原料的选择、坯泥的淘洗、器物的成形、施釉直至烧成等技术，有了较大的改进和提高，为成熟瓷的出现创造了必要的条件[55]，终于完成了由原始青瓷向成熟瓷的过渡，烧制出了完善的青瓷器。上虞东汉窑址[56]、宁波玉缸山类型窑址[57]、宁波郭塘岙窑址[58]、奉化白杜汉熹平四年墓[59]、上虞凤凰山汉墓[60]及中国科学院上海硅酸研究所的科学检测说明，东汉晚期青瓷器在越地诞生，是确凿无疑的。科学测试和化验表明，这些地方出土的瓷器，瓷胎的显微镜结构与近代瓷基本相同，除胎釉氧化钛含量较高、瓷胎呈灰色外，其余均符合近代瓷标准。

成熟瓷是在原始瓷的基础上进化而来的，具有明显的继承与创新的特征。其生产数量较之于釉陶与原始瓷进一步增加，上虞四峰山窑群中大多已专烧青瓷。器物除日常生活用品用具外，还有专门用来陪葬的明器，说明瓷器产量的增加与人们生活水平的提高。纹饰简洁明快，淳朴大方，既有弦纹、水波纹等自然纹饰，也有麻布纹、窗棂纹等几何纹饰。装饰手法在沿用原始瓷拍印技术的同时，已较普遍采用刻划、模印、镂空等技法，还出现了粘塑与堆贴甚至压印等方法结合使用的新技法。

3—8 成熟青瓷，是一项开天辟地的伟大发明。"首次烧制成功的是越窑，从而使我国成为世界上发明瓷器最早的国家"[61]。宁绍平原是成熟青瓷的烧造中心与源头所在，而上虞则是这个中心的核心，这个源头的主源。从陶到瓷，从原始瓷到成熟瓷，其意义不亚于从猿到人。这是越人为人类文明作出的划时代的贡献。

## 第四节 兴起——三国两晋南北朝时期
## （220—589）的越窑瓷业

4—1 三国两晋南北朝时期的三百六十余年，是越窑瓷业蓬勃兴起的时期。这时，除西晋时外，江浙地区一直是江南的政治、经济、文化中心，也是越瓷的最大消费中心与聚族厚葬之地。由于南方政局相对稳定，北方士人、百姓纷纷南迁，在增加南方人口、生产力与消费力的同时，也带来了先进的文化知识和生产技术，为江南经济的开发提供了有利条件。会稽在鉴湖建成后，成了风调雨顺的鱼米之乡。人口的大量增长，扩大了对瓷器等生活日用器的需求。社会上厚葬与奢侈之风的盛行，刺激了瓷业的发展。所有这一切，促成了越窑瓷业的突飞猛进与空前发展。新中国成立以来，在绍兴境内，发现的六朝时期越窑青瓷遗址多达近200处[62]。

4—2 三国东吴时期（220—280），是越窑成熟瓷创烧成功后的第一个勃兴高潮，具有继往开来的重大意义。其特点有五：

一是窑址骤然增多。烧造中心仍在上虞曹娥江中游两岸，迄今已发现的这一时期的窑址就有30余处之多，比东汉时增加了近4倍[63]。

二是品类丰富多样。瓷器品种比东汉时明显增加，且多以动物形态作为器物的整体造型，或以动物局部作为器物装饰，体现了人们向往美好生活的思想情感。与此同时，反映地主庄园经济、生活的成组器物大量涌现。常见的实用器有碗、碟、盘、罐、洗、盆、钵、杯、托盘、香薰、虎子、唾壶、奁、笔筒、水盂、水注、砚、灯、鸟形口哨等30多种，几乎包括了餐具、酒具、文具、洗具、洁具、照明用具等各种生活用具，说明瓷器使用的迅速普及。丧葬明器的种类也很丰富，包括日常生活器、模拟生产用具与生活家什、禽舍畜圈、仓院楼阁等。常见的明器有魂瓶、灶、井、鸡笼、狗圈、猪圈、米筛、畚箕、米缸等，且往往成组出土，展示了当时社会生产兴隆、生活安逸的生动景象，反映了人们对现实生活的深深留恋和死后灵魂登天永生的美好愿望。这与汉晋时期会稽铜镜铭文、纹饰中表达的内容，是完全一致的。

三是烧造水平提高。窑身较东汉时期加长，增加了装烧的数量，火膛、窑床、粘土墙等分工明确，有利于调节火焰的流速流向。使用直筒形、束腰喇叭形垫座，将器物置于其上，避免了生烧。发明了齿口盂形窑具，由此提高了产品的质量。

四是施釉更加科学。釉色以淡青色为主，釉汁纯净，釉层均匀，胎釉一体，少有流釉与釉层剥落的现象。

五是装饰多有创新。日常生活用器注重艺术与实用相结合的审美理念，在沿用弦纹、水波纹的同时，创制了斜方格网纹等新纹饰。发明了雕塑工艺，以东汉时的五联罐演变而来的堆塑罐最具代表性。目前发现的最早的堆塑罐，是绍兴出土的吴永安三年（260）刻铭青釉罐，现藏于故宫博物院。这些罐上，熊、鼠、狗、泥鳅及人物、楼阁等造型一应俱全，惟妙惟肖，活灵活现[64]。而"从五管瓶演变成堆塑罐的必然性所折射出的，则是佛教在汉地流行规模不断扩大的客观事实"[65]。

4—3　西晋时期（265—317），越窑瓷业持续勃兴，作为南方青瓷的一枝独秀，代表了当时全国制瓷业的最高水平，标志着中国第一个瓷窑体系——越窑系的形成。其特点有五：

一是产能继续扩大。仅在上虞境内的窑址就有60多处，比三国时增加了一倍[66]。

◇ 越窑青瓷魂瓶

◇ 青瓷鸡头壶

二是品类更加丰富。是整个六朝时期器物种类最为丰富的阶段。实用器中，除保留东吴时期的种类外，还出现了鸡首壶、狮形烛台、三足炉等新种类，且各种类中又细分出了更为丰富的式样。明器中，出现了俑、甑、吊桶等种类，成组使用的现象更为普遍。

三是烧制技术创新。窑底铺有砂层，窑具置放有序，疏密相间，更能调节火焰。"可能晋代越窑已施行分段烧制技术，即在窑顶或窑室两侧加设投柴孔，分段投柴把产品烧成。这是烧窑技术上的重大创举，既增加了产量又防止生烧"[67]。还出现了钵形垫座，有利于烧制盆、洗等大型器物。齿口盅形窑具的支脚较东吴时增加，从而进一步提高了产品的完好率。

四是施釉水平更高。釉层加厚，釉色青中带灰，色调沉静。晚期出现了褐色点彩。

五是装饰又有突破。综合运用刻、划、印、镂、雕塑、模刻、手捏、堆贴等手法，创制出了压印网格带纹、龙纹、凤纹及戳印联珠纹、花蕊纹、禽兽纹等纹饰，塑造出了亭台楼阁、飞禽走兽等形象生动的器物形状与画面。不少物品还刻上了产地、作者、吉语等铭文，如"元康元年（291）八月二日会稽上虞"、"元康二年（292）闰月十九日超会稽"、"元康（291—299）发始宁，用此灵，宜子孙，作吏高迁，众无极"等[68]。特别是佛像骑士、贴花佛像、模印佛像、模印狮、因如来佛化鸽传说而成为其化身的飞鸽，以及朱雀、白虎、青龙、神人骑兽等道教题材的纹饰在不同或同一器物的频繁出现，表明越地佛教的先声夺人以及与道教的同流融合[69]。纹饰的创新与艺术化，表明文人已大量而又经常地参与瓷器的生产。艺术源于生活又影响生活。文化所展示的，正是人们对美好生活的向往与追求，正是崭新的审美情趣与缤纷的精神世界。

4—4 东晋时期（317—420），由于厚葬风俗消退，生产规模缩小，制瓷业出现了滑坡的迹象。但也有一些亮点：

一是种类此消彼长。器物种类减少，但以传统的实用器为主的碗、盘、碟产量增加，且更成系列化，有的有多达10种左右的系列产品，其中榼、尊数量的增加尤为明显。羊形烛台盛行。洗逐渐被淘汰。罍、扁壶、簋、奁、鸡首罐、虎首罐等在东吴、西晋时颇具特色的盛器消失。明器中成组出现的情况几乎绝迹。

二是形制更趋规整。外形出现了秀丽挺拔的新气象。造型注重实用。

三是纹饰又有创新。纹饰以弦纹为主，也有水波纹，西晋时出现的褐点彩广为流行，晚期还出现了莲瓣纹。

四是烧造技术提高。器物坯件厚薄、大小划一。垫隔由齿口盂形窑具逐渐为扁圆形泥点——托珠取代，从而增加了装烧量。托坯用的喇叭形垫座逐渐为钵体形垫座取代。

4—5 南朝时期（420—589），越窑制瓷业在东晋滑坡的基础上持续低落。其特点有三：

一是产品出现新变化。产品种类较东晋明显减少。砚的式样增多，上虞[70]、宁波[71]、南京[72]等地多有烧造、出土。瓷盆、熏炉等渐趋减少。羊形烛台趋于消失。耳杯托盘为盏托取代。鸡首壶成为典型器物。

二是形制继续趋高。造型更加苗条秀气，与当时豪门士族的风尚相一致。

三是装饰趋向清雅。三国东吴、西晋时常见的繁缛装饰已经少见。象征清净高洁的莲花纹，成为受佛教艺术影响而出现的具有时代特征的主题纹饰。器物常常通体施釉。

南朝时期的越窑，是数量上的低落与质量上的积累。唐宋时期以釉色为美的越窑青瓷的大门，已在徐徐打开了。

## 第五节 鼎盛——隋唐五代十国到北宋时期
### （581—1127）的越窑青瓷

5—1 隋唐五代十国到北宋时期，江南一直处于欣欣向荣的景象当中。以东晋时期为代表的历史上几次大规模的北人南迁，使南北文化得到融合，江南地区的人口结构发生了重大变化，经济得到了飞速发展。以此为基础，从隋唐开始，南方的经济、文化开始超越北方，处于全国领先的地位。五代十国时期，北方战乱不堪，江南则由于吴越国采取保境安民的政策，保持了局部地区的稳定与繁荣。北宋时，江南经济继续发展。到南宋时，我国的经济、文化中心已经转移到了江南。

在这种安定繁荣的时代背景下，在东吴、两晋、南北朝期间积累起来的丰富经验的基础上，越窑青瓷终于迎来了她的鼎盛时期。"据1986年的调查，宁波、绍兴两地区发现的唐宋越窑遗址就多达320余座。唐代越器已与金银器、宝器、丝绸珍品并列为四大珍宝，越窑成为全国青瓷名窑之首，在中国陶瓷史上发出了夺目的光彩"[73]。

5—2 唐代（618—907）越窑青瓷的烧制，经过隋与唐初的复苏，达到了空前的水平。

一是生产规模空前。"产区在慈溪、上虞、鄞县等地，以慈溪上林湖（当时为越州所属之余姚）为中心，东至鄞州东钱湖，西至上虞窑寺前，形成了一个幅员广阔的越窑生产基地。据统计，现已发现的唐代越窑遗址，上虞有二十八处，绍兴二处，宁波东钱湖三处，慈溪上林湖八十一处"[74]。

二是形制丰富空前。青瓷的应用范围大大扩展，创制出了很多新的器型。大的有碗、盘、壶等十余种，有的每种还有多达十余款式样。许多器物的造型，源于对大自然生物的概括与提炼，如荷叶形、荷花形、葵瓣形、瓜棱形等花叶瓜果造型。有撇口碗、敞口斜壁形底盘、撇口平底碟等组成的新颖的成套餐具；有由鸡头壶演变而来的执壶和酒、酱、醋等各种小壶；有券形的瓷砖、罐形的瓷罍等多种形式的瓷质墓志铭；有风行一时的带盏托的盏——越瓯；又有细巧雅致的文具水盂等[75]。

三是艺术水平空前。得益于唐代皇室崇茶、士人扬茶、释道重茶、商人卖茶、举国饮茶的社会背景，越州以制瓷与产茶的双重独特优势，率先成为唐代上等瓷茶具的制作中心。陆羽当时就发出了"碗，越州上"；"瓯，越州上"；茶，"越州上"的赞叹[76]。胎质方面，从东汉三国时的白灰色、淡黄色，东晋时的深灰色，发展成为更能使光线散射、形成半透明状从而更好取得滋润效果的灰黄色。色釉方面，从东汉三国时的淡青色、东晋时的青灰色为主，发展成为釉层匀净滋润、如冰似玉的黄色或青中泛黄的青黄色。装烧方面，从东汉三国时用三足支钉叠烧，西晋时用锯齿口的盂形垫具叠烧，东晋时开始出现托珠垫隔，到唐代已普遍使用托珠垫隔。唐晚期，还出现了采用瓷质匣钵装烧的新工艺。这是制瓷技术上一次重大的突破，使越窑青瓷的质量得到了质的飞跃[77]。入选"2013年度全国十大考古新发现"的江西景德镇南窑唐代窑址，最近全面发掘出一条长达78.8米——迄今所知最长的唐代龙窑遗址，具有明显的越窑特点，足见越窑的影响[78]。

四是纹饰复杂空前。与唐代的社会风尚与审美主流相一致，纹饰具有崇尚自然、浑厚大气、丰腴饱满、富贵典雅的时代风格。流行纹饰有龙、凤、寿鹤、花卉等，其中最常见的，有莲瓣纹、荷花纹，花瓣多由三五条较粗的划线组成。褐色点彩纹，由细小密集的小圆珠形褐点排列而成。也有少量印花、镂雕的。有的器物还镶嵌金边、银边、铜边。

5—3 唐代越器的集大成者、杰出代表，是光芒四射、神秘莫测的秘色瓷。秘色瓷有三个特点：

其一，时间久远。秘色瓷的烧制时间，"目前已可确认不晚于九世纪初。其终烧年代，也已渐延至南宋初年"[79]。林士民先生则将秘色瓷的烧造分为五个时期，其中第一期为唐元和朝（806—820）前后，属始烧期，以元和五年（810）户部侍郎北海王府君夫人墓出土的一组执壶、唾盂、盘和盒等秘色瓷为代表；第二期为唐大中、咸通两朝（847—874），属发展期；第三期为唐光化朝至五代广顺朝（898—953），属兴旺期；第四期为北宋太平兴国至咸平朝（976—1003），属鼎盛期；第五期为咸平末至熙宁元年（1003—1068），属衰落期[80]。

其二，因"色"而名。对"秘色"一词的解释，千百年来，莫衷一是。根据"秘，神也"，"色，颜气也……凡色之属皆从色"的释义[81]，结合历代文人墨客对秘色瓷的赞美，秘色瓷大体上可以理解为拥有神秘颜色的越窑瓷器。目前能够见到的最早的关于秘色瓷的称谓，是晚唐诗人陆龟蒙的《秘色越器》诗。诗中写道："九秋风露越窑开，夺得千峰翠色来。"这首诗至少说明了两点：第一，说明此名始于晚唐以前，进而说明秘色瓷的出现也应在此之前；第二，说明此名的核心在一个"色"字，似千峰般变幻莫测、神秘莫测、丰富多彩、令人着迷的"色"。其中最具代表性的，是1987年陕西扶风法门寺真身宝塔地宫出土的，被地宫衣物账记为"秘色瓷"的14件唐代越窑青瓷。这批秘色瓷，是唐咸通十四年（873）唐懿宗（859—873在位）、僖宗（873—888在位）父子供奉释迦牟尼真身舍利的宝物。

其三，官方背景。这里所说的官方背景，一方面是指作为越窑青瓷中的珍品的秘色瓷，大都为皇宫与官府所用。"越州会稽郡中都督府，土贡……瓷器"[82]。宋人曾慥《高斋漫录》中写道："秘色瓷越州烧进，为供奉之物，臣庶不得用，故云秘色。"此后，周辉《清波杂志》、叶寘《坦斋笔衡》、蓝浦《景德镇陶录》、《侯鲭录》、《负暄杂录》中，都有"供奉之物"等记载。

另一方面，更重要的是指它的烧制。有关越窑青瓷的文献与考古出土文物中，常常可见御窑、贡窑及官窑、官样等其他与"官"、"监"字相关联的字样。如："太平兴国七年六月望日，殿前承旨赵仁济监越州瓷器"[83]。"秘色瓷初出上林湖，唐宋时置官监窑，寻废"[84]。1975年，在临安板桥五代早期墓中出土的越窑青瓷双纽罐的腹壁上，有草书"官"字；1977年，慈溪上林湖农民在吴家溪平整土地时发现一件唐代越窑青瓷墓志罐，上刻"光启三年，岁在丁未二月五日，殡于当保贡窑之北山"；1981年，慈溪上林湖后司岙发现内外刻莲花瓣纹、器底刻"官样"二字的残青瓷小碗标本[85]。这里御窑指的是皇家为烧制宫廷用品而专设的窑场。贡窑，指的是地方政府为烧制上贡瓷器而专设的窑场。童兆良先生认为，慈溪上林湖的施家斗和黄鳝山窑址，就是唐代贡窑[86]。至于"监越州瓷器"、"置官监窑"中的"监"者，既有可能是监贡窑的生产，更有可能是监那些普通的承担一定数量官家订货的民窑。

"官"、"官样"器物的出土，正是证明了官方定样、官方监制、民窑生产这种情形的存在。这种浓重的官方背景，从另一个侧面告诉我们，秘色瓷的生产，是何等的辉煌与神秘。

5—4　五代十国（907—960）到北宋初期，越窑青瓷在唐代"空前"发展——"前不见古人"的基础上，更上层楼，登峰造极，达到了"绝后"——"后不见来者"的水平。这一时期，会稽属吴越国。从钱镠到钱俶的历代吴越王，一方面，将越窑青瓷作为向中原统治者进贡的珍品；另一方面，又将其作为大宗出口商品。在这种政策的指引下，越窑青瓷出现了空前绝后的大发展、大繁荣，在中国陶瓷史上占据了无可替代的地位，留下了无与伦比的影响。

一是在管理控制上，继续对越窑实行"设官监窑"的行政制度。成书于宋宁宗嘉泰元年（1201），由南宋庆元间（1195—1200）绍兴府知府沈作宾等修的嘉泰《会稽志》载："广教院：在县西四十里。……国初尝置官窑三十六所，于此有官院，故址尚存"。明万历《上虞县志》载："广教寺，……昔置官窑三十六所，有官院故址"。由此可见，朝廷不但在越地设置了"官窑"，还设置了管理"官窑"的专门机构——"官院"。

二是在生产规模上，窑址遍布越中，礼贡数量庞大。据统计，上虞有42处，诸暨有12处，新昌有3处，嵊州有11处，东钱湖有30处，上林湖有153处，临海、天台、黄岩等地有29处[87]。其中以上林湖为核心的越窑中心产区，"向西延伸到开刀山，向东经白洋湖直抵里杜湖西侧，窑区长达12.5公里。如此规模的青瓷生产基地，不仅在当时为全世界所仅见，即使在现代也不可多见"[88]。

文献当中反映这一时期生产规模的记载也很多。以向中原统治者进贡方面的记载为例，从吴越天宝二年（909）四月钱镠首次以纪君武为进奉使向后梁进贡起，至北宋太平兴国三年（978）五月钱俶觐宋帝上表纳土归宋止，吴越钱氏共向中原后梁、后唐、后晋、后汉、后周各朝供奉达65次，其中明确记载贡品中有越瓷的有10次[89]。代表性的如："宝大元年（924）九月……王遣使钱询贡唐方物……秘色瓷器"[90]；"清泰二年（935）九月……王贡唐……金陵秘色瓷器二百事"[91]；"天福七年（942）十一月，王遣使贡唐……秘色瓷器"[92]；"开宝二年（969）秋八月……王贡秘色瓷器于宋"[93]；"开宝六年（973）二月十二日……钱濬进……金陵秘色瓷器百五十事"[94]；"开宝九年（976）六月一日，明州节度使惟度进……瓷器万一千事"[95]；"太平兴国二年（977）三月三日，进……金扣越器二百事"，"太平兴国三年（978）四月二日，进……瓷器五万事，金扣瓷器百五十事"[96]。

吴越钱氏与契丹的官方往来也很密切，其中在后梁贞明元年（915）至后晋天福八年（943）的二十九年间，有记载的共计14次。1992年7月，在内蒙古自治区赤峰市阿鲁科尔沁旗辽代墓葬中，出土了大量瓷器。从这些"青瓷的体量、造型和釉色来看，当是吴越国专为上贡契丹而定烧的贡品"[97]。

如此频繁与大量的进贡，再加上外销、钱氏王室自需及民间使用，我们完全可以想象当时的生产规模有多么的庞大。

三是在品类器形上，更加成系列，更加丰富多彩。日用瓷有盘、碗、洗、碟、杯、钵、盂、瓶、罐、灯、盅、砚等数十种品类，上百种器形。装饰用瓷有狮、狗、鸟等众多的动物造型。还有用于校音和演奏的乐器、用于殡葬的瓷墓志等，真可谓五彩缤纷，琳琅满目。

四是在烧制技艺上，达到了完美无缺的程度。从釉色看，已从唐代青中微微闪黄的还原色调，演变为春水般的湖绿色。从釉层看，普遍比唐时更薄、更均匀。从纹饰看，较唐时更加丰富。"图案花纹之复杂，就中国瓷器发展史上说，我可以断定是一种空前的制作"[98]。这种烧制技艺，有丰富的出土实物可以佐证。杭州临安钱氏家族及其家臣墓中出土的瓷器，"釉层均匀滋润，呈半透明状。釉色以青和青绿为主"[99]。其中有两件四系缸，高均为37厘米，口径分别为62.5厘米、64.7厘米，底径分别为35厘米、38厘米，均施青黄釉。我们可以从如此巨大的器物上，感受到当年高超的制坯成型技术、焙烧控制水平与施釉加工艺术。临安另有一件出土的龙瓶残器，高37.2厘米，底径14.3厘米，"肩腹浮雕双龙，旁缀云纹，两条龙头中间饰有一珠，双龙腾空，奋力抱珠。龙的雕刻，刀法老辣而细腻，整幅图案显示出龙的威力"[100]。

5—5 北宋（960—1127）中晚期至南宋（1127—1279）初，越窑青瓷从风光走向衰落。这一时期的越窑青瓷，有四个特点：

一是逐渐失宠。吴越国钱俶纳土归宋后，宋朝廷在越地设置了"越州瓷窑务"[101]这一专司越窑青瓷生产、纳贡之责的职官。与此同时，朝廷还实行了"制样需索"的制度，即宫廷制作画样图稿，由"越州瓷窑务"监官指定烧制技术水平高的瓷窑按此式样和规定数量进行烧制。上林湖后司岙等窑址出土的有"官样"款的越窑青瓷样本，便是很好的实物佐证[102]。但自宋神宗元丰年间（1078—1085），随着朝廷供奉政策的调整，"越窑真正开始走向衰落"[103]。

二是逐渐缩产。"上林湖越窑，北宋早中期有窑址30处，龙窑遗迹47座，到北宋晚期窑址则缩减至14处，龙窑遗迹27座"[104]。除因失去宫廷用瓷机会而影响生产规模外，另一个很重要的因素，就是同行竞争的加剧，特别是耀州窑系青瓷，在北宋中晚期已迅速占领中国大江南北的市场，尤其是北方市场，"耀州遣弟子载陶器四车入京贸易"[105]就是证明。

三是逐渐变质。"太平戊寅（978）时期，越窑完成了最具特色的装烧工艺——垫圈和泥条组合支垫工艺的普及"[106]。与此同时，还在器物装饰上开创了宋代越窑追求细线划花、纤细繁复纹饰的新风尚。五代时已出现的刻花装饰，此时进一步发展成为单线刻花、浅浮雕、刻花和篦线结合的丰富多彩的装饰技法。这些器物，刻花线条流畅，技法娴熟，布局得体，图案清简，贴近自然，反映民俗。主要纹饰有莲瓣纹、牡丹纹、双凤牡丹纹、开光牡丹纹、龙纹、摩羯纹、波涛纹，其中又以刻划莲瓣纹最为常见。至北宋晚期，越窑青瓷虽然也不乏精品，但总体质量不断下降，受北方耀州窑、定窑风格的影响也不断加深，器物的胎质、釉色、造型、烧成方式与仪态神韵，已均因有别于传统的越窑青瓷而今非昔比了。

四是雄壮结局。根据文献记载和考古发掘，南宋初年，越窑青瓷出现过短暂的"回光返照"的雄壮场面。"南宋时，余姚有秘色瓷，粗朴耐久，今人率以官窑目之"[107]。成书于南宋淳熙年间（1174—1189）赵子直等撰的《中兴礼书》载：绍兴元年（1131）"四月三日……祀天并配位用匏爵陶器，乞令太常寺具数下越州制造"；绍兴四年（1134）四月二十七日，"正配四位合用陶器，已降指挥下绍兴府余姚县烧造"。而这方面的实物印证是1990年、1998年和1999年在古银锭湖窑区的低岭头、寺龙口窑址考古发掘的越窑青瓷遗存[108]。这就说明，宋室南渡后的一个时期，已为北宋朝廷冷落了近半个世纪、烧制规模大减、质量也明显下降的越窑青瓷，重新得到了朝廷的重视，从而出现了一个新的短暂的繁荣时期。

"越窑在东汉时烧出成熟瓷，至南宋绍兴十四年（1144）稍晚些时间停烧，前后共千余年"[109]。在演出了千余年威武雄壮的活剧后，越窑青瓷终于徐徐落幕了。

### 第六节 功德——越窑青瓷推进了人类的文明进步

"文明因交流而多彩，文明因互鉴而丰富。文明交流互鉴，是推动人类文明进步和世界和平发展的重要动力"。"中国哲学、文学、医药、丝绸、瓷器、茶叶等传入西方，渗入西方民众日常生活之中"[110]。越窑青瓷对人类文明进步的影响，是显而易见，不可估量的。

6—1 越窑青瓷促进了海上贸易。

考古发掘及文献记载表明，越窑青瓷早在汉代六朝时期，即有流往海外。根据日本人三上次男的研究，国外发现的越窑青瓷遗物，最早的在3世纪到4世纪之间，其中在朝鲜发现了6件，在日本发现了3件[111]。吴越国时期，越窑青瓷的外销已成为政府财政收入的重要来源。

中唐晚期开始，越窑青瓷更是成为重要的贸易商品，流行于亚非欧各国，出土遗址遍布各地。其中，日本50处，出土3000多件，坦桑尼亚46处，均为中晚唐至北宋品；菲律宾群岛15处，为唐、五代品；阿拉伯半岛8处，埃及6处，伊朗与印度尼西亚各5处，均为唐以后品；巴基斯坦3处，为晚唐、五代品；泰国、印度、伊拉克各2处，马来西亚、斯里兰卡各1处，均为晚唐至宋初品[112]。而根据陈文平先生的统计，日本出土中国陶瓷的175处遗址中，有越窑青瓷的有139处，占79.43%[113]。

唐宋时期的陶瓷外输，大体上通过两条线路。一条是通过早在汉代就已经形成的陆上"丝绸之路"，时间上主要在唐以前。大致线路是，北路：甘肃玉门关—天山南麓—葱岭—大秦（古罗马帝国）；南路：甘肃玉门关—昆仑山北麓—沙东—葱岭—大月氏、安息诸国—大秦。

另一条更为重要的，是在汉代就已经开辟的海上"丝绸之路"的基础上发展而成的海上"陶瓷之路"[114]。海上"陶瓷之路"的形成，解决了陶瓷在陆路运输中易碎不安全、体大量重运力小、运输慢及唐时陶瓷主产越地而致的国内运途太远等问题，成为陶瓷出口贸易中的主渠道。而由于越窑青瓷在其中所占的举足轻重的分量，这条路也完全可以称为海上"越瓷之路"[115]。夏鼐先生还将分布在亚非各地的中国瓷器遗址，通过海洋与河道联结起来，复原出了一幅古代航路图[116]。

这一时期，前往高丽和日本的东亚航线，输出口岸主要是明州和扬州；前往东南亚及南亚、西亚和非洲、欧洲的，输出口岸主要是泉州和广州，或者自扬州、明州出发，经泉州或广州出航。

以最具有代表性的明州港为起点，至高丽的线路，大体有北、南两条。北线主要是通过海岸线直达；南线则是先沿海岸线北上，再在江苏、山东渡海抵达。

至日本的线路，大体上也是北、南两条。北线，基本上与至高丽的线路相仿；南线，则是直接横渡南海而至，一般一次3至7昼夜。日本是世界上出土越窑青瓷最多的国家，由此亦可见当年的出口盛况。其中的唐武宗会昌二年（842）至唐昭宗天复三年（903），中日船舶往来就有30多次[117]。

至东南亚的线路，一般是先南下至泉州、广州，然后经菲律宾群岛等地，抵达东爪哇；或是经今海南岛东北角、越南东海岸、暹罗湾，抵马来半岛等地。从马来半岛最南端的马六甲海峡西行的货船，便可分抵非、欧国家了。

6—2 越窑青瓷改善了人类生活。

陶瓷从诞生的那天起，就与人们的生活息息相关。越窑青瓷的创烧成功，是古代越人生活水平提高的象征。而它大量的对外出口，惹人喜爱，更是在很大程度上改变了进口地区人们的生活方式，进而有力地提高了人们的生活质量，促进了人们的身体健康。从这个意义上讲，越人发明的瓷器，为人类的进化与繁衍，做出了不可磨灭的贡献，而且这种贡献在历经近两千年的历史检验之后，至今仍在继续。

在日本，载有瓷器等货物的"唐人商船着陆时，诸院、诸官、诸王臣家等，官使未至之前，遣使争买"[118]。

在东南亚，据成书于宋理宗宝庆元年（1225）的《诸藩志》记载，在瓷器进入之前，人们"饮食不用器皿，缄树叶以事，食已则弃之"，"饮食以葵叶为碗，不施匙筋，掬而食之"，"后与华人市，渐用瓷器"。

在非洲，上层社会无不以拥有中国瓷器为荣耀，将瓷器作为财富和高贵的象征。

在欧洲，"瓷器精美而昂贵，只有达官显贵才可以买得起"[119]，成了令人羡慕的奢侈品。

6—3 越窑青瓷弘扬了中华文明。

作为中国瓷器的当然代表，越窑青瓷蕴涵了丰富的中华民族的审美观念、礼仪风俗、饮食文化、信仰崇拜、技术发明等精神文化，成为中华文明的重要载体。这些承载于瓷器中的精神文化，随着瓷器的大量输出，传播到世界各地，进而使瓷器成为传播弘扬中华文明的重要媒介。在英语中，"中国"和"瓷器"同为一词，"China"单词开头的字母大写意为中国，而小写则就指瓷器。在土耳其语中，中国和瓷器都被称作"秦"。在阿拉伯语中，瓷器和中国词意相同。由此可见，瓷器在很大程度上成了中国的代名词，外国人对中国的最初了解，是从瓷器开始的。

瓷器作为文化使者，产生影响最大的，莫过在日本了。中国的饮食习俗随瓷器影响了日本，日本的"味噌汁"、"牛蒡独活"、"纳豆"、"泽庵渍"、"寿司"等"这类源自江南的腌、腊、霉、晒、风诸食品的加工技术，就大都是随着相应的瓷质器皿传播到日本，流传到后世的"[120]。唐代诗僧皎然，与茶圣陆羽是忘年交，写下了25首茶诗，其中不少是在越中写的。他在《饮茶歌诮崔石使君》中，在我国茶叶史上首次提出了"茶道"的概念。日本的茶道艺术，就是在中国瓷器与茶叶传播的同时，逐渐发展起来的，并最终成为大和民族独具内涵的日本茶道[121]。日本的佛教等宗教习俗，也是通过瓷器等从中国传入，并通过瓷器世代继承传播的[122]。日本的文具、服饰、水运工具、民间游艺等诸方面，也都是受到了中国瓷器的影响。

在西亚等早期的伊斯兰教地区，瓷器冲破了他们视为魔鬼行为的禁区，使中国的绘画艺术在那里生根、开花、结果。

在非洲，中国瓷器简直成了人们日常生活中崇拜的偶像。东海岸中世纪的宫殿、清真寺的天花板及墓柱，乃至祈祷用的壁龛上，都镶嵌上青瓷，久而久之成为当地建筑的传统风格[123]，从而极大地影响了人们的精神生活。

在欧洲，瓷器画艺被广泛应用于绘画、建筑和工艺美术当中。

与此同时，中国在瓷器贸易中也引进、吸收了不少世界各国的优秀文化艺术，从而丰富了中华文化的内容。一方面，中国瓷器在纹饰、形制等方面根据外销地的民俗、宗教进行"入乡随俗"的创新，其中不少优秀的作品，实际上成了不同民族文化的融合体；另一方面，中国的传统制瓷技术中也融入了多元的文化因素。这就说明，中华文明是包容的文明，是在中国大地上产生的文明，也是同其他文明不断交流互鉴而形成发展的文明。

6—4 越窑青瓷传播了瓷器文化。

越窑青瓷输出的过程，也是作为一种中国特有的技术，为外国仿制、学习，并最终在全世界普遍发展起来的过程。

在东亚，"朝鲜半岛对越窑青瓷的学习最为彻底，也最特殊"[124]。这在很大程度上要归功于唐开元年间至吴越国初期，即朝鲜半岛新罗时代的杰出贸易家张保皋。研究表明，"张的贸易船直接到了明州……意识到陶瓷贸易的重要性后，张从越州带回陶工"[125]。"带回陶工"，就意味着朝鲜半岛已由模仿越瓷烧造，发展到了在越地窑匠的组织指导下直接建窑造瓷。从朝鲜半岛发掘的600余处窑址来看，越地的龙窑结构、装烧工艺及器形、装饰等，得到了完整的移植。日本的瓷业，是从仿效中国瓷器的施釉技术开始的，先是仿制三彩陶器，接着是绿釉陶、灰釉陶。在器皿造型及装饰手法方面，也直接受到了中国瓷器的影响。夏鼐先生在研究东印度公司的往来信件中还发现，日本"在最初十几年里，瓷用色料是由我国运去的……而且在十七世纪中叶还从中国运进大量色料"[126]。

在非洲，埃及对越窑青瓷技术的学习借鉴和转化吸收的水平，是其他国家无法相比的。埃及与中国有着一千多年的陶器交换历史[127]。每当"中国陶瓷新品种以优秀姿态出现时，不论在什么年代，马上就得仿制出来，虽然仿制品都属陶器，但能仿得惟妙惟肖"[128]。"非洲埃及是该地区越瓷最大输入国，对越窑制瓷技术借鉴和运用最为典型"[129]。首都开罗附近的福斯塔特遗址出土各类陶瓷片六七十万片，但其中"埃及（仿造越窑）制造的为最多"[130]。

在西亚，波斯（今伊朗）是仿中国瓷器最早，也是最突出的地区。晚唐时已仿制出了波斯三彩，宋时又仿制青瓷，还请中国陶工作技术指导。

在欧洲，有仿制的中国软质瓷器，还从中国进口原料试制青花瓷，德国的柏特格还与人合作办起了欧洲首家瓷厂。

6—5 越窑青瓷唤醒了沉睡历史。

人们对历史的认识与了解，通常是从三个方面入手的，即文献档案、民俗传统、文物考古。文献档案系统完整，但难免人为的偏见。民俗传统形象直观，但因口口相传，难免产生偏差。文物考古则可扬历史"活化石"之长，避前面两者之短，而瓷器正是这种扬长避短的典型代表。瓷器的历史"活化石"功能，与中国古铜镜有"异曲同工"之妙，涉及丰富多彩的专门史与子课题，特别是在研究社会史、民俗史、艺术史、宗教史、贸易史、海外交通史、航海科技史、中外陶瓷史、城市发展史、区域经济史、各国语言学等当中，发挥着重要的作用，有时甚至是"一片"九鼎的决定性作用[131]。

瓷器具有不易腐朽的特性，它的出土，往往能够唤醒一段沉睡的历史，重现一座城市的往昔，从而像当年输入时曾引起广泛的轰动一样，重新以历史见证人的身份引起新的轰动。非洲的坦噶尼喀的一处遗址，曾经发掘出土了46万件中国瓷器。难怪英国考古学家惠勒对此大发感慨，称"十世纪以后的坦噶尼喀地下埋藏的历史，是用中国瓷器写成的"[132]。

## 第七节 反省——一面永垂不朽的镜子

世界上人事的荣枯，往往有规律可循；万物的兴衰，往往有相类之因。这个规律，就是当事物发展到鼎盛时，如果把握得不好，便会盛极而衰，物极必反；这个相类，就是同样一个事物，如果在它的发展过程中，对其内因与外因把握得不好，便会"成也萧何，败也萧何"。越窑青瓷的历史便是如此，它对于今天的社会与人们，无疑是有着深刻的借鉴意义的。我曾于2013年11月2日，一个金风送爽的星期六，慕名访问"中国龙泉青瓷文化小镇"与龙泉青瓷博物馆，发出了"青瓷之源在越地，出蓝胜蓝堪称奇。墙内开花墙外香，天时地利总相宜"的感叹。可不是嘛？

7—1 越窑青瓷因得天时而兴，亦因失天时而衰。

天时之一，是社会安宁。东汉时，会稽贤牧良守居多，社会秩序较为安定，官民关系较为融洽。张霸为太守时，"城上乌，哺父母，府中诸吏皆孝友"[133]，"盗贼尽，吏皆休"[134]。特别是东汉永建四年（129）的吴（郡）会（稽郡）分治以及山阴成为郡治，使得会稽重新获得了区域政治、经济、文化中心的地位。此后越地行政区划相对稳定，从汉魏六朝到唐宋诸朝，这里一直是全国社会较为安定的地区之一。

天时之二，是经济发展。经济从来都是政治的基础，而政治则从来都是经济的保障。吴会分治不过几年，马臻太守在永和五年（140）筑成了挡潮泄洪自如、排水灌溉简便的鉴湖[135]，从而使得"浊重而洎"[136]、"地广人稀"[137]的越地一下变成了风调雨顺的鱼米之乡和吸引四方的人文胜地，为此后越地经济与人文的兴盛奠定了基础。至晋时，这里已是"今之会稽，昔之关中"[138]。上虞等地出土的青瓷堆塑罐"仓口百鸟簇拥，引颈伸翅，粮食盈廪和喜庆丰收的欢乐场面"[139]，正是当时经济发展状况的写照。

天时之三，是民生良好。社会稳，经济兴，一方面，促进了人口的繁衍，民生的改善；另一方面，也容易吸引、吸纳外来人口，补充劳动力，引进先进技术。而这两点既对陶瓷这种日用品的消费，提出了数量上的需求，充满了质量上的期待，又为深化社会分工与手工业生产提供了劳动力资源和技术条件。这正是越窑青瓷诞生的直接原因。

天时之四，是供不应求。越窑青瓷诞生后，在适应生活日用品需求的同时，还顺应当时的厚葬习俗，大规模烧制明器。上虞蒿坝狗颈山吴墓中出土的20件瓷器中，堆塑罐、水井、鸡笼、猪圈、米筛、米缸、畚箕等明器占了12件[140]。在满足本地消费的同时，越窑青瓷还大量销往全国各地。孙吴时，海航北至辽东，南至台湾，远航海南，频繁地进行越窑青瓷等商品的交换。及至隋唐五代，越窑青瓷顺应了全国饮茶日盛之风，烧制出了被"茶圣"陆羽赞美为"越州上"[141]的茶碗，使越茶与越碗珠联璧合，成了当时社会的"双绝"。与此同时，越窑青瓷还大量销往国外。正是这种庞大的消费需求，促进了越窑的持续兴旺。

天时之五，是朝廷特供。越窑青瓷在诞生后相当长的一段时间里，作为地方土特产品而土贡朝廷。到了唐代，"秘色瓷"烧制成功，成为名副其实的"土贡"瓷器[142]。而此后的五代十国时的吴越国历代国王，更是将烧制"秘色瓷"贡献朝廷作为自己的一项政治任务，在上虞窑寺前设置了36所官窑，还设立了"官院"，专司贡瓷的任务下达、生产烧制与质量把关[143]。从吴越宝大元年(924)至太平兴国八年(983)的60年中，"进贡瓷器数量多达十四万件以上"[144]。

然而，在漫漫千年的发展当中，越窑青瓷的天时优势逐渐丧失。

一方面，是行业竞争日趋激烈。越窑青瓷的销售过程，实际上也是技术传播的过程。由于经济规律的作用，唐代时，全国已有70%的瓷窑烧造青瓷，如浙江的瓯窑、婺州窑，湖南的岳州窑、长沙窑，江西的洪州窑，四川的邛崃窑等。青瓷生产已经出现了争奇斗艳、激烈竞争的局面[145]。及至北宋，北方以定、汝、钧、官诸窑为代表，南方以龙泉、景德镇诸窑为代表，恰似"战国七雄"，竞相争战。特别是南方的龙泉窑仿自越窑，至今发现的北宋中晚期时的窑址已有二十多处[146]。景德镇的影青瓷，吸收南北名窑之精华，至北宋时已成兴盛勃发之势[147]。北方的耀州窑，以青釉为主，不断向越窑学习，北宋中期已臻鼎盛。2012年4月发掘探明的河北省内丘县6座相对集中完整的隋唐邢窑遗址表明，创烧于南北朝晚期的邢窑，"经过隋朝的发展，至唐朝时已达到鼎盛阶段，其精美的细白瓷作为贡品入主宫廷，还远销海外十几个国家和地区，与当时的南方越窑青瓷并驾齐驱，被后人誉为'南青北白'"[148]。

从一花独放到百花齐放，从一枝独秀到百卉争艳，从风平浪静到惊涛骇浪，越窑青瓷正是在这种大浪淘沙、你死我活的残酷竞争中，招架乏术，丢失市场，而败下阵来，被淘汰出局的。

另一方面，是朝贡垄断的突然打破。吴越第五任国王钱俶于太平兴国三年（978）纳土归宋后，北宋在越地置"越州瓷窑务"以监窑[149]。与此同时，以耀州窑为代表的北方诸窑，"近水楼台先得月"[150]，也参与"朝贡"[151]。朝廷还在汝州（今河南临汝）定烧宫廷用瓷[152]，在汴京（今河南开封）专设"官窑"[153]。在这样的形势下，越窑青瓷朝贡的数量不断下降。神宗熙宁元年（1068），越州上"秘色瓷器五十事"[154]。神宗元丰三年（1080），越州贡"瓷器五十事"[155]。

这样的一个过程，正是越窑青瓷从万千宠爱集一身，到最后"失宠"的过程；从习惯了"吃皇粮"，到最后"断粮"的过程；从享受"计划经济"的优越性，到因为突然失去"计划"而无所适从，最后失去生存机会的过程。

7—2 越窑青瓷因得地利而兴，亦因失地利而衰。

地利之一，是瓷石原料。东汉至北宋，越窑大多沿会稽山、四明山、天台山、龙门山山麓及其冲积扇分布，这是因为这些地方拥有丰富的瓷土矿藏，且大多是露头矿床，开采极为方便的缘故。上虞境内有八百多个瓷石矿点，瓷石中$SiO_2$含量是65%—80%，$Al_2O_3$一般在14%—24%，$Fe_2O_3$含量0.5%—3%，丰富的资源使上虞成为天然的成熟瓷创烧基地和越窑的集中分布地[156]。上虞境内有古窑址455处，其分布与瓷石矿点分布吻合[157]。

地利之二，是水运条件。历史上，绍虞平原河湖众多，水网密布，西可通江，东易达海，这既给青瓷这种数量大、易破碎的产品的运输提供了舟楫之便，又为青瓷的生产、造型、纹饰打下了治水用水、与水和谐相处的烙印。可以说，越窑青瓷的形成、发展，是人类依据当地河湖水系自然资源发展手工业的生动见证。

地利之三，是植物燃料。根据史书记载，越地古代多森林，多松柏。越王句践十年（前487），"使木工三千余人入山伐木，一年"[158]；二十五年（前472），"使楼船卒二千八百人，伐松柏以为桴"[159]。《水经注》载，会稽山、四明山遍布天然森林[160]。而根据对越窑窑炉用能的分析，松木正是最佳的燃料。不同时期越窑窑址的不同布局与生产水平、规模的差异，同样说明了这一点。"不同时代因为人们农业经营方式的不同以及不同时期大规模的森林砍伐，造成树木分布存在明显的地域差异，这就对越窑区位和发展产生直接影响"[161]。

然而，经过千年的发展，越窑青瓷的地利优势逐渐丧失。

首先，是原料优势日渐减弱。宋庆历七年（1047），余姚知县谢景初（1020—1084）曾在上林湖越窑窑场考察后写的《观上林埧器》诗中写到"取土深于堑"，可见此时原料之缺。徐定宝先生认为，北宋末，曹娥江流域与慈溪上林湖地区陷入了"原材料日趋匮乏的困境"，"再也找不到既有优质制瓷原料又交通方便的可供长年采掘的瓷矿区"，最终导致越窑衰败[162]。周乃复先生等认为，"越窑主产区慈溪和上虞制作瓷胎的高岭土矿藏经过近千年大规模开采利用，已逐渐减少"，"资源枯竭，导致越窑衰落"[163]。

其次，是水运优势日渐退化。经过隋唐时期的大发展，到宋时，全国经济空前繁荣，水上交通运输四通八达，水运已不再是越地独有的优势了。

再次，是燃料优势日渐丧失。随着越窑青瓷的持续兴旺与越地经济的持续发展，人们的生活水平也持续提高，相应的木材的使用量与林地占用量也持续增加。五代、北宋时，饮茶之风益盛，会稽茶叶大发展，日铸岭[164]、兰渚山[165]等大量、大片山地辟为茶园。北宋后期，因为北方战乱，人口大量南迁，加之南方经济空前发展，致使江南人口大增，以致出现了"与湖争田"、"变山为田"的一系列扩大耕地面积的措施，不少山地被辟为农田[166]。而发达的生产技术、先进的生产工具，又为这种行为的推行与效果，起到了推波助澜的作用。历经北宋神宗、哲宗、徽宗、钦宗和南宋高宗五代，足迹遍及两浙等地的庄季裕，在他的笔记中以其亲眼所见写道，吴越"山林之广，不足以供樵苏。虽佳花美竹，坟墓之松楸，岁月之间，尽成赤地。耕桴之微，斫掘皆遍，芽蘖无复可生"[167]。以致到北宋末年，会稽已是"有山无木"[168]。因为燃料短缺，越窑的衰弱成为必然[169]。燃料的短缺，给了越窑最后的致命一击，对越窑的加速衰落起到了釜底抽薪的作用。"留得青山在，不怕没柴烧"。已无青山在，当然没柴烧。这种竭泽而渔的历史教训，实在是太深刻了。

7—3 越窑青瓷因得人和而兴，亦因失人和而衰。

人和之一，是重视教育。早在2500年前，越王句践[170]就已"十年生聚，十年教训"[171]，在重视繁殖人口、积蓄力量的同时，以教育来砥砺民心，训练技艺，培养人才。东汉时，义塾、学塾初见。汉代名宦严助[172]、朱买臣[173]、郑吉[174]等，从贫寒走向"昼绣故乡"；郡守马臻[175]、刘宠[176]、张霸[177]等，以尚贤为治。由此，俗益尚文、贵士。上虞人王充自谓："八岁出于书馆，书馆小童百人以上" [178]。这是越地有关书馆的最早记载。王充八岁，当为东汉光武帝刘秀建武十一年（35）。从这一记述来看，越地书馆想必已有相当的发展时间与规模。王充后来自己也设塾授徒，办学育人。晋室南迁后，安帝义熙八年（412），会稽内史孔靖复修饰学校，督课诵习，官学始现，越地更是"俗始尚风流而多翰墨之士" [179]。隋唐之时，县学、书院始兴，越地益加俗"好吟咏而多风骚之才" [180]。及至宋元明清，甚至连"舆隶亦多认字"，为学之风"冠于东州" [181]。

人和之二，是人才荟萃。教育促进了人才的成长。历史上，今绍兴市境内，走出了2238位进士[182]。有清一代，"绍兴师爷"更是名闻天下，以致有了"无绍不成衙"的美谈[183]。绍兴成为"士比鲫鱼多"[184]的"名士乡"[185]，正是重视教育的必然结果。

特别值得一提的是，人们常常误以为绍兴名人均为文人，其实绍兴人才的学科分布是极为广泛的，涉及文学、艺术、科技、教育、卫生、经济、政治、军事等各个方面。我曾经总结过绍兴历代名人的三个特点，其中之一，是"三教九流，各类俱备"[186]。正如王十朋所说的，有"孝者弟者，忠者义者，廉者逊者，智者健者，优于文词者，长于吏事者，擢秀科目之荣者，策名卿相之贵者，杀身以成仁者，隐居以求志者，埋光屠钓之微者，晦迹佛老之异者"[187]。

在这"焉能缕数"[188]的人才当中，各类能工巧匠则无疑是因为位卑言轻而被"文字历史"的记录者所忽视了的。事实上，他们"埋头苦干"、"拼命硬干"，是默默无闻而又名副其实的"中国的脊梁"[189]。近万年前，越地成为"我国稻作文化的发源地"[190]并继而开始酿酒[191]。七千年前，成为我国"最早饲养家蚕、织造丝绸"的地区[192]。越国时期，进行我国最早的人工养鱼实践与经验的总结[193]，建成"江南绝无他例"、至今城址未变的城市[194]，成为"我国最早面向海洋走向世界的民族"[195]，"的确可能是我国最早开始铸造铜剑的地区之一"[196]，"而且可能是我国冶铁的发源地"[197]。秦汉魏晋时，会稽成为全国铜镜铸造中心，会稽砖甓名闻神州，越布出口日本等国。隋唐时，越绫"异彩奇纹相隐映，转侧看花花不定"[198]，被韩愈称为"会稽楮先生"[199]的越纸成为贡品，雕版印刷术刚一出现便在此兴旺发达[200]。这些历史事实，为成千上万、历朝历代的能工巧匠们垒起了一座永垂不朽的丰碑。

从原始陶到几何印纹硬陶，从原始青瓷到越窑青瓷，从瓷器的诞生到成长壮大，正是这些能工巧匠们不断优选陶瓷原料、比配陶瓷釉色、美化陶瓷装饰、丰富陶瓷种类、改进窑的结构、提高烧造温度、优化使用窑具的结果。他们所扮演的，正是伟大的"瓷父"的角色。虽然他们的名字，只有极个别的为人所知。目前所见最早的，为浙江省宁波市鄞州区出土的一件东汉越窑青瓷双系盘口壶，底足刻有隶书"王尊"二字；又如1954年江苏省南京市赵士岗吴墓出土的一件越窑青瓷虎子，上面刻有"赤乌十四年会稽上虞师袁宜作"款铭[201]。1970年，在江苏金坛市白塔乡惠群村出土的一件六朝早期青瓷扁壶，其中的一侧也刻有"紫是会稽上虞范休可作（土甲）者也"字样[202]。然其中的绝大多数瓷工，既未铭刻于器物上，也不见载于史册中。但是，他们的丰功伟绩，却早已融入人类自身的血脉和人类文明的长河之中。

人和之三，是质量引人。事在人为，财自才来。这些能工巧匠不但发明创造了越窑青瓷，同样也与时俱进，不断地呵护、养育、创新越窑青瓷。越窑历经千年而不衰，走向全国而得益，漂洋过海而受宠，靠的正是他们在产品质量上下的不懈功夫。

人和之四，是民风独特。绍兴是我国最早产茶的地区之一，青瓷的产生、鼎盛与茶叶相伴相随，它们恰似一对孪生兄弟，携手并行，相得益彰。绍兴是我国佛教的最早传播地之一，青瓷的产生、纹饰的变化都打上了佛教的烙印。越人的龙（蛇）图腾与鸟崇拜，深刻地影响着他们的生产和生活，龙窑、龙纹与龙形堆塑、鸟形器与鸟形堆塑的产生与流行，就是真实的反映。越人重祭祀尚厚葬的风俗，直接推动了明器的生产，促成了越窑青瓷的第一个高峰。越人长期生活于山清水秀、鸟语花香的自然环境中，尚青既成了他们适应环境的感官生理需要求，又成了他们喜爱环境的审美艺术风俗，而越瓷从诞生之日起，直至"掭翠融青"[203]、"千峰翠色"[204]的秘色瓷，其最基本的一个特征，正是一个"青"字。

然而，在千年的漫长岁月中，越窑青瓷的人和优势逐渐丧失。

一方面，是人才的大量外流。生产规模的不断扩大与销售市场的不断拓展，加速了陶瓷业在全国与国外的发展，也加速了人才的流动。如前所述，朝鲜半岛等地甚至还"从越州带回陶工"。特别是到了北宋，越地粮、茶、桑全面发展，农业经济空前繁荣，形成了与瓷业争燃料、争土地、争劳力的局面。结果是越瓷业的高价燃料、高价土地与高价用工。然而，越瓷业面对这种高成本的新情况，竟然无动于衷，束手无策，从而影响了自身的生产，加快了人才的外流。"北宋时上林湖窑部分窑场迁移杭州，给当地带来了最为先进的生产技术与优秀技术人才"[205]。这是当时人才外流情况的真实写照。而到了失去"朝贡"特权的那一刻，越窑青瓷便更是"树倒猢狲散"了。

另一方面，是技术创新的缓慢与核心技术的丧失。长期的"独霸天下"，麻痹了越窑的危机意识，麻木了越窑的进取精神，封闭了越窑的市场信息，使越窑青瓷形成了"目中无人"的错觉，体现在具体行动上，就是忽视产品的革新。它"只在加工和装饰的改进而形成外观上的变化，而不是在至关重要的化学组成和烧成温度的改变而形成的内在质量的变化"。"如果说在汉晋刚兴起时尚能满足其质量上的要求，那么发展到宋代，我国南（影青瓷）北（官、汝、钧、定名瓷）仿制瓷工艺所取得很大进展时期，就显得上林湖地区越窑所用的原料以及烧成温已不能满足瓷器质量的要求"[206]。

更为严重的是，在总体质量受到同行威胁的同时，"秘色瓷"技术扩散了。"秘色瓷"是越窑青瓷的核心技术、标志品牌，也是越窑青瓷成为贡品的根本原因。而北宋中后期，南北方诸窑的质量已经达到了可与越窑匹敌的程度。"处州龙泉县……出青瓷器，谓之秘色，钱氏所贡，盖取于此。宣和（1119—1125）中，禁庭制样须索，益加工巧"[207]。甚至连越窑青瓷的老乡陆游也认为，"耀州青瓷器，谓之'越器'，以其类余姚秘色也"[208]。核心技术的丧失，实际上已经给越窑青瓷敲响了丧钟。随之而来的朝贡特权的丧失，更是加速了越瓷的衰落。

越窑青瓷，这一越人为人类奉献了千年的"圣器"，终于在多种原因的交互作用下，退出了历史的舞台。但是，它的首

创之功，它的尚"青"思想，它的民生情怀，将永远铭记在人
类的心中！

2014年3月30日、星期日下午5:35于家中书房形成初稿；4月16
日、星期三凌晨1:35于家中书房完成第一次修改；4月21日、星
期一凌晨2:15于家中书房完成第二次修改。至此，这篇小文，
已断断续续地写了一年时间。这客观上是因为公务忙，而主要
还是因为主观上常偷懒，实在是有些说不过去。特此小记。
2014年5月12日、星期一凌晨1:45校对完打印稿。又记

## 注释

1　18 李学勤序，唐勤彪、林华东著《玉笥堂藏越窑青瓷》，文物出版社
　　2007年版，第1页。

2　5　7　8　12　190　191　192　195　197孟文镛《越国史稿》，中国社会科学出版
　　社2010年版，第1页、50页、62页、58页、70—74页、692页、432页、
　　695页、708页、707页。

3　张森水、高星、徐新民《浙江旧石器调查报告》，《人类学学报》第
　　22卷第2期，2003年。

4　蒋乐平、郑建明《浙江浦江县发现距今万年的早期新石器时代遗
　　址》，《中国文物报》2003年11月7日；蒋乐平《浙江浦江县上山新
　　石器时代遗址》，《中国社会科学院古代文明研究中心通讯》第7期，
　　2004年11月；金毅《浦江上山遗址发现一万年前的栽培稻》，《钱江
　　晚报》2005年1月21日；蒋乐平、盛丹丹《浙江浦江上山遗址进行第三
　　次考古发掘》，中国文物信息网2006年2月13日。

6　王家治、陈正军《嵊州"小黄山"是"河姆渡"的父辈》，《绍兴晚
　　报》2005年8月8日；孙国翔《嵊州发现新石器早期遗存》，《钱江晚
　　报》2005年8月9日；宋醒、潘剑凯《浙江出土距今九千年的石雕人
　　首》，《光明日报》2005年8月11日；张恒、王海明、杨卫《浙江嵊州
　　小黄山遗址发现新石器时代早期遗存》，《中国文物报》2005年9月30
　　日；潘丽萍、俞其军《小黄山遗址学术讨论会在嵊州举行》，《绍兴
　　晚报》2005年12月20日、22日。

9 夏鼐《碳—14测定年代和中国史前考古学》，《考古》1977年第4期；浙江省文物管理委员会《河姆渡遗址第一期发掘报告》，《考古学报》1978年第1期；河姆渡考古队《浙江河姆渡遗址第二期发掘的主要收获》，《文物》1980年第5期；浙江省文物考古研究所《河姆渡——新石器时代遗址考古发掘报告》，文物出版社2003年版。

10 陈桥驿《于越历史概论》，《浙江学刊》1984年第2期。

11 林华东《试论河姆渡文化与古越族的关系》，《百越民族史论集》，中国社会科学出版社1982年版。

13 《中国考古学年鉴·绍兴马鞍新石器遗址》，文物出版社1986年版。

14 19 《中国考古学年鉴·绍兴县仙人山遗址》文物出版社1988年版。

15 17 26 104 109 115 124 129 161 魏建钢《千年越窑兴衰研究》，中国科学技术出版社2008年版，第40—43页、43页、48页、265页、78页、200页、214页、215页、19页。

16 131 拙文《铜镜三章》，《中国铜镜》2013年3月期（总第6期）。

20 《浙江上虞县商代印纹硬陶窑发掘简报》，《文物》1987年第11期。

21 35 浙江省文物考古研究所等《绍兴陶里壶瓶山遗址发掘简报》，《浙江省文物考古研究所学刊》，长征出版社1997年版。

22 53 60 胡继根《浙江上虞凤凰山古墓葬发掘报告》，《浙江省文物考古研究所学刊》，科学出版社1993年版。

23 36 沈作霖等《绍兴吼山和东堡两座窑址的调查》，《考古》1987年第4期。

24 浙江省文管会《绍兴漓渚的汉墓：第一类战国墓》，《考古学报》1957年第1期。

25 沈作霖《浙江绍兴袍谷遗址发掘简报》，《考古》1989年第9期。

27 159 《越绝书·记地传》。

28 绍兴县文管会《绍兴凤凰山木椁墓》，《考古》1976年第6期。

29 61 62 63 66 67 73 74 79 85 88 112 120 周燕儿、沈作霖、周乃复《绍兴越窑》，中华书局2004版，第11页、35页、118页、119页、119页、130页、134—135页、137页、157页、159—160页、139页、165-167页、174页。

30 夏鼐《中国文明的起源》，《文物》1985年第8期。

31 浙江省文物考古所、湖州市博物馆、德清县博物馆《浙江东苕溪中游商代原始瓷窑址群》，《考古》2011年第7期。

32 任大根等《浙江湖州古窑址调查》，《中国古陶瓷研究》第三辑，紫禁城出版社1990年版。

33 金华地区文管会《浙江义乌平畴西周墓》，《考古》1985年第7期。

34 37 朱建明《浙江德清原始瓷窑址调查》，《考古》1989年第9期。

38 181 182 《绍兴市志》，浙江人民出版社1996年版，第2152页、7页、

6页。

39　绍兴县文管会《浙江绍兴富盛战国窑》，《考古》1979年第3期。

40　沈德祥《浙江余杭崇贤战国墓》，《东南文化》1989年第6期。

41　芮国耀《浙江海盐出土原始瓷乐器》，《文物》1985年第8期。

42　沈作霖《绍兴出土的春秋战国文物》，《考古》1979年第5期。

43　89　97　103　李军编著《千峰翠色——中国越窑青瓷》，宁波出版社2011
年版，第3页、23页、24页、31页。

44　45　47　49　50　《中国陶瓷》，文物出版社1994年版。

46　48　姚仲源《浙江汉六朝古墓概述》，《中国考古学会第三次年会论文
集》，文物出版社1984年版。

51　57　林士民《浙江宁波汉代窑址勘察》，《考古》1986年第9期。

52　《绍兴文物精华》下卷，浙江人民美术出版社2000年版。

54　144　章金焕《瓷之源——上虞越窑》，浙江大学出版社2007年版，第
168页、174页。

55　146　朱伯谦《朱伯谦论文集》，紫禁城出版社1990版。

56　《浙江上虞县发现东汉瓷窑址》，《文物》1981年第10期。

58　林士民《浙江宁波汉代瓷窑调查》，《考古》1980年第4期。

59　王利华、林士民《奉化白杜汉熹平四年墓清理简报》，《浙江省文物
考古所学刊》，文物出版社1981年版。

60　浙江省考古研究所、上虞县文物管理所《浙江上虞凤凰山古墓发掘报
告》《浙江省文物考古研究所学刊》，科学出版社1993年版。

64　嵊县文管会《浙江嵊县大塘岭东吴墓》，《考古》1991年第3期；周燕
儿、蔡晓黎《绍兴县出土越窑魂瓶初探》，《东南文化》1992年第5期。

65　沈一萍《三国两晋青瓷堆塑罐的属性概述》，《东方博物》第三十辑。

68　202　马志坚《上虞五千年》，西泠印社出版社2013年版，第101页、
101页。

69　拙文《绍兴佛教源流考》。

70　169　李刚《古瓷新探》，浙江人民出版社1990年版。

71　林士民《浙江宁波云湖窑调查》，《中国古代窑址调查报告集》，文
物出版社1984年版。

72　南京市博物馆等《南京殷巷东晋南朝墓》，《东南文化》1993年第2期。

75　《中国陶瓷史》，文物出版社1982年版，第193—195页。

76　141　〔唐〕陆羽《茶经》。

77　朱伯谦、陈克伦、承焕生《上林湖窑晚唐秘色瓷生产工艺的初步探
讨》，汪庆正主编《越窑秘色瓷》，上海古籍出版社1996年版。

78　《2013年度全国十大考古发现》，《中国文物报》2014年4月11日第7
版。

80　林士民《谈越窑青瓷中的秘色瓷》，汪庆正主编《越窑秘色瓷》，上

　　海古籍出版社1996年版。

81　〔汉〕许慎《说文解字》。

82 142　《新唐书·地理志》。

83 101 149　〔宋〕周密《志雅堂杂抄》。

84　〔清〕光绪《余姚县志》。

86　童兆良《贡窑概论》，中国陶瓷研究会、中国外销陶瓷研究会《1987年福建晋江年会论文集》。

87　《浙东文化概论》，宁波出版社1997年版。

90 91 92 93　《十国春秋》之《武肃王世家》、《文穆王世家》、《忠献王世家》、《忠懿王世家》。

94 95 96　《宋会要·蕃夷》。

98　陈万里《越器图录·序》，中华书局1937年版。

99　浙江省文管会《杭州临安五代墓中的天文图和秘色瓷》，《考古》1976年第3期。

100　浙江省文管会《杭州临安板桥的五代墓》，《文物》1975年第8期。

102　郑建华《越窑贡瓷与相关问题》，浙江省文物考古研究所编《纪念浙江省文物考古所建所二十周年论文集》（1979—1999），西泠印社出版社1999年版。

105　〔宋〕李焘《续资治通鉴长编》宋哲宗元祐八年（1093）。

106　历祖浩《论"太平戊寅"款越窑青瓷》，浙江省文物考古研究所学刊第五辑《2002年越窑国际学术讨论会专辑》，杭州出版社2002年版。

107　〔明〕嘉靖《余姚县志》引《六研斋笔记》。

108　《越窑考古又获重大突破》，《中国文物报》1999年1月20日。

110　习近平2014年3月27日《在联合国教科文组织总部的演讲》，《人民日报》2014年3月28日。

111　〔日〕三上次男著，张仲淳译《晚唐五代的贸易陶瓷》，《中国古瓷研究》创刊号。

113　陈文平《唐五代中国陶瓷外销日本的考察》，《上海大学学报》1998年第6期。

114　〔日〕三上次男著，胡德芬译《陶瓷之路》，天津人民出版社1983年版；林士民《海上丝绸之路的著名港口——明州》，海洋出版社1990年版；《宁波市志》第九卷《海港口岸》，中华书局1995年版。

116 123　夏鼐《作为古代中非交通关系证据的瓷器》，《文物》1963年第1期。

117　〔日〕《入唐求法巡礼行记》《三代实录》《日本记略》。

118　〔日〕《关市令》"延喜三年八月一日太正官符"条。转引自魏建钢《千年越窑兴衰研究》，中国科学技术出版社2008年版，第216页。

119　〔英〕马德休斯《山间邮路》。转引自魏建钢《千年越窑兴衰研究》，中国科学技术出版社2008年版，第216页。

121 冯先铭《从文献看唐宋以来饮茶风尚及陶瓷茶具的演变》，《文物》1963年第1期。

122 〔日〕矢部良明著，王仁波、程维民译《日本出土的唐宋时代的陶器》，《中国古外销陶瓷研究资料》第3辑，1963年6月编印。

125 〔韩〕《张保皋的新研究》，国史编纂委员会委员长朴永锡等撰文《莞岛文化院》，1992年4月（株），时事文化社再版，第105页。转引自魏建钢《千年越窑兴衰研究》，中国科学技术出版社2008年版，第214页。

126 转引自陈万里《宋末—清初中国对外贸易中的瓷器》，《文物》1963年第1期。

127 《中埃两国人民的传统友谊关系》，《光明日报》1955年5月30日。

128 鲁芳芳《试析我国古代陶瓷对国外的影响》，《陶瓷研究》1993年第3期。

130 〔日〕三上次男著，胡德芬译《陶瓷之路》，天津人民出版社1983年版，第14页

132 转引自周燕儿、沈作霖、周乃复《绍兴越窑》，中华书局2004年版，第172页。

133 《御览》二六二引《益都者旧传》、四一二引《东观汉记》。

134 《后汉书·张霸传》。

135 〔清〕康熙《会稽县志·水利》。

136 《管子·水地》。

137 《史记·货殖列传》。

138 《晋书·诸葛恢传》。

139 140 上虞文物管理所《上虞江山乡狗顶颈山吴墓发掘简报》，《东南文化》1982年第2期。

143 〔宋〕嘉泰《会稽志》、〔明〕万历《上虞县志》、〔清〕光绪《上虞县志》。

145 耿东升《越窑青瓷甲天下》，孙海芳编著《中国越窑青瓷》，上海古籍出版社2007年版，第5页。

147 陈定荣《影青瓷论》，紫禁城出版社1990年版。

148 耿建扩《河北内丘发现隋唐邢窑遗址群》，《光明日报》2012年6月10日。

150 《宋史·职官》："熙宁（1068—1077）初，辅臣陈升之、王安石领制置三司条例司，建言……凡上供之物，皆得徙贵就贱，用近易远"。

151 155 〔宋〕王存《元丰九域志》卷三；《宋史·地理志》。

152 〔南宋〕叶寘《坦斋笔衡》："本朝以定州白瓷有芒，不堪用，遂命汝州造青瓷器，故河北唐、邢、耀州悉有之，汝窑为魁。"

153 〔南宋〕叶寘《坦斋笔衡》："北宋大观年间（1107—1110），汴京自置窑烧造，名曰'官窑'。"另，南宋顾文荐《负喧杂录》："政宣间（1111—1125），京师自置窑烧造，名曰'官窑'。"

154 《宋会要辑稿·食货》"诸郡进"条。

156 叶宏明、曹鹤鸣、程朱海《关于我国陶瓷向青瓷发展的工艺探讨》，《中国古代陶瓷论文集》，文物出版社1982年版。

157 《上虞县志》，浙江人民出版社1990年版，第689—691页。

158 《吴越春秋·句践阴谋外传》。

160 〔北魏〕郦道元《水经注·浙江水》。

162 徐定宝《越窑青瓷衰落的主因》，《复旦学报（社科版）》2002年第6期。

163 转引自周燕儿、沈作霖、周乃复《绍兴越窑》，中华书局2004年版，第184页。

164 〔宋〕欧阳修《归田录》卷一。

165 〔宋〕嘉泰《会稽志》卷十七。

166 杜石然等编著《中国科学技术史稿》（下册），科学出版社1982年版。

167 207 〔宋〕庄季裕撰，萧鲁阳点校《鸡肋编》卷中，中华书局1983年版，第77页、5页。

168 〔宋〕庄季裕撰，萧鲁阳点校《鸡肋编》卷上，"越州在鉴湖之中，绕以秦望等山，而鱼薪难得。故谚云：有山无木"。中华书局1983年版，第10页。

170 句践（约公元前520—前465），越国国王，公元前496—前465年在位，今绍兴城之首创者，"春秋五霸"之一，《史记》有《越王句践世家》。

171 《左传·哀公元年》："越十年生聚，而十年教训，二十年之外，吴其为沼乎！"

172 严助（？—前122），本姓庄，后人因避东汉明帝刘庄的讳，或改为严。西汉会稽吴（今江苏苏州）人，武帝时任中大夫、会稽太守，尝向武帝荐举朱买臣。《汉书》有传。

173 朱买臣（？—前115），字翁子，西汉会稽吴（今江苏苏州）人，先为中大夫，后任会稽太守、主爵都尉、丞相长史。南宋嘉泰《会稽志》、清《越中杂识》载，其墓在今嵊州市北6里，墓前有石羊。今绍兴市越城区昌安门外文应桥旁，旧有朱太守庙，祀之。《汉书》有传。

174 郑吉（？—前49），会稽人，以卒伍从军。宣帝嘉其护安西域之功，任为西域都护，封安远侯。都护之置，自吉而始。汉之号令行于西域，始于张骞而成于吉。谥缪侯。《汉书》有传。

175 马臻（88—141），字叔荐，东汉茂陵（今陕西兴平）人，一说是会稽山阴（今浙江绍兴）人。东汉顺帝永和五年（140）任会稽太守，组织百姓、工匠筑鉴湖，一改越地恶劣自然环境，使之成为风调雨顺的鱼米之乡。蒙冤被刑于洛阳，越人感念其功，迁其遗骸回山阴，于湖边建墓立祠。墓、祠今均存于绍兴市越城区偏门外跨湖桥之南。《太平御览》卷六六引孔灵符《会稽记》，清李慈铭《越缦堂日记》之《受礼庐日记》下集（广陵书社2004年版，第4012页），拙编清山阴程鸣九纂辑、邹志方标点之三江《闸务全书》上卷（黄河水利出版社2013年版，第108页）均有载。宋孔延之《会稽掇英总集》卷一八录有唐代韦瑾《修汉太守马君庙记》。参见拙文《利民济世千古流——纪念马臻太守》，《绍兴日报》2014年4月12日。

176 刘宠，字祖荣，东汉东莱牟平（今山东牟平）人，少以明经荐孝廉。恒帝时为会稽太守，清廉善任，简除烦苛，禁察非法，劝民农桑，狗不夜吠，民不见吏，郡中大治。征为将作大匠，将行，山民自发持百钱相送，难却，取一，及至西小江投水而去。后称其地为钱清，有祠祀宠，曰一钱太守，在今绍兴市柯桥区钱清镇。乾隆于十六年（1751）七月，奠会稽山禹陵时，途经钱清，赋有"循吏当年齐国刘，大钱留一话千秋。而今若问亲民者，定道一钱不肯留"诗，今诗碑存于钱清镇人民政府。《后汉书》有传。

177 张霸，字伯饶，东汉蜀郡成都人。东汉和帝永元中（89—105）任会稽太守，《后汉书·张霸传》载："始至于越，贼未解。郡界不宁，乃移书开购，明用信赏，贼遂束手归附，不烦士卒之力"，还"表用郡人处士顾奉、公孙松等。奉后为颖川太守，松后亦为司隶校尉，并有名称。其余有业行者，皆见擢用，郡中争厉志节，习经者以千数，道路但闻诵声"。

178 《论衡·自纪》。王充（27—约97），字仲任，东汉上虞人。少好学，及长以孝闻乡里，曾于京师太学受业，师事班彪。后还乡授徒自给，三十年著成《论衡》85篇。蔡邕至会稽，王朗为太守，先后得之，以为异书，秘不示人。章帝时，会稽太守谢夷吾上书，谓"充之天才，非学所知，虽前世孟轲、孙聊，近世扬雄、刘向、司马迁不能过"。章帝遂特诏公车征召，以病辞。墓在今绍兴市上虞区章镇之乌石山。《后汉书》有传。

179 180 187 188 〔宋〕王十朋《会稽风俗赋并序》。

183 参见拙文《一个特殊的幕僚群体——绍兴师爷论》，《绍兴文理学院学报》2013年第1期。

184 〔明〕袁宏道《初至绍兴》。

185 毛泽东《纪念鲁迅80周年寿辰·七绝二首》，《人民日报》1996年9月20日。

186 《二十五史中的绍兴人》拙序，中华书局2003年版。

189 《鲁迅全集》第六卷，人民文学出版社2005年版，第122页。

193 〔北魏〕贾思勰著，石声汉校释《齐民要术·养鱼经》，中华书局2009

年版。

194 陈桥驿《论越国古都》，《吴越文化论丛》，中华书局1999年版。

196 李伯谦《中原地区东周铜剑津源试探》，《文物》1982年第1期。

198 〔唐〕白居易《缭绫》。

199 《全唐文·毛颖传》。

200 〔唐〕元稹《白氏长庆集序》自注："扬越多作书，摹勒乐天及予杂诗卖于市肆。"《元氏长庆集》卷五一。

201 张建平《论青瓷书刻装饰对书法篆刻艺术的借鉴》，《华人时刊》2013年10月号《东方艺林》。

203 〔五代〕徐夤《贡余秘色茶盏》。

204 〔唐〕陆龟蒙《秘色瓷器》。

205 闻长庆《不该遗忘的浙江制瓷史》，文物出版社2010年版，第139页。

206 李家治等《上林湖历代越窑胎、釉及其工艺的研究》，1989年古陶瓷科学技术国际讨论会论文。

208 《宋会要辑稿·职官》。

# 越王句践改革论

　　东周春秋时期，列国纷争。"战争的结果，先后出现楚、齐、秦、晋、吴、越六个大国"[1]。越国国王句践，励精图治，改革图强，转危为安，反败为胜，承前启后，成就霸业，造就了越国开国以来最辉煌的一段历史，成为越国发展史上最伟大的一位君王，在中华民族的发展史上也留下了浓墨重彩的一页；他的为后人所浓缩而成的卧薪尝胆的精神，更是影响、教育、激励了一代又一代的中华儿女。

　　司马迁的《史记》，设有三十《世家》，《越王句践世家》便是其中之一，里面详细记述了句践的家世与功业。不仅如此，司马迁还在卷末的"太史公曰"中，将他与大禹并列来加以点评，称"禹之功大矣，渐九川，定九州，至于今诸夏艾安。及苗裔句践，苦身焦思，终灭强吴，北观兵中国，以尊周室，号称霸王。句践可谓不贤哉！盖有禹之遗烈焉"[2]。

　　越王句践堪与禹比的丰功伟绩，集中地体现在他的一系列的改革举措及由此而致的强国大业上。

◇ 越王句践剑

◇ 越王句践剑铭文

一

励志。

首先，是反思自责，总结教训。在经历了"会稽之耻"后，句践对自己的所作所为进行了深刻的反思与自责。句践自己承认，"吾年既少，未有恒常，出则禽荒，入则酒荒。吾百姓之不图，唯舟与车"[3]。"昔者之战也，非二三子之罪也，寡人之罪也。如寡人者，安与知耻？""寡人不知其力之不足也，又与大国执雠，以暴露百姓之骨于中原，此则寡人之罪也。寡人请更"[4]。正是在这种思想的支配下，句践演绎出了千古传诵的卧薪尝胆的故事。人贵有自知之明。识人难，识己更难。自知自识，方能自省自责；自省自责，方能自觉自励。这正是句践留给后人的深刻启迪。

其次，是节衣缩食，寝不安席。句践"身自耕作，夫人自织，食不加肉，衣不重采，振贫吊死，与百姓同其劳"[5]。伍子胥曾从四个方面给吴王夫差讲述句践"此人不死"会给吴国带来祸害："宫有五灶，食不重味。省妻妾，不别所爱。妻操斗，身操概，自量而食，适饥不费"；"食不杀而膳，衣服纯素，不衲不玄，带剑以布"；"寝不安席，食不求饱，而善贵有道"；"衣敝而不衣新，行庆赏，不行戮"[6]。"越王苦会稽之耻，欲深得民心，以致必死于吴，身不安枕席，口不甘厚味，目不视靡曼，耳不听钟鼓，三年苦身劳力"[7]。句践自己也对孔子的学生子贡说过，"孤身不安床席，口不甘厚味，目不视好色，耳不听钟鼓者，已三年矣。焦唇干嗌，苦心劳力"[8]。句践告诉后人的，正是成俭败奢的道理。

第三，是仰胆尝胆，枕戈卧薪。"吴既赦越，越王句践反国，乃苦身焦思，置胆于坐，坐卧即仰胆，饮食亦尝胆也。曰：'女忘会稽之耻邪？'"[9]"越王念复吴仇，非一旦也……愁心苦志，悬胆于户，出入尝之，不绝于口"[10]。唐宋时，出现了句践"枕戈尝胆"之说。唐代大诗人杜甫曾有"枕戈忆句践"[11]句。北宋学者王洙注释此诗称：句践"出则尝胆，卧则枕戈"。南宋初年李纲也说句践"枕戈尝胆以励其志"[12]，"句践枕戈尝胆，率以报吴"[13]。"卧薪尝胆"作为一个成语，最早出现于北宋苏轼的《拟孙权答曹操书》中。到了清代，这一由句践而来的成语已大量使用。"句践反国，乃苦身焦思，卧薪尝胆"[14]。蒲松龄在他的一副广为流传的对联中，同样表现出了对句践、项羽这些英雄们的感怀——"有志者，事竟成，破釜沉舟，百二秦关终属楚；苦心人，天不负，卧薪尝胆，三千越甲可吞吴。"

在天下大势相同的情况下，越王句践这种苦心志、劳筋骨、饿体肤的可贵精神，以身作则、言传身教的崇高品格，报仇雪耻、发愤图强的凌云壮志，顺时应势、继往开来的非凡胆魄，既是他本人起死为生、成就伟业的根本原因，也是越国反败为胜、逐鹿中原的根本原因，还是让后人津津乐道、奉若神明的根本原因。句践是一面"人镜"，让人明得失；也是一面"史镜"，让人知兴替。由他而来的卧薪尝胆这个充满褒奖、渴望成功的中华成语，正是一个人、一个民族、一个国家不甘落后、力图振兴的内在动力与文化基因。

## 二

重才。

首先，是态度诚恳。为了成就志向，句践"折节下贤人，厚遇宾客"[15]。"躬身节俭，下士求贤"[16]。"四方之士来者，必庙礼之"[17]。"凡四方之士来者，必朝而礼之，载饭与 以游国中"[18]。这种礼贤下士的谦躬姿态，吸引了四方之士的趋之若鹜。

其次，是爱护有加。句践对于人力的关心爱护，达到了无微不至的程度。"其达士，洁其居，美其服，饱其食，而摩厉之于义"[19]。"量其居，好其衣，饱其食"[20]。句践的这种真情，换来的是他们的真心。

第三，是不拘一格。文种曾是楚国的宛（今河南南阳）令。范蠡是楚国三户（今河南淅川西南）的"狂士"。计倪是晋国亡公子。然而，他们都成了句践最重要的谋臣。这种海纳百川的用人胸怀，终使越国在人才问题上出现了百川归海般的喜人景象。

第四，是人尽其才。句践用人如器，量才录用，精准使用，使各种人才得到了恰到好处的舞台，展示了毫不保留的才能。"四封之内，百姓之事，蠡不如种也。四封之外，敌国之制，立断之事，种亦不如蠡也"[21]。"兵甲之事，种不如蠡。填抚国家，亲附百姓，蠡不如种"[22]。于是，句践让范蠡陪他去吴，由文种守国理政。句践重才最根本的一条，是尽其才。由此而来的，正是"士为知己者死"的忠诚。

重才，是句践成就霸业的关键原因。"吴亡而越兴，在天与？在人乎？皆人也"。"夫越王句践，东垂海滨，夷狄文身，躬而自苦，任用贤臣，转死为生，以败为成……终能以霸"[23]。"昔越王句践，困于会稽之上，乃用范蠡、计倪……修之十年，国富，厚赂战士，士赴矢石，如渴得饮，遂报强吴，观兵中国，称号'五霸'"[24]。"是时句践失众，栖于会稽之山，更用种、蠡之策，得以存"[25]。《国语·吴语》中的最后一段话，说得更是画龙点睛、入木三分。"越灭吴，上征（北征）上国（中原诸侯国），宋、郑、鲁、卫、陈、蔡执玉之君皆入朝。夫唯能下其群臣，以集其谋故也。"礼贤下士，虚心纳谏，集思广益，终成大业。这正是句践对后人的启迪。其实，重才，又何尝不是一个党派团体、一个社会组织成就事业的关键所在呢？！

## 三

亲民。

首先，是亲附百姓。句践自己说，"越国之中，疾者吾问之，死者吾葬之，老其老，慈其幼，长其孤，问其病"；"越国之中，富者吾安之，贫者吾予之，救其不足，裁其有余，使贫富皆利之"[26]。句践是这样说的，也是这样做的。句践后来的成功，实际上是百姓对他的回报。

其次，是轻徭薄税。句践"非其身之所种则不食，非其夫人之所织则不衣。十年不收于国，民俱有三年之食"。"当室者死，三年释其政；支子死，三月释其政"[27]。这种"放水养鱼"的政策，在政治上使句践获得了民心，在经济上促进了生产力的发展。

第三，是缓刑薄罚。"越国之中，吾宽民以子之，忠惠以善之。吾修令宽刑，施民所欲，去民所恶，称其善，掩其恶"[28]。这就最大限度地缩小了打击面，缓和了社会矛盾，化解了消极因素。

第四，是优扶兵士。句践自称，"吾爱士也，虽吾子不能过也"[29]。出师伐吴前，句践宣布五种人可以留下不去："有父母耆老而无昆弟者"、"筋力不足以胜甲兵者"、

"志行不足以听命者"、"有兄弟四五人皆在此者，择子之所欲归者一人"、"有眩瞀之疾者"[30]。对于士卒及亲属的病、亡，他宣布："子在军寇之中，父母昆弟有在疾病之地，吾视之如吾父母昆弟之疾病也。其有死亡者，吾葬埋殡送之，如吾父母昆弟之有死亡葬埋之矣"。"士有疾病，不能随军从兵者，吾予其医药，给其糜粥，与其同食"[31]。句践这种爱兵如子、爱民若父母的亲民政策，极大地解除了兵士的后顾之忧，调动了百姓参战的积极性，他们"不呼自来，皆欲伐吴"[32]。"孰是君也，而无可死乎"[33]？这是何等的群情激奋、壮怀激烈！

第五，是富民殷众。句践君臣懂得，在富国同时，应重视殷民。范蠡在回答句践关于如何"节事"的提问时提出，"同男女之功，除民之害，以避天殃；田野开辟，府仓实，民众殷；无旷其众，以为乱梯"[34]。正是在这种指导思想下，越国"多贮谷，富百姓"[35]。甚至连作为敌国谋臣的伍子胥也承认，"今越王句践恐惧而改其谋，舍其愆令，轻其征赋，施民所善，去民所恶，身自约也。裕其众庶，其民殷众，以多甲兵"[36]。句践采取的这些"内实存库，垦其田畴"、"缓刑薄罚，省其赋敛"的"爱民"政策，终于换得了"民富国强，众安道泰"、"人民殷富，皆有带甲之勇"[37]的大好局面。句践因顺应民心而争得了民心，因民心归顺而成就了句践的伟业。

## 四

筑城。

首先，是筑句践小城。公元前490年，句践从吴国返回

后，即着手考虑"定国立城"的问题。范蠡向句践建议，

◇句践小城、山阴大城图

"今大王欲国树都，并敌国之境，不处平易之都，据四达之地，将焉立霸王之业"[38]？句践畅怀纳谏，决定将首都从平阳[39]"徙治山北"，"筑城立郭，分设里闾"，并将此事"委属于相国"，"于是范蠡乃观天文，拟法于紫宫，筑作小城。周千一百二百二十步，一圆三方"[40]。"句践小城，山阴城也，周二里二百二十三步，陆门四，水门一"[41]。小城的位置，在今绍兴市越城区府山的东南麓。

其次，是筑山阴大城。句践小城是越国的政治中心和军事堡垒，山阴大城则是小城的城廓，是越国的经济中心和居民区。"大城周二十里七十二步，不筑北面"，"陆门三，水门三，决西北"[42]。"外廓筑城而缺西北，示服事吴也"[43]。在都城内外，还建有越王宫台、飞翼楼、美人宫等众多宫殿、台榭、楼阁、亭苑。

句践小城和山阴大城，是以会稽山北麓冲击平原上的九座孤丘（今只存有府山、塔山、蕺山）为地理坐标建立起来的。它作为越国的政治、经济、文化、军事中心，对凝聚人心、成就霸业，起到了奠基石、根据地的作用，标志着越国的复兴迈出了历史性的第一步。而今，这座饱经2500年风雨

的古城，是国务院于1982年公布的我国第一批历史文化名城，"自从春秋于越以来，一直在原址上屹立不动。因此，它的历史悠久，实为其他古城所无法比拟"。"一座城市，在原来的地理位置和基础上持续存在达到如此长久的，不仅在江南绝无他例，从全国来说亦属罕见。"[44]

句践筑城的实践告诉我们，城市自古以来对一国一地的政治、经济、文化、军事、社会、民生，产生着重大、有时甚至是决定性的影响。这种影响，既是现实的，具有巨大的现实意义；又是历史的，具有深远的历史意义。而这种影响的一个基本的前提，是城市选址在尊重自然基础上的利用自然。对此，我曾在《让事业更成气候》这篇拙文中，作过专门的论述。

## 五

富国。

首先，是发展粮食。"人得谷即不死，谷能生人，能杀人。故谓人身"。"兵之要在于人，人之要在于谷。故民众，则主安；谷多，则兵强。王而备此二者，然后可以图之也"[45]。"百姓之事，时节三乐，不乱民功，不逆天时，五谷睦熟，民乃蕃兹"[46]。根据范蠡的这一建议，句践将粮食产生作为恢复农业、发展经济、备战兴国的首要大事。"大夫种为越王垦草创邑，辟地殖谷，率四方之士，专上下之功"[47]。越国因此而出现了"荒无遗土，百姓亲附"[48]，"民俱有三年之食"[49]的喜人局面。

其次，是发展渔牧。在都城东南，建池养鱼，"三年致鱼三万"[50]。在都城东南二十五里处的犬山（今称吼山，在绍兴市越城区皋埠镇吼山村），建设专门的养狗基地。在都城东五十里处的鸡山（在今绍兴市上虞区东关街道之塘头桥村与外湾村），建设专门的养鸡基地。在都城东六十三里处的冢山（今称猪山，系一孤丘，在今绍兴市上虞区东关街道），建设专门的养猪基地。这些地方生产的渔牧产品，既是民用食品，又是战略物资，收到了改善民生、备战备荒的好效果。

第三，是发展冶铸。越国拥有先进的青铜冶铸技术和冶铁技术，"不仅可能是我国最早冶铸青铜剑的地区，也可能是我国冶铁业的发源地"。至春秋晚期，越国不仅完全掌握了冶铁技术，而且率先完成了从铸铁到炼铁渗碳成钢的技术飞跃[51]。其中的欧冶子与干将这两位冶铸大家，实在是功不可没，他们堪称冶金业的祖师爷。这些冶金技术上的巨大成就，对此后我国冶金技术的发展产生了重大的影响。众多的遗址证明了当年越国冶铸业的兴旺红火。在离都城二十五里的姑中山（铜姑渎）、三十五里的六牛、五十里的炼塘，冶炼铜铁；在上灶、下灶（均在今绍兴市柯桥区平水镇），铸造铜剑；在西施山一带（在今绍兴市越城区稽山街道迪荡新城），冶铸铜铁生产工具和兵器。其中的越剑，名闻天下。越国冶铸业的发展，既是生产力发展水平的体现，又是军事战争的需要；既因由此而致的生产工具的改善，促进了农业生产的恢复与生产，又因武器装备的改良，促进了军事战斗力的提高与增强。

第四，是发展纺织。越国的纺织业有三个方面的特点：特点之一，是品类丰富。大的可分为葛麻纺织与丝织两大类。具体有榖、绤、绤、布、罗、帛、缟、缯等。其中的縠、绤，还带有越国原产、首创的性质。"縠始见于《吴越春秋》"[52]，"于越生葛绤"[53]。

特点之二，是织艺高超。句践"使女工织细布"、"作黄丝之布"献吴王[54]；"使越女织治葛布，献于吴王夫差"、"弱于罗兮轻霏霏，号绤素兮将献之"[55]。得到这些细软、轻柔的织品后，"吴王欢兮飞尺出"，"乃复增越之封"[56]。以织品而获国土之增封，从一个侧面证明了越国纺织品在当时的列国中是叹为观止、无与伦比的。特别值得一提的是，出土的诸多越王剑上，所有丝线细而平滑，可想这是由极为纤细的蚕丝制成的；织品的编织为平纹，按纺织品考古中的命名法可称之为绢。我们由此可以想象，当时越国蚕桑丝织品的生产技术，是何等的高超。

特点之三，是产量可观。句践"乃使国中男女入山采葛"[57]，看来是动用了全部的民力，在采集葛这种织品原料。"使大夫种素葛布十万"[58]献于吴王，吴王"赐太宰杂缯四十匹"[59]。一次献"十万匹"，可见当时的生产规模是何等庞大，而一次赐"四十匹"的背后，更是说明了献赠数量的庞大。越国的纺织业，不仅在当时对强国裕民发挥了重大的作用，更是为后来纺织业成为越地经济的支柱产业，起到了源头作用，奠定了历史基础。

第五，是发展制陶。中国是世界上发明瓷器最早的国家，这是中华民族对人类作出的重大贡献。青瓷是中国历史上最早出现的瓷器，而越地则是中国青瓷的发源地。正是在越人创制的几何印纹陶的基础上升华而成的原始青瓷，使东汉时期的会稽，成为成熟青瓷的诞生地。越人创制的陶器，今日可知的最早时间，大约在距今11000—9000年之间的新石器时代的早期。这一点，可以从"上山文化"[60]与"小黄山遗址"[61]中得到证实。从绍兴马鞍仙人山遗址中出土的印有条纹、方格纹、云雷纹等纹饰的陶器告诉我们，早在距今4000年左右的夏代，越地几何印纹陶就已初露端倪，勃然兴起[62]。已知出土最早的越地原始瓷，是浙江湖州南山原始瓷窑址发现的商代早期原始瓷豆残片[63]。

越国的制陶业，特点有三：特点之一，是窑址众多。在会稽山北、西、东各地，均有集中分布。代表性的有今绍兴市柯桥区平水镇东堡印纹陶遗址，今绍兴市越城区富盛镇万户印纹陶遗址、富盛镇倪家溇原始青瓷和印纹陶遗址、皋埠镇吼山原始青瓷遗址，诸暨市阮市镇柁山坞印纹陶遗址与下檀印纹陶遗址等。特别是于2007年10月至次年3月，浙江省文物考古研究所会同德清县博物馆发掘的德清亭子桥遗址，发现了七处窑炉遗址，出土了大量堪称原始青瓷精品的仿青铜器形的礼器、乐器，被认为是专门为越国王室和上层贵族造烧高档生活与丧葬用瓷的"官窑"遗址[64]。

特点之二，是陶瓷合烧。几何印纹陶与原始瓷同窑合烧，且原始瓷占比不断扩大，专烧几何印纹陶的数量明显减少。

特点之三，是技艺高超。制技上，成型采用泥盘加轮修的方法，施釉采用浸釉法，发泡变形少，器形趋规整，胎壁厚薄均匀。纹样上，更为丰富，出现了绮丽多姿的模仿自然界及动物形象的图案，常用刻划、拍印及堆贴等方法，新出现大量的S纹、堆贴纹以及蟠虺纹、锥刻小C纹等纹样。器型上，有大形体、无圜底的印纹坛、罐等贮盛器及碗、盘、盅等原始青瓷饮食器皿。越国在陶瓷业上的这种开创性贡献，两千多年后的人类仍在享受。

第六，是发展造船。越地造船业，有四个明显的特点：特点之一，是发挥传统优势。早在8000年前的浙江萧山跨湖桥文化和7000年前的河姆渡文化时期，于越先民就已经制造、使用迄今中国最早的独木舟和船桨[65]。越国的造船业，显然是在这种历史传统的基础上发展起来的。

特点之二，是发挥自然优势。越地多水，在长期的与自然相处的过程中，越人形成了习水便舟的特长。"胡人便于马，越人便于舟"[66]。"方舟航买仪尘者，越人往如江也"[67]。越人"以船为车，以楫为马，往若飘风，去则难从"[68]。这种神奇的驾舟技巧，即使像商汤、周武王这样的圣人，也"不能与越人乘舲舟，浮于江湖"[69]。把舟船作为主要交通工具，正是越人顺应自然、利用自然的智慧选择。

特点之三，是适应现实需要。除了日常的生产、生活需要外，在那个多争战的年代，越国因地制宜，扬己所长，多选择舟战，这就直接促进了造船业的迅速发展。

特点之四，是量大质优用广。主要的船类有戈船、楼船、大船、方舟、舲——轻巧灵便的小船、乘舟等。为了管理生产，保质保量，越国设立了"舟室"、"船宫"、"石塘"等专管官署与造船中心[70]。这些舟船，除了满足舟战和民用外，还用来作为礼物。"周成王时，于越献舟"[71]。"越公子仓归（通"馈"）（楚）王乘舟"[72]。将舟船作为国礼相赠，足见越国造船业的发达。

第七，是发展酿酒。越国的酿酒业，特点有三：特点之一，是历史活动悠远。越人的酿酒活动，可以追溯到新石器时代的中晚期。

特点之二，是文献记载丰富。有记载王公贵族饮酒成风的，如句践年少时"入则酒荒"，"肆与大夫畅饮"[73]。有记载句践用以犒劳将士、欢庆胜利的，"有酒流之江，与民同之"[74]；"置酒文台，群臣为乐，乃命乐作伐吴之曲"[75]。还有记载句践以酒奖励生育的情况。

特点之三，是文物出土丰富。大量出土的罐、坛、壶、瓿、碗、杯等陶器与原始青瓷，既反映了酿酒、贮酒、盛酒、饮酒等酒类器皿的一应俱全，又反映了越国发达的制陶手工业。

第八，是发展制盐。越国充分利用地处海滨盐业资源丰富的优势，设置专门的管理盐务的官衙，大力发展制盐业。"朱余者，越盐官也。越人谓盐曰'余'。去县三十五里"[76]。朱余在今绍兴市越城区斗门镇的朱储村，在此设置专门的盐官，想必当年这里是越国的制盐中心。从"越人谓盐曰'余'"的情况看，杭州湾北岸的余杭、南岸的余姚，在越国时期也很有可能是重要的制盐基地。因为这种历史基础与自然优势，此后越地一直是重要的产盐区。汉武帝元狩四年（前119）置盐铁官，会稽为其中28个县之一。唐代，越州设兰亭盐官。宋代，有三江（今浙江省绍兴市越城区斗门镇）、钱清（今浙江省绍兴市柯桥区钱清镇）等盐场。1951年，还设立了绍兴县盐特区，统辖4个盐乡。

第九，是发展髹漆。越人早在7000年前的河姆渡文化时期，就已经在世界上最早使用了漆这种天然涂料。越国时期，髹漆工艺更为娴熟，并被广泛应用。从出土情况看，漆兵器方面，有剑鞘、柲等组合构件。生活用品的方面，有漆豆、漆盒、漆盘、漆奁、漆枕、漆篦等[77]。乐器方面，主要有经过油漆的鼓、琴和瑟[78]。甚至连墓室建筑与葬具，也运用了髹漆工艺，其中句践父亲允常的印山大墓中的枋木及独木棺棺身和棺盖，均髹黑漆，表面油漆保存极好，刚出土时，光亮如新似镜，其油漆面积之大、工艺之精，实为世所罕见[79]。

第十，是发展商贸流通。句践曾经为小国寡民发愁，"吾欲富邦强兵，地狭民少，奈何为之"[80]？计倪于是向句践建议，在发展农业与手工业的同时，发展商贸流通。"主能通习源流，以任贤使能，则转毂乎千里外，货可来也；不习，则百里之内，不可致也"。"不习源流，又不任贤使能，谏者则诛，则邦贫兵弱。"这里，计倪不但指出了交易的好处，将其上升到了关系邦之贫富、兵之强弱的高度，更是指明了这么重要的事，必须让贤者、能者去干。不仅如此，计倪还将之推及家庭，"父母利其源流，明其法术，以任贤子，徼成其事而已，则家富而不衰矣。"反之，"虽欲富也，必贫而日衰"[81]。在句践君臣的倡导下，越国的商贸流通出现了活跃的景象。

句践这些富邦举措的实施，取得了"三年五倍，越国炽富"[82]、"修之十年，国富"[83]的可喜收获，为争霸战争奠定了坚实的物质基础。

## 六

治水。

首先，是重视城市防洪。山阴大城的东、西两侧城墙，皆利用天然河道依江而筑，从而最大限度地减轻了会稽山北麓洪水对都城的正面冲击；同时又引河水入城，解决了城市的饮用水问题。

其次，是兴修平原水利。代表性的水利工程，有富中大塘与练塘。"富中大塘者，句践治以为义田（即公田），为肥饶，谓之富中。去县二十里二十二步"[84]。这条山阴大城以东约20公里长的堤塘，使约51平方公里的区域受益，其中近乎旱涝保收的耕地约6万亩[85]，从而使这一地区成了越国至关重要的粮食基地。"练塘者，句践时采锡山为炭，称'炭聚'，载从炭渎至练塘。各因事名之。去县五十里"[86]。练塘也是一处挡潮拒咸、蓄淡灌溉的堤塘，今绍兴市上虞区东关街道尚有练塘村，即系当年练塘的一部分。

第三，是开凿人工运河。"山阴古故陆道，出东郭，随直渎阳春亭。山阴故水道，出东郭，从郡阳春亭。去县五十里"[87]。山阴古故陆道、山阴故水道与富中大塘，采用了中间的挖河土方用于南北两侧筑路、筑塘的方法，大体上呈现由北而南的东西走向，极大地方便了首都同东部平原地区的联系与战略物资的运输。其中的古故陆道，奠定了东汉时鉴湖之堤的基础；故水道的位置，大体与今中国大运河之浙东运河中的该段相同，堪称我国历史上兴建年代最早、至今仍在发挥作用的人工运河之一。

第四，是建设山区水利。代表性的有吴塘、苦竹塘、坡塘、南池等。这些人工湖泊、池塘、水库的建成，标志着越人的水利工程技术，达到了空前的水平；也标志着越人对山麓冲积扇的开发利用，达到了空前的水平。"句践已灭吴，使吴人筑吴塘，东西千步，名辟首（罪首、罪人）。后因以为名曰塘"[88]。这是文献记载的越地最早的人工湖泊，在今浙江省绍兴市柯桥区湖塘街道。"苦竹城者，句践伐吴还，封范蠡子也。其僻居，经六十步。因为民治田，塘长千五百三十三步"[89]。苦竹城与苦竹塘，"在山阴县之西南二十九里"[90]，可能就是今浙江省绍兴市柯桥区兰亭镇的古筑村。以范蠡的劳苦功高，其子得封而居僻，其地治田而塘长，正好从另一侧面反映了句践君臣对农田水利设施建设的重视。"南池在县东二十六里会稽山。池有上下两所。《旧经》云：范蠡养鱼于此"[91]。据考证，坡塘（上池）、南池（下池），分别在今浙江省绍兴市越城区鉴湖镇的盛塘村与秦望村[92]。正是在这里，范蠡开创了我国挖塘养鱼的先河，其《养鱼经》一书虽已亡佚，但主要内容仍被辑存在北魏贾思勰的《齐民要术》卷六当中。北魏郦道元的《水经注·沔水》中，也专门写到了后人"依范蠡《养鱼法》"养鱼的情形。

第五，是修建海塘。石塘、防坞与杭（通"航"）坞（今浙江省杭州市萧山区瓜沥镇西南之航坞山一带）、固陵（一称西陵，今浙江省杭州市萧山区西兴镇）等，都是越国的造船基地与水军驻地[93]。这些沿海军事设施及前面写到的"朱余"等生产设施的布局与建设，想必是以相应的海塘建筑为前提的。

第六，是改造河渎。《越绝书·记地传》中，还有大量诸如"炭渎"、"官渎"、"直渎"、"铜姑渎"等的记载。这就表明，越人在北筑海塘、南挖库塘、中修水道的同时，还对所处沼泽平原的河道进行了大规模的利用与改造，从而证明了越人治水是全方位的。正是这种利用与改造，使越地改变了"水浊重而洎"、"民愚疾而垢"[94]的荒蛮落后局面，为后来的山会平原成为鱼米之乡，奠定了历史性基础。

从大禹到句践，越地通过治水，治出了一个地平天成的崭新世界。治水，这是越中先人留给后人的最为宝贵的历史遗产。

# 七

生聚。

这里的生聚，指的是人口的生育与集聚。生育从来不是一个单纯的个人家庭问题，而是一个事关人类生息、民族存亡、国家国计的民生问题。越国本来就是小国寡民，加上多年争战，伤亡很大，导致兵源和劳动力的严重不足。为了增强战斗力，发展生产力，备战备荒争霸，句践实行了"帅二三子夫妇以藩"[95]这一奖励生育的政策。

首先，是规定婚姻年龄。"女子十七不嫁，其父母有罪；丈夫二十不娶，其父母有罪"[96]。这种提早婚龄的规定，直接而有力地促进了人口的增殖。

其次，是禁止婚配对象。"令壮者无娶老妇，令老者无娶壮妻"[97]。规定青年男子不能娶老妇为妻，老年男子也不得娶年轻妇女为妻。这一禁令，极大地提高了育龄妇女的孕育机会。

第三，是保护妇女婴儿。"将免（通"娩"）者以告，公令守之"[98]。规定妇女临产时要报告官府，官府接报后派医生守护孕妇，负责接生，以保母子平安。这一以社会化服务为特色的优生政策，既体现了对妇婴的关爱，更提高了妇婴的安全性，减少了妇婴的死亡率。

第四，是进行物质奖励。"生丈夫，二壶酒，一犬；生女子，二壶酒，一豚；生三人，公与之母；生二人，公与之饩"[99]。规定生下男孩，官府奖励二壶酒，一条狗；生下女孩，官府奖励二壶酒，一头猪。生下三个孩子的，国家供给乳母；生下两个孩子的，官府供给食物。在生活和医疗条件很差的春秋时期，句践实行这样的激励生育的政策，用心良苦，难能可贵，使越国人口在较短的时期内得到了迅速增长，从而为发展经济、灭吴争霸提供了有力的劳动力与兵力保障。

在鼓舞生育以增加人口的同时，句践还十分重视对现有人口的保护和招徕。一方面"令孤子、寡妇、疾疹、贫病者纳宦其子"[100]，将孤儿、寡妇、疾病以及贫病者子女，收由政府教养。另一方面，"四方之士来者，必庙礼之"[101]，"凡四方之士来者，必朝而礼之"[102]。于是，"四方之民，归之若流水"[103]。

从公元前494年（鲁哀公元年），句践率五千残兵，"栖于会稽"[104]，到公元前482年（鲁哀公十三年）六月十一日开始伐吴，越国的战斗力发生了翻天覆地的变化。此时的越国，"发习流二千人，教士四万人，君子六千人，诸御千人伐吴"[105]。四万九千人的部队集中出动，大有给敌方以摧枯拉朽之势。按照《周礼》关于当时一户一兵、每户平均六人的记载，这时的越国至少已经有了三十万的人口。而待到公元前473年（哀公二十二年）十一月二十七日，越灭吴，尽有吴越之地后，越国则更是成了拥有"百万"[106]人口的大国。

## 八

教训。

首先，是激发爱国热情。通过宣传吴国"残伐吾邦，杀败吾民，屠吾百姓，夷吾宗庙"[107]，来激发国人对吴国的仇恨，增强国人对灭吴的决心和自觉性，教育国人不忘会稽之耻，调动国人灭吴雪耻的积极性。通过这种全民国防教育和战争动员，出现了越王"发令告民"，民则"归如父母"，"士民一心，不谋同辞，不呼自来，皆欲伐吴"[108]，"国人皆劝，父勉其子，兄勉其弟，妇勉其夫"[109]，"人有致死之心"[110]，"军士闻之，莫不怀心乐死，人致其命"[111]的壮烈场面。

其次，是实行"兵农合一"。东周时"民五家为比，五比为闾，四闾为族，五族为党，五党为州，五州为乡"[112]。"五人为伍，五伍为两，四两为卒，五卒为旅，五旅为师，五师为军"[113]。这里，作为村社居民组织的比、闾、族、党、州、乡是与伍、两、卒、旅、师、军相对应的。句践实行的正是这样一种平时分散于村社为农、战时临时征集为兵，散时兵器国家统一保管、集时发放武器用于作战的"兵民合一"、全民皆兵制度。周时，"王六军，诸侯大国三军，次国二军，小国一军"[114]。在这样一种兵役制度下，句践还实行了左、中、右"三军"的规制。有关这方面的记载如：句践曾与楚国来使申包胥谈道，"不仁，则不能与三军共饥劳之殃"[115]。公元前478年笠泽（今吴淞江）之战时，"越王乃中分其师以为左右军，以其私率君子六千人为中军"[116]。"越子以三军潜涉，当吴中军而鼓之，吴师大乱，遂败之"[117]。

第三，是强化作战训练。根据《吴越春秋》和《越绝书》的记载，范蠡曾向句践推荐武艺高强、剑术高明的民女越女，在军中教习剑戟之术；还推荐擅长射术的楚人陈音教习弓箭射击，仅三个月时间，"军士皆能用弓弩之巧"[118]。句践伐吴时，动用的兵力中，有"教士四万"[119]。这些"教士"，就是经过长期训练的兵士。用"兵农合一"的形式把战斗力与生产力组织起来，并进行大规模的军事训练，极大地促进了越国的生产，壮大了越国的军力。

## 九

外交。

春秋时期，是外交活动的黄金时期。越王句践在革新内政的同时，把外交作为他成就霸业的重要战略举措与战术手段。在句践看来，当时的几个大国中，吴国是死敌，但尚敌不过也；秦国远在西北，不碍事；楚国一直较为友好，还给他派来了文种、范蠡等优秀人才帮助灭吴[120]；齐、晋是吴国争霸中原的首要目标，对自己也构不成威胁。基于对这种诸侯国际关系的分析判断，句践采纳了大夫逢同（《越绝书》作冯同，《吴越春秋》作扶同）的建议。"'为越，莫若结齐，亲楚，附晋，以厚吴。吴之志广，必轻战。是我连其权，三国伐之，越承其弊，可克也。'句践曰：'善'"[121]。句践针对越弱于吴，"吴王兵强于齐晋，而怨结于楚"的现实形势，采取了"亲于齐，深结于晋，阴固于楚，而厚事于吴"[122]的外交策略。

首先，是厚吴国，使其自腐。句践曾问计于大夫文种伐吴之事，文种提出了"伐吴九术"。"一曰尊天地，事鬼神；二曰重财币，以遗其君；三曰贵籴粟槁（通"稿"），以空其邦；四曰遗之美好，以为劳其志；五曰遗之巧匠，使起宫室高台，尽其财，疲其力；六曰遗其谀臣，使之易伐；七曰彊（通"强"）其谏臣，使之自杀；八曰邦家富而备器；九曰坚厉甲兵，以承其弊"[123]。这"九术"中，除了三术治内外，有六术是谋吴的，其核心思想，是腐蚀吴国君臣的意志，离间吴国君臣的关系，消耗吴国上下的国力。吴王夫差的愚昧昏庸、骄奢淫逸，使得句践的谋吴之术获得了成功。由此可见，为政者保持清醒、行政为民，是何等的重要！

其次，是亲强国，等待时机。越国在执行这一外交政策的过程中，采取了灵活、务实、高效的态度。句践前，越与楚联盟，但实际上是楚的附庸。文献上多有越献楚"乘舟"、越随楚征战等记载。越人庄舄还"仕楚，执珪"[124]；史书上还有楚国昭王死，大夫谋臣"迎越女之子章立之，是为（楚）惠王"[125]的记载，说明两国间还有联姻关系。甚至在越灭吴后，句践还是对楚采取羁縻政策，"以淮上地与楚"[126]，以缓和楚、越矛盾。

公元前484年，吴王夫差出兵伐齐前，看到句践"苦身劳力，以夜接日，内饰其政，外事诸侯，必将有报我之心"[127]，想先解除这一后顾之忧。正当越国又一次面临生死存亡的关头，发生了鲁国之君派孔子的弟子端木子贡出使吴、越，游说吴王"救鲁而伐齐、晋"，游说越王助吴伐齐、晋的历史事件[128]。不少古代文献也对此作了专门记载。"子贡一出，存鲁，乱齐，破吴，强晋而霸越。子贡一使，使势相破，十年之中，五国各有变"[129]。"子贡一使，存鲁，乱齐，破吴，强晋，霸越"[130]。句践听信了子贡的游说，认为这是借刀杀人的好时机，决定立即派文种出使吴国，一方面表示对吴王的存越之恩"死且不忘"[131]；另一方面，表示对吴王伐齐的全力支持，"奉前王所藏甲二十领、屈庐之矛、步光之剑，以贺军吏。若将遂大义，弊邑虽小，请悉四方之内士率三千人以从，下吏请躬被坚执锐，以前受矢石，臣君死无所恨矣"[132]。夫差于是"受币，许其师，辞其君"[133]。

子贡折冲樽俎，动之以情，晓之以理，喻之以利，仅以吹灰之力，就调动了千万军马，真不愧为孔子的得意弟子，胆识俱备的杰出外交家。这次外交活动的结果，是吴齐相争，两败俱伤，吴国"精兵丧失于齐国，重甲围困于晋国"[134]。"鹬蚌相争，渔翁得利"[135]，吴越两国的战略态势因此而发生了戏剧性、根本性的变化。

历史的发展，总是充满着偶然性的因素，这种因素往往会对历史产生转折性的影响。句践正是巧妙地利用了这一因素敏锐地抓住了这一战机，发动了灭吴的战略进攻。

第三，是联周边，壮大力量。一方面，是与陆上的其他国家、特别是周边国家，进行物质、军事等多方面的联系。

越国与远在淮水中下游地区北部偏东的徐国，有着非同一般的特殊关系。徐国在徐偃王时，"地方五百里，行仁义，陆地而朝者三十有六国"[136]。公元前512年，"吴灭徐"[137]。证明越、徐之间关系的文献记载十分丰富。公元前537年，"冬，楚子、蔡侯、陈侯、许男、顿子、沈子、徐人、越人伐吴"[138]。"冬十日，楚子以诸侯及东夷伐吴"[139]。这就告诉我们，当时徐、越一起参加了楚灵王率领的伐吴八国联军。另外，《史记正义·秦本纪》引《括地志》，《会稽地志》，《太平寰宇记》卷九六引《辟国志》，《舆地纪胜》卷一二，韩愈《衢州徐偃王庙碑》等当中，留有大量徐偃王城及其故城、宅、墓、庙、祠等遗迹的记载。证明越、徐关系的出土文物也很丰富。绍兴曾出土两件越国青铜戈，铭文记载了作戈者越王允常（得居，句践父）称王及铸造铜戚佐徐国称王的内容[140]，为史籍所失载，因而弥足珍贵。另有一出土汤鼎，自铭为徐器，盖上有铭文四十四字，内容充满乡愁，"可能是徐人入越以后在越地制造"[141]。最初著录于宋人薛尚功《历代钟鼎彝器款识法帖》的《之利钟》中，有句践灭吴庆功会上，"余（通"徐"）之客"与"诸侯"共同相贺的记载[142]。这就说明，吴灭徐后，徐人流寓越国，吴成为越、徐的共同敌人，在灭吴战争中，徐人也立了功劳。徐人原来因邻近中原而有较高文化成分，在流寓越国的过程中，传播了中原文化，促进了越地文明。

越与被视为中原正统的鲁国关系十分密切。有越遣使适鲁的。早在"越围吴"时，句践就派人使鲁。公元前474年，"夏五月，越人始来"[143]。《左传》杜预注："越既胜吴，欲霸中国，始遣使适鲁。"有两国相互回访的。公元前472年，"秋八月，叔青如越，始使越也。越诸鞅来聘，报叔青也"[144]。有越太子准备将女儿嫁给鲁哀公的。公元前470年，"公如越，得大子适郢，将妻公而多与之地。公孙有山使告于季孙。季孙惧，使因大宰嚭儿女纳贿焉，乃止"[145]。甚至还有越帮鲁清君侧的。公元前468年，鲁哀公"欲以越伐鲁而去三桓。秋八月甲戌，公如公孙有陉氏。因孙于邾，乃遂如越"[146]。"曾子居武城，有越寇，曾子去之，寇退而返"[147]。这两段记载，实际上告诉我们，句践有过替鲁哀公铲除"三桓"之举[148]。同时也告诉我们，两国特别是国君间的关系，是非常友好的；越国在当时诸国中，是很有影响力与话语权的。

越与远隔千山万水的关中秦国也有不少政治、经济、文化的交流。"昔者，越王句践有宝剑五，闻于天下。客有能相剑者，名薛烛。王召而问之"[149]。这位相剑的高手，正是秦国人[150]。这一方面说明越剑在天下的良好声誉，另一方面也说明越国在诸国中的巨大影响。越灭吴后的公元前472年，"句践乃使使号令齐、楚、秦、晋，皆辅周室，血盟而去。秦桓公（当为厉共公，公元前476—前429年在位）不如越王之命，句践乃选吴越将士，西渡河以攻秦"[151]。秦君不听命，句践就派兵西征讨伐，既说明秦君的强悍，也说明句践的厉害。不过在两国的交往当中，秦文化对越的影响也是很明显的，句践为他父亲筑制的印山越王陵的墓葬形制、填筑风格和设置隍壕，就是很好的证明[152]。

另一方面，是加强同"外越"[153]的联系，扩大在东南沿海乃至西南地区的影响。句践有着特殊的东海情结。他将首都从会稽山地北迁，是为了"引属东海"[154]。他将首都从会稽迁到琅琊后，起观台是为了"以望东海"[155]。这种情结，体现的正是建国于大陆的越人对同胞血浓于水的情感。孟文镛先生认为，越国的势力范围，包括从北到南的今日本列岛、舟山群岛、琉球群岛、台湾澎湖列岛，甚至还到达南海诸岛、菲律宾群岛乃至南洋群岛[156]。蒙文通先生认为，澎湖、台湾为越国统辖之地[157]。广东省广州南越王墓[158]、广西壮族自治区贵县罗泊湾出土的器物表明[159]，"根据羽人纹饰的比较，说明在古代的东海和南中国海存在着海上的道路。

以古代越族的发源地浙江为起点，一方面出东海到达南中国海和越南，其中一部分人到两广后溯江而上，最后到达贵州、云南和四川等地"[160]。越人的这种流徙，使越族成了"我国最早面向海洋走向世界的民族"[161]。

## 十

强军。

在那个混乱无序、弱肉强食的时代，要想争得生存权，赢得话语权，归根结底必经掌握军事上的主动权。越王句践一系列的改革举措与称霸准备，最后集中地落实在强军上。

首先，是建设水军。水军，亦即文献上记载的"习流"[162]、"舟师"[163]。句践对水军建设给予了高度的重视，设立了专门的造船军港与训练基地，代表性的有石塘、防坞及杭坞（今浙江省杭州市萧山区瓜沥镇西南之航坞山一带），固陵（一称西陵，今浙江省杭州市萧山区西兴镇）以及高平里（今浙江省绍兴市越城区皋埠镇丰光村）等。

石塘，是石砌而成，防风挡潮的越国停泊军船的地方。"石塘者，越所害（通"辖"）军船也。塘广六十五步，长三百五十步。去（山阴）县四十里"[164]。

防坞，是越国用来遏止吴军进犯的军事设施。"防坞者，越所遏吴军也，去（山阴）县四十里"[165]。

杭坞，是越国军船出入的码头于航道，句践派了一位年俸二百石的将校率七十一名水兵把坚，可以直接到杭州湾。"杭（通"航"）坞者，句践杭也。二百石长，买率（舟率）七士（或为七十一）人。度之会夷（夷，海。会夷，江海会合处，今之杭州湾）。去（山阴）县四十里"[166]。

钱塘江南边，路的西边，还有一座范蠡屯兵的城池，依山傍海，布防了大量的军船与士兵，因而坚固而可防守。"浙江南路西城者，范蠡敦（通"屯"）兵地也。其陵固可守，故谓之固陵。所以然者，以其大船军所置也"[167]。"昔范蠡筑城于浙江之滨，言可以固守，谓之固陵，今之西陵也"[168]。"西城在萧山县西十二里，吴越武肃王以陵非吉语，改曰西兴"[169]。

"高平里，会稽县东十里"，"在高平畈，周六百步，越王建营处"[170]。

句践在北部临海地区与东部滨水地区构筑的这些军事设施，在防范吴军攻入和最后伐吴灭吴中，发挥了巨大的作用。

越国水军的规模，当在万人以上，拥有"戈船"、"楼船"等多种战船。"句践伐吴，霸关东，从琅邪起观台。台周七里，以望东海。死士八千人，戈船三百艘"[171]。八千名水兵、三百艘战船，不要说在当时，就算在今天，也是一支庞大的舰队了。"初徙琅邪，使楼船率二千八百人，伐松柏以为桴"[172]。"种山者，句践所葬大夫种也。楼船率二千人，钧足（鼎足）羡（墓道），葬之三蓬下"[173]。这种"楼船，高十余丈，旗帜加其上，甚壮"[174]，既便于瞭望以掌握敌情，还利于居高临下攻击敌船，加上经过专门训练的"楼船卒"，当是越国水军的主力。动用二千八百名水兵，伐松柏用以造小木筏；动用二千名水兵，挖鼎足形墓道，以葬文种大夫，可见越国水军的庞大规模与平时的巨大作用。

越国水军在几次重大战役中，畅行水上，"舟战于江"，作用显得尤为巨大。吴王夫差北上中原、会盟黄池时，"越王句践乃命范蠡、舌庸，率师沿海溯淮（淮河）以绝吴路。败王子友于姑熊夷。越王句践乃率中军溯江（吴江）以袭吴，入其郛（外城），焚其姑苏，徙其大舟"[175]。溯淮绝吴路，溯江以袭吴，靠的必定是水军。越灭吴的最后一战笠泽之战，就是通过"舟战于江"[176]进行的。楚越也曾进行过水战。"昔者，楚人与越人舟战于江……越人迎流而进，顺流而退；见利进，见不利则退速"[177]。这里，越国水军的作战水平已经达到了因势利导、得心应手的程度。

第二，是壮大步兵。与中原诸侯国以战车作为作战主力不同，越国从客观环境和自身优势出发，大力发展步兵，使之成为作战的主力。越国的步兵，大体上分为三类：

第一类是"死士"，实际上就是敢死队。公元前496年，越军在迎战吴军的檇李（今浙江省嘉兴市桐乡濮院西）之战中，以弱胜强，运用的正是"死士"这一出其不意的战术。对此，司马迁在《史记》中有两处十分精彩的记述。"越王句践使死士挑战，三行，至吴陈，呼而自刭。吴师观之，越因袭击吴师，吴师败于檇李，射伤吴王阖庐。阖庐且死，告其子夫差曰：'必毋忘越'"[178]。"吴伐越，越王句践迎击之檇李。越使死士挑战，三行造吴师，呼，自刭。吴师观之，越因伐吴，败之姑苏，伤吴王阖庐指，军却七里。吴王病伤而死。阖庐使立太子夫差，谓曰：'尔而忘句践杀汝父乎？'对曰：'不敢！'"[179]《左传》对此也有生动的记载。"吴伐越，越子句践御之，陈于檇李。句践患吴之整也，使死士再禽焉，不动。使罪人，三行，属剑于颈而辞曰：'二君有治，臣奸旗鼓，不敏于君之行前，不敢逃刑，敢归死。'遂自刭也。师属之目，越子因而伐之，大败之。灵姑浮以戈击阖庐，阖庐伤将指，取其一屦。还，卒于陉，去檇李七里"[180]。正是这次使吴王"伤将指"、使吴军"死伤者不可称数"[181]的战役，使年轻的越国新王句践锋芒初试，在国人面前树起了敢于统军、出奇制胜的形象；也正是胜利来得突然，导致了句践的飘飘然，给后来的"会稽之耻"留下了后遗症。

第二类是"教士"，即经过长期训练的士兵。笠泽之战时，越国出动的四万九千兵力中，就有"教士四万人"[182]。

第三类是"君子"，即越王句践的禁卫军。他们由句践可以"与之共知越国之政"的"父兄昆弟及国子姓"[183]中的精华组成，品行良好，武艺高强，平时警卫王宫，战时在王左右，是军队的主力，具有常备性质，是一支常设的部队。笠泽之战时，"越王乃中分其师，以为左右军。以其私率君子六千人为中军"[184]。这些"私率君子"在左右军两翼的有力配合下，实行正面突破，发挥了"中军"主力的作用，使越军取得了决定性胜利。

第三，是改良兵器。越国兵器中，有铁制的兵器，如"铁之矛"[185]、"斩羽契铁斧，此至利也"[186]，但以青铜兵器为主，其中又以青铜剑最为著名，《庄子》《淮南子》等众多古代文献均有记载，《越绝书》还为此另设专篇——《越绝外传记宝剑》。越国青铜剑具有铜锡合金的精当配比、复合金属的创新工艺、熔模铸法的精巧使用、磨制工艺的精密细致、防锈抗蚀的独特工艺[187]，达到了当时青铜剑冶铸的最高水平。

剑是一种由刺击兵器演进而来的兵器。从大量出土来看，青铜剑具有象征地位身份的特性，同时，它更具有便于实战使用的重要功能，这与句践大力建设步兵是相协调一致的。早在上个世纪末，绍兴市越城区已出土有青铜剑30余件[188]，浙江省长兴县博物馆收藏有青铜剑32件[189]。而在诸多出土与传世的青铜剑中，具铭越王剑的就有47件[190]。尤其是1965年在湖北江陵望山一号墓出土的越王句践剑和1995年浙江省博物馆入藏的越王者旨於赐剑，最能代表当时的铸造水平，堪称绝伦精美、稀世珍宝，绝无仅有、举世无双。前者剑身上铸有"越王句践自作用剑"八字，出土时毫无锈蚀，非常锋利，二十余层纸一划而破；后者剑身上正反面分别为"戉（越）王戉（越）王"与"者旨於赐"（即句践之子鼫与）四字双钩鸟虫书铭文，字间镶嵌有绿松石，出土时剑身完整无缺，剑色金黄光洁，剑锋犀利袭人，剑鞘油漆如新，连剑茎上的丝质缠缑也保存较好。

除青铜剑外，越国其他青铜兵器尚有：矢镞——是一种青铜铸造的箭头，这是青铜兵器中最早出现的形式。句践十分重视"弓矢之威"，以致"军士皆能用弓弩之巧"[191]。今绍兴市越城区、柯桥区多有出土。

戟——是一种可钩可刺的青铜兵器，为越军的主要武器之一。句践曾向越女"问以剑戟之术"[192]，安徽曾出土一件具铭名越王者旨於赐的带鼻饰的多戈戟[193]。

矛——是一种直而尖的带柄刺杀兵器。绍兴文物部门收藏的青铜矛有20余件[194]。铸有铭文的越国青铜矛有：越王者旨於赐矛3件，越王者旨矛、越王大子不寿矛、越王州勾矛各1件[195]。

戈——是一种可钩可啄、装有长柄的兵器。檇李之战中，越将灵姑浮伤阖庐将指使用的就是戈。铸有铭文的越国青铜戈有：越王得居戈2件[196]，越王者旨於赐戈3件、越王戈1件、越□董戈1件[197]。

钺——是一种用于杀戮的兵器。代表性的，有1976年浙江鄞县甲村郑家埭出土的一件青铜钺[198]，刃宽12厘米，一面为素面，一面上方饰两条相向的龙，下部饰"羽人划船"纹，生动地展示了越地的风格。

## 十一

疆域的变化。

越王句践实施的一系列改革举措，取得了一系列丰硕成果，其中最为突出、最具标志性的，是越国疆域的变化。

句践父亲允常之前，越国的疆域大体上包括于越族分布的今宁绍平原、杭嘉湖平原和金衢丘陵地区[199]。允常为王时，疆域已拥有今"浙江全境，北到江苏昆山、上海嘉定一线长江以南地区，与吴接壤，西至江西余干，与楚相连"[200]。

公元前494年，即越王句践三年，吴王夫差二年，周敬王二十六年，鲁哀公元年，句践兵败夫椒（今江苏省吴县），吴"有其邦，句践服为臣"[201]，吴国占领了越地，句践作为奴仆到吴宫服役。

公元前490年，句践从吴国返回时，吴王夫差以属国名义给他封了东西百里的狭窄空间。"吴王复还封句践于越，东西百里，北乡臣事吴，东为右，西为左"[202]。"吴封地百里于越，东至炭渎（今浙江省绍兴市上虞区东关一带），西止宗周（今浙江省绍兴市西边古浙江的西岸），南造于山（今浙江省绍兴市诸暨勾嵊山，《国语·越语上》

"南至于勾无"即指此山），北薄于海（即后海，今之杭州湾）"[203]。照此记载，这时的疆域，大致为东至曹娥江西岸，西至钱塘江南岸，南至勾嵊山，北至杭州湾，包括今浙江省的杭州市萧山和绍兴市的诸暨、越城、柯桥、上虞的境域范围。

后来，夫差又"增之以封"，越国的疆域迅速扩大了许多。"东至于句甬（指句章，今浙江省宁波市余姚东南；甬江，今浙江省宁波市以东舟山群岛一带），西至于檇李（今浙江省嘉兴市桐乡濮院西），南至于姑末（即姑蔑，今浙江省衢州市龙游），北至于平原（今浙江省嘉兴市海盐），纵

横八百余里"[204]。"句践之地，南至于勾无（今浙江省绍兴市诸暨勾嵊山），北至于御儿（今浙江省嘉兴市），东至于鄞（今浙江省宁波市鄞州），西至于姑蔑（今浙江省衢州市龙游）"[205]。从《吴越春秋》与《国语》的这些记载来看，此时的越国疆域虽经增封又有扩大，从"百里"扩大到了"八百余里"，但与"千里"尚有差距。正如吴王夫差所说的那样，"夫越，本兴国千里，吾虽封之，未尽其国"[206]，疆域还是没有恢复到允常时的面积。

句践灭吴称霸后，越国到达了鼎盛时期。这时的疆域，北起今山东琅琊，沿海而南，有今江苏北部运河以东和全部苏南地区，浙江全境，安徽的南部地区，江西的东境，南入福建，并可能深入今河南、湖南之境。"东临大海，北邻齐、鲁及泗上诸小国，西与楚为邻，南连百越，成为春秋战国之际的东南诸侯大国"[207]。如果句践不"以淮上地与楚，归吴所侵宋地于宋，与鲁泗东方百里"[208]，越国的疆域当更大于此。

# 十二

结尾的话。

## 1.弱国之耻

从无余的开国立业，到无壬的继往开来，从允常的称王兴霸，到句践的成就霸业，越国终于迎来了鼎盛的辉煌，越地出现了发展的第一个高峰。

公元前497年，允常卒，子句践立。次年（越王句践元年），吴王阖庐乘越换代之际，偷袭伐越。结果，句践运用出其不意的战术，使越军以少胜多，以弱胜强，于樵李大败吴军，阖庐因伤势过重在退兵途中死亡，子夫差接位。

公元前494年，句践不顾范蠡等谋臣的劝阻，以其人之道还治其人之身，以先发制人的策略，突袭吴国。"吴王闻之，悉发精兵击越，败之夫椒（今江苏省吴县）。越王乃以余兵五千人保栖于会稽。吴王追而围之"[209]。句践被逼接受范蠡、文种的建议，与夫差订立城下之盟，请为属国，议和存越。公元前492年（越王句践五年），句践由范蠡相陪，带妻子去吴国当奴仆，"举国政属大夫种"[210]。

## 2.强国之艰

公元前490年（越王句践七年），句践回国后，深刻总结、吸取教训，以雪耻称霸为目标，采取了励志、重才、亲民、筑城、富国、治水、生聚、教训、外交、强军等十个方面的改革举措，为兴兵北上，称霸中原，奠定了扎实的基础。

公元前482年（越王句践十五年）六月十一日，越国兴兵伐吴。公元前473年（越王句践二十四年，周元王三年）"冬十一月丁卯（二十七日），越灭吴"[211]。"十一月丁卯，越败吴"[212]。在这十年的征战过程中，越王句践遣使鲁、齐，西征伐秦，解决小国纷争，在此基础上，乘胜北上，会诸侯于徐州（今山东省滕州南），"观兵中国，称号五霸"[213]，"横行于江、淮东，诸侯毕贺，号称霸王"[214]，"南面而霸天下"[215]，并乘势将都城从会稽迁徙到了琅邪（今山东省琅琊）。周"贞定王元年癸酉（前468年），于越徙都琅邪"[216]。至此，越国历史发展到了辉煌的顶峰。

越王句践善于吸取教训，敢于忍辱负重，逐渐由弱变强，最后反败为胜，为越地留下了无比辉煌的历史，为后世留下了无比珍贵的启示，值得人们永远怀念。他在"会稽之耻"后，一直提醒自己，警戒谨慎。直到公元前465年（越王句践三十二年）冬，临终时，他还在告诫太子兴夷（《史记·越王句践世家》作"鼫与"、《竹年纪书》作"鹿郢"），"吾自禹之后……从穷越之地"，到"跨江涉淮，从（通"纵"）晋、齐之地"，"自致于斯，其可不诫乎？夫霸者之后，难以久立，其慎之哉！"[217]句践告诫太子，自己在大禹之后，从穷困的越地，跨过长江，渡过淮河，最后纵横于齐、晋大地，自从达到这种地步，难道可以不警诫吗？称霸者的后代，往往难以长期立于不败之地，你一定要谨慎啊！句践的这份遗嘱，正是告诉后人"创业不易，守业更难"的真理！

句践卒后相当一段时间，其子孙继续居于霸主的地位。"自句践至于亲，共历八主，皆称霸"[218]。"无彊以上霸，称王"[219]。其中势力最为强盛的，当为越王朱勾（翁）时期，从公元前448至公元前412年，在位时间长达37年。文献上对此时的越国，留下了"越，猛虎也"[220]的记载。

公元前412年，朱勾（翁）卒，子翳继越王位。"翳三十三（前379），迁于吴（今江苏省苏州）"[221]。此后，越国宫廷政变不断。"越人三弑其君"[222]、"越人三世杀其君"[223]。越国霸业在内耗中开始衰落。

公元前333年，越王无彊攻楚。结果，"楚威王兴兵而伐之，大败越，杀王无彊，尽取故吴地至浙江，北破齐于徐州。而越以此散，诸族子争立，或为王，或为君，滨于江南海上，服朝于楚"[224]。越国经过这次失败，迅速走向衰落，已经名存实亡。

越国在公元前473年句践灭吴，至公元前333年为楚所败这一长达近一个半世纪的时间里，一直号称天下强国，与楚、齐、晋四国"以并国之故，四分天下而有之"[225]。越、楚、齐、晋四国君王"皆砥砺其卒伍，以攻伐并兼为政于天下"[226]。句践与他的争战者们的所作所为，实际上为后来的秦统一天下，拉开了序幕。

3.亡国之痛

公元前222年，即秦王嬴政二十五年，"王翦遂定荆江南地；降越君，置会稽郡"[227]。至此，越国彻底灭亡，成为中国历史上第一个中央集权的大一统封建王朝秦的一部分，完全融入了中华民族的大家庭。

中华的历史发展到了这个时候，出现了大一统的王朝，实乃大势之所趋，人心之所向。

越亡秦胜，实乃必然当中之偶然。因为，以当年越灭吴称霸后之势，如果持续努力，谨慎为之，也并非没有一统华夏的可能。不过细究起来，也是偶然中有必然，那就是越王句践后的越国国君们，后来忘记了句践"霸者之后，难以久立，其慎之哉"的临终告诫，未能顺时应势，推进改革；未能一如既往，重用人才；未能精诚团结，一致对外；未能发展经济，爱惜民力。

秦的成功，正是在于反其道而行之。

这就是历史的经验与教训。

2014年9月6日，星期六，完成初稿。10月3日，国庆假日，完成第二次校改。10月20日，星期一，凌晨2:38，校改定稿

## 注释

1　120　范文澜《中国通史》，人民出版社2009年版，第一册第116页、122页。

2　5　9　15　22　104　105　119　121　126　162　171　178　182　208　209　210　214　224
《史记·越王句践世家》。

3　4　21　34　46　49　73　《国语·越语下》。

6　《越绝书·请籴内传》。

7　220　《吕氏春秋·顺民》。

8　107　130　《越绝书·陈成恒》。

10　37　38　40　43　53　54　55　56　57　58　203　204　206　《吴越春秋·句践归国外传》。

11　〔唐〕杜甫《壮游》。

12　〔南宋〕李纲《议国是》疏。

13　〔南宋〕李纲《论使事札子》。

14　〔清〕吴乘权《纲鉴易知录》。

16　35　45　80　《越绝书·枕中》。

17　19　27　33　95　96　97　98　99　100　101　109　183　205　《国语·越语上》。

18　20　29　31　75　102　103　111　117　122　151　217　218　《吴越春秋·句践伐吴外传》。

23　《越绝书·本事》。

24　83　213　《史记·货殖列传》。

25　《越绝书·记范伯》。

26　28　30　36　110　115　116　175　176　184　《国语·吴语》。

32　108　181《越绝书·计倪》。

39　《越绝书·记地传》。清毛奇龄《重修平阳寺大殿募疏序》。

41　42　68　70　76　84　86　87　88　89　93　153　154　164　165　166　167　172　173　201　202
219　《越绝书·记地传》。

44　陈桥驿《论绍兴古都》，《吴越文化论丛》，中华书局1999年版，第385页。

47　《战国策·秦策三》。

48　185　《吴越春秋·句践入臣外传》。

50　52　90　91　〔南宋〕嘉泰《会稽志》。

51　156　161　187　190　200　207　孟文镛《越国史稿》，中国社会科学出版社2010年版，第412页、468页、708页、403—409页、393页、205页、290页。

59　《越绝书·记吴王占梦》。

60　蒋乐平、郑建明等《浙江浦江县发现距今万年前的早期新石器时代遗址》，《中国文物报》2003年11月7日。

61 张恒、王海明、杨卫《浙江嵊州小黄山遗址发现新石器时代早期遗存》，《中国文物报》2005年9月30日。

62 《中国考古学年鉴·绍兴马鞍仙人山遗址》，文物出版社1986年版。

63 浙江省文物考古所、湖州市博物馆、德清县博物馆《浙江东苕溪中游商代原始瓷窑址群》，《考古》2011年第7期。

64 陈元甫、郑建明等《浙江德清发现战国时越国"官窑"》，《中国文物报》2008年4月16日。

65 浙江文物考古研究所《浦阳江流域考古报告之一——跨湖桥》，文物出版社2004年版，第50页。吴春明《中国东南与太平洋的史前交通工具》，温州市社会科学界联合会编《瓯文化学术研讨会论文集》，2007年11月。河姆渡遗址考古队《浙江河姆渡遗址第二次发掘的主要收获》，《文物》1980年第5期。

66 215 《淮南子·齐俗训》。

67 《越绝书·吴内传》。

69 《淮南子·主术训》。

71 《艺文类聚》卷七一引《周书》。

72 163 《左传·昭公二十四年》。

74 《吕氏春秋·顺民》。

77 浙江省文物管理委员会等《绍兴306号战国墓发掘简报》，《文物》1984年第1期。绍兴县文物管理委员会《绍兴凤凰山木椁墓》，《考古》1976年第6期。浙江省文物考古研究所《浙江绍兴印山大墓发掘简报》，《文物》1999年第11期。青阳县文物管理所《安徽青阳县龙岗春秋墓的发掘》，《考古》1998年第2期。

78 江苏省丹徒考古队《江苏丹徒北山顶春秋墓发掘报告》，《东南文化》1988年第3、第4期。江西省博物馆、贵溪县文化馆《江西贵溪崖墓发掘简报》，《文物》1980年第11期。

79 固始侯古堆一号墓发掘组《河南固始侯古堆一号墓发掘简报》，《文物》1981年第1期。浙江省文物考古研究所《浙江绍兴印山大墓发掘简报》，《文物》1999年第11期。苏州博物馆《江苏苏州浒墅关真山大墓的发掘》，《文物》1996年第2期。

81 《越绝书·计倪内经》。

82 118 191 192 《吴越春秋·句践阴谋外传》。

85 陈鹏儿等《春秋绍兴水利初探》，《鉴湖与绍兴水利》，中国书店1991年版。

92 盛鸿郎、邱志荣《塘坡轶闻》，《中国水利报》1992年10月7日。《南池寻考——范蠡养鱼池纪略》，《中国水利报》1992年7月4日。

94 《管子·水地》。

106 《越绝书·计倪》载吴兵力为十万，《吴越春秋·句践伐吴外传》载吴兵为十三万，照此按《周礼》一户一兵、每户平均六人计，则吴国人口当为六十万至七十八万。《墨子·非攻中》载，春秋末，齐、晋、楚、越"人徒之众至有数百万人"。越灭吴后，两国人口合在一起，当有百万之众。

112 《周礼·地官·大司徒》。

113 《周礼·地官·小司徒》。

114 《周礼·夏官·司马》。

123 《越绝书·内经九术》。

124 《史记·张仪列传》。

125 《史记·楚世家》。

127 128 131 132 133 134 《吴越春秋·夫差内传》。

129 《史记·仲尼弟子列传·端沐赐》。

135 《战国策·燕策二》。

136 《后汉书·东夷传》。

137 《春秋·昭公三十年》。

138 《春秋·昭公五年》。

139 《左传·昭公五年》。

140 196 曹锦炎《越王得居戈铭文考释》，《古文字研究》第25辑，中华书局2004年版。

141 142 董楚平《吴越徐舒金文集释》，浙江古籍出版社1992年版，第303—311页、337—349页。

143 《左传·哀公二十一年》。

144 《春秋·哀公二十三年》。

145 《左传·哀公二十五年》。

146 《左传·哀公二十七年》。

147 《孟子·离娄下》。

148 钱穆《曾子居武城有越寇考》，《先秦诸子系年考辨》，中华书局1985年版，第109—110页。

149 《越绝书·记宝剑》。

150 《太平御览》卷八〇三。《事类赋》卷九。

152 浙江省文物考古研究所《印山越王陵》，文物出版社2002年版，第65页。

155 《史记·秦始皇本纪》。《越绝书·记地传》。

157 《越史丛考》，人民出版社1983年版，第102—108页。

158 广州市文物管理委员会《西汉南越王墓》，文物出版社1991年版。

159 广西壮族自治区博物馆《广西贵县罗泊湾汉墓》，文物出版社1988年版。

160 毛昭晰《从羽人纹饰看羽人源流》，《河姆渡文化研究》，杭州大学出版社1998年版。

168 《水经注·浙江水》。

169 〔清〕宝庆《会稽续志》。

170 〔清〕乾隆《绍兴府志》。

174 《史记·平准书》。

177 《墨子·鲁问》。

179 212 《史记·吴太伯世家》。

180 《左传·定公十四年》。

186 《说苑·杂言》。

188 高军《守望者说》，上海社会科学出版社2002年版，第48页。

189 夏星南《浙江长兴发现吴越楚铜剑》，《考古》1989年第1期。

193 安徽省文化局文物工作队《安徽淮南市蔡家岗赵家孤堆战国墓》，《考古》1963年第4期。

194 方杰《越国文化》，上海社会科学院出版社1998年版，第132页。

195 197 曹锦炎《鸟虫书通考》，上海书画出版社1999年版，第67—76页、62—108页。

198 曹锦炎《浙江鄞县出土春秋时代铜器》，《考古》1984年第8期。

199 参阅《史记·越王句践世家》《越绝书·记地传》《吴越春秋·越王无余外传》《汉书·严助传》；浙江省博物馆《三十年来浙江文物考古工作》，《文物考古工作三十年》，文物出版社1979年版。

211 《左传·哀公二十二年》。

216 今本《竹书纪年》。《越绝书·记地传》："允常子句践，大霸成王，徙琅邪，都也。"《汉书·地理志》："琅邪，越王句践尝治此，起馆台。"《山海经·海内东经》晋郭璞注："琅邪者，越王句践入霸中国之所都。"《水经注·淮水》："琅邪，山名也，越王句践之故国也。句践并吴，称霸中国，徙都琅邪。"

221 《史记·越王句践世家》索隐引《竹书纪年》。

222 《庄子·让王》。

223 《吕氏春秋·贵生》。

225 《墨子·节葬》。

226 《墨子·非攻》。

227 《史记·秦始皇本纪》。

锺灵毓秀惟我黄酒
绵联千年岁月稠
旦公侯旦黎首谁個
暖心头令朝可有佳酿否
有勞太怹與莫夏慈

甲子秋月 雨菲

◇ 冯雨菲书

458　越语

# 自　跋

　　我将这本集子取名为《越语》，是因为里边是我这位越人写的有关越地的山水、历史、人文方面的话语。在这本集子付梓出版的时候，我最想表达的心情，是感谢！

　　我要感谢我的同事与朋友。这是因为，里边的大多数文章，特别是其中的序、跋，都是同事与朋友的命题作文。另外的少数，也是在同事与朋友的鼓励下，结合相关的工作写成的。虽然接到题目时，感到压力很大，但最后还是变压力为动力，交出了答卷。尽管答得不尽出色，但从主观上来说，我是竭尽全力了的。所以，我在这里要感谢他们在感情上给予我的充分信任，以及由此而来的在客观上为我提供的读书求知的良机。正是这份信任，激励我多读了不少的书，涉猎了不少未曾接触过的知识领域。而如果没有这份信任，我不知道会浪费多少宝贵的时光。由此我也深深地感到，压力使人踏实，可以变成人有所作为的动力；信任给人信心，能够激励人去完成原本难以想象的重任；时间最是公平，你珍惜它，它就会给你相应的回报。

我也要感谢与集子的编辑出版相关的各位。中华书局的副总经理余喆先生，给了我极大的精神上的鼓励，使我增添了出书的勇气。朱振华先生作为一名资深的编辑亲自为我的这本集子逐篇审阅，逐句审核，他严谨的作风和高度负责的精神，使我受教匪浅，令我感慨不已。娄国忠、陈刚、张晓峰、邵世昉、许骏、俞能、胡博等朋友，不厌其烦地帮我做了大量的打印、校对工作。特别是胡博，除了繁复的印校外，还帮我做了文章与插图的挑选等整部书稿的编纂工作。袁云、董建成、杨水土等先生帮我提供了部分图片。周一农教授热情地请他的两位研究生，帮我做了认真的校核工作。我无以相报，只能在这里向他们说声谢谢。

我还要感谢我的妻子与女儿，他们对于我的工作、读书与写作，给予了全力的支持。妻子在单位里负责一个方面的工作，平时很忙，节假日常常加班，家务与养育女儿的事全包，但从无怨言。女儿因为妻子与老师教导有方，读书很自觉，成绩很优秀，工作很用心。这些年来，他们不仅没有使我分散过任何的工作与学习的精力，有时还帮我查找资料、购买书籍、打印文稿；作为第一读者，偶尔还会帮我指出差错，提出建议，特别是女儿提出的意见，常常令我有"年岁虽少，可师长分"之感。不仅如此，在最近妻子自己也准备编著出书，女儿刚走上工作岗位很忙的时候，为了使我的这本集子"图文并茂"，以帮助读者在阅读的"途中"休闲，还专门创作了若干幅绘画与书法作品，作为其中的插图；

尤其是女儿书写的内容，都是我作的诗、词，这些生疏的内容，给她的创作带来了很大的难处，但她还是写得很用心。我曾经因此而考虑将这本集子命名为"三人行"，只是怕这个名字未能包含里边的所有内容而最后没有采用。

由此看来，我的这本集子的写作与出版，实在是"众人拾柴火焰高"、众志成城力量大的缘故。人是需要互相依靠的，因为人就其本质而言，是社会关系的总和。世界上并不存在所谓的"独步天下"的英雄。人离开一"撇"，成不了人；离开一"捺"，同样也成不了人。社会正是由这个"撇"、"捺"组成的人来构成的。可见，人与人之间的和谐、人与社会的和谐，是多么的重要。"礼之用，和为贵，先王之道，斯为美"。这正是博大精深、生生不息的中华优秀传统文化的精华之所在。

还要说明一点，我把里边的52篇文章中的序文、跋文，进行了重新取名。这些文章，大体上分编成了记、咏、论三部分，其中第一编19篇、第二编27篇、第三编6篇；各编中的篇序，则按写作时间的先后排列；同时，除几篇论文之外，对大多数文章中涉及的重要人物与事件，在最近三四个月当中，集中新增了注释这部分内容。这种划分与注释，只是相对而言的，特别是其中的对有关人物与事件的注释，仅仅侧重于其与绍兴及文章本身相关的内容，并不是对其所作的全面介绍与评价。这样做，主要是为了方便读者的阅读，体现"以读者为本"的初衷。

最后还想表达的是，我搞学术性质的研究，纯粹属于业余爱好，纯粹出于对生我养我的这一方土地的深沉的爱。我将这方热土上的山水、历史与人文，作为自己工作与人生的滋养。里边的文章，都是利用晚上和节假日这些休息时间写成的。为此，除了正常工作外，我把各种应酬与休闲活动，减少到了最低的限度，节假日也舍不得睡懒觉。尽管如此，我还是觉得时间不够用，觉得什么都不缺，就是缺时间。所以，在这里，我诚恳地请求读者朋友，对里边的差错，多多包涵，并提出宝贵的意见。

我在想，读者朋友如果能通过这本集子，多少加深一点对绍兴这一方山水及由此而生的文化遗产的由衷敬仰之情，那我就心满意足了。

我期待着与读者朋友一起，感知山好水好的越中大地上，曾经弥撒的神圣的文化灵光，欣赏生他养他的越地天空中，曾经闪耀的迷人的精神彩虹，从而更好地爱家爱乡爱国，享受幸福生活。

2014年10月19日，星期日，于寓所

# 补　跋

　　这部书稿，因我自己之故，推迟付梓了近一年半的时间。

　　在妻子、女儿、友人与出版社的一再鼓励、催促下，这次利用丙申春节的机会，又对出版社的校样稿进行了审阅。同时，对其中所选的文章，作了一些微调，这样一共收录了54篇。这样的一个数字，也是很有意义的。其中，第一编——记，19篇；第二编——咏，29篇；第三编——论，6篇。另外，我把刊发在今年第1期香港《凤凰周刊》上的《印象绍兴》，改成用文中的最后一句话——"绍兴，真好"作标题，放在了集子的前面，权当自序。

2016年2月13日，丙申年正月初六，于寓所

　　为了方便读者阅读，增加阅读的乐趣，书中增放了相当数量的插图。

2016年2月27日，星期六，于寓所审定。又记